Übertragende Sanierung im Insolvenzeröffnungsverfahren

Europäische Hochschulschriften

European University Studies

Publications Universitaires Européennes

Reihe II **Rechtswissenschaft**

Series II Law

Série II Droit

Band/Volume **5727**

Moritz Kriegs

Übertragende Sanierung im Insolvenzeröffnungsverfahren

PL ACADEMIC RESEARCH

Bibliografische Information der Deutschen Nationalbibliothek
Die Deutsche Nationalbibliothek verzeichnet diese Publikation in der Deutschen Nationalbibliografie; detaillierte bibliografische Daten sind im Internet über http://dnb.d-nb.de abrufbar.

Zugl.: Düsseldorf, Univ., Diss., 2014

D 61
ISSN 0531-7312
ISBN 978-3-631-65964-9 (Print)
E-ISBN 978-3-653-05408-8 (E-Book)
DOI 10.3726/978-3-653-05408-8

PL Academic Research ist ein Imprint der Peter Lang GmbH.
Peter Lang – Frankfurt am Main · Bern · Bruxelles · New York · Oxford · Warszawa · Wien

Diese Publikation wurde begutachtet.

www.peterlang.com

Meiner Familie

Vorwort

Die vorliegende Arbeit wurde im Jahr 2014 von der Juristischen Fakultät der Heinrich-Heine-Universität Düsseldorf als Dissertation angenommen. Die mündliche Prüfung fand ebenfalls im Jahr 2014 statt.

Mein herzlicher Dank gilt an erster Stelle Frau Prof. Dr. Nicola Preuß, die diese Arbeit mit ständiger Gesprächsbereitschaft und wertvollen Anregungen betreut hat. Herzlich bedanken möchte ich mich auch bei Herrn Prof. Dr. Ulrich Noack für die zügige Erstellung des Zweitgutachtens.

Großer Dank gilt zudem Herrn Dr. Peter Coenen und Herrn Rechtsanwalt Carsten Jakobs für die gemeinsame Studien- und Promotionszeit und die zahlreichen produktiven Gespräche.

Mein ganz besonderer Dank aber gebührt meinen Eltern, die meine Ausbildung ermöglicht haben. Mein Vater, dessen ich in großer Dankbarkeit gedenke, und meine Mutter haben durch ihre Unterstützung maßgeblichen Anteil an dem Gelingen dieser Arbeit.

Düsseldorf, im Februar 2015

Moritz Kriegs

Inhaltsverzeichnis

Einleitung

Nicht erst seit der letzten Wirtschafts- und Finanzmarktkrise hat der Sanierungsgedanke bei Unternehmensinsolvenzen zunehmend an Bedeutung gewonnen, um die bestmögliche Realisierung noch vorhandener Unternehmenswerte und den Erhalt möglichst vieler Arbeitsplätze zu gewährleisten. Schon mit Einführung der Insolvenzordnung (InsO) im Jahre 1999 wurde auf höhere Befriedigungsquoten für nicht bevorrechtigte Forderungen abgezielt und zu diesem Zweck in § 1 S. 1 InsO geregelt, dass alternativ zu der unter Geltung der Konkursordnung (KO) vorherrschenden Form der Unternehmensabwicklung[1] „in einem Insolvenzplan eine abweichende Regelung insbesondere zum Erhalt des Unternehmens getroffen" werden kann.

Mit dieser Regelung wurde jedoch noch keine Aussage darüber getroffen, wer Träger des nach Durchführung eines Insolvenzverfahrens weiter bestehenden Unternehmens sein soll.[2] Insoweit kommen zwei Möglichkeiten in Betracht: Der „Erhalt" lässt sich zum einen dadurch bewerkstelligen, dass das Unternehmen an einen Dritten veräußert wird und die Gläubiger quotal aus dem Erlös befriedigt werden; alternativ zu dieser als „übertragende Sanierung" bezeichneten Vorgehensweise besteht die als „Reorganisation" bezeichnete Möglichkeit der Sanierung des insolventen Rechtsträgers selbst, der sein Unternehmen anschließend weiterführt.[3]

In der Praxis erfreute und erfreut sich insbesondere die erstgenannte Möglichkeit der übertragenden Sanierung großer Beliebtheit, da dabei in einem regelungstechnisch „vergleichsweise unkomplizierten Verfahren"[4] nach einstweiliger Fortführung und anschließender Veräußerung des Unternehmens zumeist nicht nur der Zerschlagungswert der Unternehmensaktiva, sondern oft auch ein nennenswert darüber liegender Verkaufserlös zugunsten der Insolvenzmasse des insolventen Rechtsträgers realisiert werden kann. Der Käufer kann von der übertragenden Sanierung seinerseits insoweit profitieren, als sich ihm die Chance bietet, ein noch sanierungsfähiges Unternehmen frei von den beim schuldnerischen Unternehmensträger verbleibenden Verbindlichkeiten zu einem niedrigen Kaufpreis zu erwerben.

---

1 Siehe etwa BGH NJW 1980, 55; *Kilger*, KTS 1989, 495.

2 *Noack*, FS Zöllner, 411, 414.

3 *Noack*, FS Röhricht, 455, 456; *derselbe*, FS Zöllner, 411, 414.

4 *Strümpell*, S. 14.

In jüngerer Zeit wurde eine übertragende Sanierung etwa bei der medial viel beachteten Insolvenz der Drogeriemarktkette „Schlecker" erwogen, in diesem Fall dann aber von den Gläubigern aus dem Grund abgelehnt, dass die Angebote der Erwerbsinteressenten deutlich unter den Zerschlagungswerten lagen.[5]

Die allgemeine Beliebtheit der übertragenden Sanierung spiegelt sich auch in einer vom Zentrum für Insolvenz und Sanierung (ZIS) und der Euler Hermes Kreditversicherungs-AG durchgeführten Studie aus dem Jahr 2007 wider.[6] Die im Rahmen dieser Studie befragten Insolvenzverwalter gaben an, dass je nach Unternehmensgröße bei 32–56 % der in die Insolvenz geratenen Unternehmen eine übertragende Sanierung möglich sei.[7] Von *Undritz* wird an anderer Stelle angegeben, „weit über 90 %" der erfolgreichen Restrukturierungen infolge eines Insolvenzverfahrens würden im Wege einer übertragenden Sanierung erfolgen.[8]

Die Sanierung mittels eines Insolvenzplanverfahrens hingegen fristet bislang eher ein Schattendasein und wurde in besagter Studie des ZIS und der Euler Hermes Kreditversicherungs-AG in nur 6–10 % der Insolvenzen für möglich erachtet[9], obwohl das Rechtsinstitut des Insolvenzplanverfahrens vom Rechtsausschuss des deutschen Bundestages bei seiner Einführung im Jahre 1999 noch als „Kernstück der Reform" bezeichnet wurde.[10] Auch wenn das auf einen Insolvenzplan abzielende Verfahren mit dem am 1.3.2012 in Kraft getretenen Gesetz zur weiteren Erleichterung der Sanierung von Unternehmen („ESUG") nunmehr deutlich vereinfacht sein soll (vor allem durch die vereinfachte Durchführbarkeit des so genannten Debt-Equity-Swap und eine Beschränkung der Möglichkeiten für die Gläubiger und Gesellschafter, die Rechtskraft des Insolvenzplans durch Rechtsmittel zu blockieren), bleibt die systembedingte Komplexität des Planverfahrens bestehen.[11] Es ist daher zu erwarten, dass das Insolvenzplanverfahren auch künftig der Verfolgung bestimmter Zwecke (Großverfahren, Schuldnerinitiative, Erhalten rechtsträgerspezifischer Berechtigungen) vorbehalten bleibt.[12]

---

5 Spiegel Online vom 01.06.2012, „Entscheidung der Gläubiger – Schlecker wird zerschlagen", abrufbar unter http://www.spiegel.de/wirtschaft/unternehmen/glaeubiger-faellen-entscheidung-ueber-schlecker-a-836435.html (zuletzt abgerufen am 12.08.2013).

6 Euler Hermes, Rettung aus der Insolvenz.

7 Euler Hermes, Rettung aus der Insolvenz, S. 8.

8 *Undritz*, ZGR 2010, 201, 205.

9 Euler Hermes, Rettung aus der Insolvenz, S. 8.

10 *Balz/Landfermann*, Vor § 217 InsO, S. 460.

11 *Jacoby*, DB 2011, M 1.

12 *Jacoby*, DB 2011, M 1.

Einen entscheidenden Faktor für das Gelingen einer übertragenden Sanierung stellt der Zeitpunkt ihrer Vornahme dar.[13] In der Praxis hat sich weitgehend diejenige Vorgehensweise etabliert, dass das schuldnerische Unternehmen im Eröffnungsverfahren durch einen vorläufigen Insolvenzverwalter fortgeführt und erst *nach* der sich anschließenden Verfahrenseröffnung veräußert wird. Gleichwohl lässt sich eine Nachfrage nach der Möglichkeit zur Unternehmensveräußerung nach Antragstellung, aber noch *vor* der Verfahrenseröffnung ausmachen. So wird immer wieder die Wichtigkeit einer zügigen Lösung des Unternehmens vom schuldnerischen Rechtsträger geäußert[14], um es schnellstmöglich von dem Makel der Insolvenz befreit unter der Regie eines gesunden Rechtsträgers fortführen zu können, da nur so essenzielle Arbeitnehmer und Vertragspartner „bei der Stange"[15] gehalten werden können.[16]

Über Fälle aus der Praxis, in denen es tatsächlich zu einer Unternehmensveräußerung bereits im Eröffnungsverfahren gekommen ist, gibt es bislang allerdings wenig zu berichten. Größere Bekanntheit hat insoweit der Erwerb des weltweiten Kühlturmgeschäfts von der im Eröffnungsverfahren befindlichen Babcock Borsig AG durch das US-Unternehmen SPX Corporation im Jahre 2002 erlangt, bei dem nach Einschätzung der Erwerberberater „juristisches Neuland" betreten wurde.[17]

Diese Zurückhaltung lässt sich nicht zuletzt darauf zurückführen, dass gerade insolvenzverfahrensspezifische Vorteile bei einer übertragenden Sanierung vor Verfahrenseröffnung noch nicht genutzt werden können.

So sind zum Beispiel wichtige der Veräußerungsfähigkeit des Unternehmens zuträgliche Maßnahmen der Arbeitnehmerrestrukturierung erst ab Eröffnung des Insolvenzverfahrens wegen der dann eintretenden Modifikation des Arbeitsrechts in erleichterter Weise durchführbar.[18] Insbesondere können aufgrund der Vorschrift des § 128 InsO so genannte „Veräußerungskündigungen nach

---

13 *Classen*, BB 2010, 2898, 2899; *Wellensiek*, NZI 2002, 233; *Wrede*, S. 28.

14 Aus jüngerer Zeit siehe etwa Euler Hermes, Rettung aus der Insolvenz, S. 9.

15 *Grub*, ZIP 1993, 393.

16 Im Einzelnen zu den tatsächlichen Beweggründen für eine übertragende Sanierung im Eröffnungsverfahren siehe Teil 2 I.

17 Juve vom 22.9.2002, „Linklaters: juristisches Neuland bei Beratung von Babcock Borsig-Tochter", abrufbar unter http://www.juve.de/nachrichten/deals/2002/09/linkla ters-juristisches-neuland-bei-beratung-von-babcock-borsig-tochter (zuletzt abgerufen am 12.08.2013).

18 *Heckschen*, in: Reul/Heckschen/Wienberg, Kapitel O. Rn. 68; *Rahden*, in: Borchardt/ Frind, Rn. 1920.

Erwerberkonzept“[19] ab Verfahrenseröffnung unter erleichterten Bedingungen vorgenommen werden. Der Insolvenzverwalter spricht dabei bereits vor dem Betriebsübergang betriebsbedingte Kündigungen im Hinblick auf das von dem zukünftigen Betriebsinhaber geplante Rationalisierungskonzept aus und stützt sie damit auf dringende betriebliche Erfordernisse, die sich erst zukünftig nach dem Betriebsübergang ergeben.[20] Der Betrieb kann also bereits vor der Betriebsveräußerung auf die Bedürfnisse des Erwerbers umgestellt werden.[21] Nur dann aber, wenn solche Kündigungen vom Insolvenzverwalter nach Verfahrenseröffnung ausgesprochen werden, greift die den Kündigungsschutz modifizierende Regelung des § 128 InsO. Das bedeutet, der Insolvenzverwalter kann wegen § 128 Abs. 1 S. 1 InsO betriebsbedingte Kündigungen aussprechen und ihre Wirksamkeit unter den erleichterten Bedingungen der §§ 125 ff. InsO klären, obwohl die zur Sanierung erforderliche Betriebsänderung erst nach der Betriebsveräußerung durchgeführt wird.[22] Darüber hinaus erstreckt sich gemäß § 128 Abs. 2 InsO die Vermutungswirkung des § 125 Abs. 1 S. 1 Nr. 1 InsO oder die Feststellungswirkung des § 126 Abs. 1 S. 1 InsO auch darauf, dass die Kündigung nicht „wegen des Betriebsübergangs“ erfolgte und so auch nicht nach § 613a Abs. 4 S. 1 BGB unwirksam ist.[23]

Ein weiterer gegen die Übertragung vor Verfahrenseröffnung sprechender Aspekt betrifft die Finanzierbarkeit der Unternehmensfortführung im Vorfeld der übertragenden Sanierung. Die vorläufige Fortführung des schuldnerischen Unternehmens, die einer übertragenden Sanierung gewissermaßen erst „den Weg ebnet“[24], kann oftmals nur mit Hilfe der Vorfinanzierung von Insolvenzgeld gelingen.[25] Denn durch den Einsatz dieses Finanzierungsmittels wird trotz fehlender Liquidität des Schuldnerunternehmens sichergestellt, dass die Arbeitnehmer ihre Löhne und Gehälter pünktlich erhalten und sie sich voll und ganz

---

19 Siehe dazu auch BAG NZA 2003, 1027; *Rahden*, in: Borchardt/Frind, Rn. 2146 ff.

20 *Koblitz*, S. 81; *Windhöfel/Ziegenhagen/Denkhaus*, Rn. 603.

21 *Hamacher*, in: Nerlich/Römermann, § 128 Rn. 62; *Heckschen*, in: Reul/Heckschen/Wienberg, Kapitel O. Rn. 73.

22 *Andres*, in: Andres/Leithaus, § 128 Rn. 2; *Eisenbeis/Mues*, in: Wimmer/Dauernheim/Wagner/Gietl, Kap. 8 Rn. 364; *Hamacher*, in: Nerlich/Römermann, § 128 Rn. 65.

23 *Andres*, in: Andres/Leithaus, § 128 Rn. 8; *Hamacher*, in: Nerlich/Römermann, § 128 Rn. 74.

24 *Göttsch*, in: Borchardt/Frind, Rn. 1032; *Haarmeyer/Wutzke/Förster*, in: Haarmeyer/Wutzke/Förster, § 14 Rn. 24.

25 Zum Instrument der Insolvenzgeldvorfinanzierung siehe etwa *Göttsch*, in: Borchardt/Frind, Rn. 1032 ff.; *Haarmeyer/Wutzke/Förster*, in: Haarmeyer/Wutzke/Förster, § 12 Rn. 56 ff.; *Strümpell*, S. 37 ff.

in den fortzuführenden Betrieb einbringen.[26] Im Vorfeld einer übertragenden Sanierung im Eröffnungsverfahren scheidet eine Fortführung unter Zuhilfenahme der Insolvenzgeldvorfinanzierung allerdings aus. Der Insolvenzgeldanspruch gelangt gemäß § 165 Abs. 1 S. 2 Nr. 1 SGB III nämlich erst mit Eröffnung des Insolvenzverfahrens zur Entstehung. Wird das Unternehmen nun aber gar nicht bis zu diesem Zeitpunkt fortgeführt, sondern zuvor durch den vorläufigen Insolvenzverwalter veräußert, entstehen dementsprechend auch keine Ansprüche auf Insolvenzgeld, die von einer Bank vorfinanziert werden könnten.

Grundlegend ist die Zurückhaltung gegenüber der übertragenden Sanierung im Eröffnungsverfahren aber auf die schon unter Geltung der KO entstandene und bis heute andauernde Kontroverse zu der Frage zurückzuführen, ob ein Sequester bzw. heute vorläufiger Insolvenzverwalter angesichts des vorläufigen Charakters des Eröffnungsverfahrens überhaupt befugt ist, das schuldnerische Unternehmen oder Teile desselben zu veräußern. Neben dieser zentralen Problematik der Zulässigkeit stellt sich auf Erwerberseite die Frage nach der Insolvenzfestigkeit eines möglichen Erwerbs aus dem Eröffnungsverfahren und nach einer eventuellen Haftung für Altverbindlichkeiten des schuldnerischen Rechtsträgers, soll deren Übernahme durch das Instrument der übertragenden Sanierung doch gerade verhindert werden.

Die vorliegende Abhandlung leistet einen Beitrag zu dieser Kontroverse über Bedeutung, Zulässigkeit und Rechtsfolgen einer übertragenden Sanierung im Eröffnungsverfahren. Aktuellen Anlass dazu bieten nicht zuletzt die Änderungen, die die InsO durch das ESUG erfahren hat.

Durch die im Zuge des ESUG gemäß §§ 21 Abs. 2 S. 1 Nr. 1a, 22a InsO neu geschaffene Möglichkeit der Bestellung eines vorläufigen Gläubigerausschusses erhalten die Gläubiger nämlich erstmals im deutschen Konkurs- und Insolvenzrecht bereits im Eröffnungsverfahren und vom ersten Tag eines Verfahrens an Leistungs- und Teilhaberechte als Ausfluss der ihnen zugewiesenen Verfahrenszielbestimmung sowie als Verbürgung der Eigentumsgarantie aus Art. 14 GG.[27]

Angesichts dieser Neuregelung drängt sich eine der zentralen Fragen der vorliegenden Abhandlung auf, nämlich ob mit der nunmehr gegebenen Möglichkeit zur frühzeitigen Einbindung der Gläubiger in verfahrensleitende Entscheidungen ihnen gegenüber eine Rechtfertigung dafür geschaffen wurde, eine Veräußerung des schuldnerischen Unternehmens bereits im Eröffnungsverfahren

---

26 *Haarmeyer/Wutzke/Förster*, in: Haarmeyer/Wutzke/Förster, § 12 Rn. 56.
27 *Haarmeyer*, in: MüKo-InsO, § 22a Rn. 1.

zulassen zu können. Stellungnahmen dazu finden sich in der Literatur bislang nicht, wenngleich auch dort bereits der frische Wind erkannt wurde, den das ESUG in die Diskussion über die Zulässigkeit einer übertragenden Sanierung im Eröffnungsverfahren gebracht hat. *Rhein* etwa fragt erwartungsvoll, „inwiefern sich aufgrund der durch das ESUG vorgesehenen Einrichtung eines vorläufigen Gläubigerausschusses neue Möglichkeiten für Unternehmensverkäufe im Eröffnungsverfahren ergeben werden".[28] Auch *Marotzke* wirft die Frage auf, ob „jetzt [nach ESUG] etwa auch schon während des Eröffnungsverfahrens eine Unternehmensveräußerung oder -stilllegung zulässig sein (soll), wenn der vorläufige Gläubigerausschuss gemäß oder analog §§ 158, 160 InsO zustimmt".[29]

Der Gang der Untersuchung sieht vor, im ersten Teil die Begrifflichkeit der übertragenden Sanierung und die hinter ihr stehende Rechtstechnik vorzustellen. Sodann wird im zweiten Teil der Abhandlung erarbeitet, welche tatsächlichen Beweggründe es geben kann, das schuldnerische Unternehmen bereits im Stadium des Eröffnungsverfahrens zu veräußern. Im Anschluss daran folgt die Untersuchung, inwieweit ein im Einzelfall bestehendes tatsächliches Bedürfnis zur Übertragung des Unternehmens im Eröffnungsverfahren in Einklang mit den rechtlichen Vorgaben der InsO zu bringen ist. Dazu wird die Frage nach der Zulässigkeit der übertragenden Sanierung im Eröffnungsverfahren diskutiert und von der Frage nach der Wirksamkeit des Erwerbs abgegrenzt.

Im dritten Teil werden die für den Unternehmenserwerber mit einer übertragenden Sanierung im Eröffnungsverfahren verbundenen Risiken beleuchtet. Dazu zählen zum einen die insolvenzrechtlichen Risiken der späteren Anfechtung der Unternehmensveräußerung nach den §§ 129 ff. InsO sowie der „Erfüllungsablehnung" gemäß § 103 InsO bei noch nicht vollständiger Erfüllung des Unternehmenskaufvertrages im Zeitpunkt der Verfahrenseröffnung. Zum anderen droht dem Erwerber eine Haftung nach den §§ 25 HGB, 75 AO und § 613a BGB, die dementsprechend auf ihre Anwendbarkeit bei einem Unternehmenserwerb im Eröffnungsverfahren untersucht werden.

Den Abschluss der Untersuchung bildet eine Zusammenfassung der gefundenen Ergebnisse.

---

28 *Rhein*, in: Eilers/Koffka/Mackensen, Kap. III 1. Rn. 43.

29 *Marotzke*, DB 2012, 560, 562.

Teil 1: Das Instrument der übertragenden Sanierung

Trotz seiner großen praktischen Bedeutung und Beliebtheit bei Insolvenzverwaltern und Erwerbern hat das Instrument der übertragenden Sanierung bis heute keinen Einzug in den Gesetzestext der InsO gefunden. Es bedarf daher als Grundlage für die weitere Bearbeitung zunächst einer Erläuterung der Begrifflichkeit und der dahinter stehenden Rechtstechnik.

I. Der Begriff der übertragenden Sanierung

Der Begriff der übertragenden Sanierung ist kein feststehender Rechtsbegriff.[30] Er geht auf *K. Schmidt* zurück, der ihn erstmals im Jahre 1980 verwandte und auch später maßgeblich prägte.[31] Ursprünglich wurde der Begriff von *K. Schmidt* entwickelt, um die von *Uhlenbruck*[32] empfohlene Sanierungstaktik zu erfassen und zu kritisieren, wonach anstatt vorhandene Beträge für kapitalersetzende Darlehen zu verwenden, diese für die Gründung einer neuen GmbH eingesetzt werden sollten, um dann das Unternehmen mit Anlage- und Umlaufvermögen zum Zerschlagungswert aus der Masse zu erwerben.[33] Die hinter der übertragenden Sanierung stehende Technik ist also auf *Uhlenbruck* zurückzuführen, während *K. Schmidt* Schöpfer der diese Technik einprägsam beschreibenden Begrifflichkeit ist.

Später stellte *K. Schmidt* präzisierend klar, dass mit „übertragender Sanierung" jener Vorgang beschrieben wird, bei dem ein Unternehmen dadurch saniert wird, dass es, von Altverbindlichkeiten entlastet, auf einen neuen Unternehmensträger – z. B. auf eine Auffanggesellschaft – überführt wird.[34]

Während man früher noch davon ausging, übertragende Sanierung bedeute die Veräußerung des Unternehmens als Ganzes, liegt darin heute eher die Ausnahme. Stattdessen überwiegt die Übernahme von Teilen des Unternehmens.[35]

---

30 *Bernsau*, in: Bernsau/Höpfner/Rieger/Wahl, S. 3; *Hagebusch/Oberle*, NZI 2006, 618, 619; *He*, S. 208.

31 *K. Schmidt*, ZIP 1980, 328, 336; *derselbe*, ZGR 1986, 178, 198; *derselbe*, Wege zum Insolvenzrecht, S. 141 ff.

32 *Uhlenbruck*, Insolvenzrecht, Rn. 467.

33 *K. Schmidt*, ZIP 1980, 328, 336.

34 *K. Schmidt*, Insolvenzrecht im Umbruch, S. 67.

35 *Koblitz*, S. 7.

Dieser Entwicklung Rechnung tragend findet sich im Gesetzentwurf der Bundesregierung zur InsO dann auch eine amtliche Definition, wonach unter übertragender Sanierung die „Übertragung eines Unternehmens, Betriebs oder Betriebs*teils* von dem insolventen Träger auf einen anderen, bereits bestehenden oder neu zu gründenden Rechtsträger" zu verstehen ist.[36]

Anhand der vorgenannten Definitionen wird deutlich, dass es sich bei der übertragenden Sanierung letztlich um eine „Mischform"[37] zwischen Sanierung einerseits und Liquidation andererseits handelt. Der schuldnerische Unternehmensträger wird gerade nicht saniert, sondern im Regelfall nach Aufhebung des Insolvenzverfahrens liquidiert.[38] Auf der Basis der übernehmenden Gesellschaft entsteht dafür „wie der vielzitierte Phoenix aus der Asche"[39] ein durch die Entlastung von Altverbindlichkeiten und die Vornahme leistungswirtschaftlicher Maßnahmen saniertes Unternehmen.[40]

Wichtig zum Verständnis dieser Trennung des Unternehmens von dem Unternehmensträger ist, dass mit dem Begriff des „Unternehmens" im Rahmen der Problematik des Unternehmenskaufs[41] die Gesamtheit von Sachen und Rechten, tatsächlichen Beziehungen und Erfahrungen sowie unternehmerischen Handlungen beschrieben wird.[42] Das Unternehmen in dem so definierten Sinne ist selbst also nicht rechtsfähig und kann im Rechtsverkehr nicht auftreten, sondern bedarf dazu eines Rechtsträgers; bei diesem Rechtsträger kann es sich um eine juristische Person (z. B. AG, GmbH), eine Personengesellschaft (OHG, KG, GmbH & Co. KG) oder auch einen Einzelkaufmann handeln.[43] Nur dieser Vermögensträger bzw. der über sein Vermögen bestellte Insolvenzverwalter kann das von dem Vermögensträger betriebene Unternehmen zum Gegenstand eines Veräußerungsgeschäfts machen.[44]

---

36 BT-Drucks. 12/2443, S. 94.

37 *Häsemeyer*, Rn. 27.05.

38 *Noack/Bunke*, KTS 2005, 129, 131.

39 *K. Schmidt*, ZIP 1980, 328, 336.

40 *K. Schmidt*, ZIP 1980, 328, 336.

41 Eine allgemein rechtsgültige Definition des Begriffs des Unternehmens existiert nicht, obwohl auf diesen Begriff in verschiedenen Gesetzen Bezug genommen wird, siehe dazu *Undritz*, in: Runkel, § 15 Rn. 12.

42 *Holzapfel/Pöllath*, Rn. 230; *Undritz*, in: Runkel, § 15 Rn. 12; *Windhöfel/Ziegenhagen/Denkhaus*, Rn. 286.

43 *Beisel*, in: Beisel/Klumpp, Kap. 1 Rn. 22.

44 *Beisel*, in: Beisel/Klumpp, Kap. 1 Rn. 22.

Nicht überzeugen kann insoweit die Kritik *Kluths*, bei der übertragenden Sanierung handele es sich begrifflich nicht um eine Sanierung, sondern vielmehr um einen „Liquidationsakt in der Mogelpackung".[45] Richtig ist zwar, dass das Unternehmen bei einem Verkauf aus dem eröffneten Verfahren als Bestandteil der Insolvenzmasse verwertet wird und der Kaufpreis der Masse als Verwertungserlös zufließt. Aus Sicht der Masse stellt die übertragende Sanierung also eine Verwertungshandlung in Form einer Unternehmensveräußerung mit dem primären Zweck der bestmöglichen Erlösrealisierung dar.[46]

Dass mit dem Begriff der übertragenden Sanierung aber dennoch ein Sanierungsinstrument beschrieben wird, erschließt sich daraus, dass „Sanierung" nicht zwangsläufig die Sanierung des Unternehmensträgers bedeuten muss.[47] Auch wenn das Gesetz keine Legaldefinition des Sanierungsbegriffs enthält, wird unter Sanierung nämlich die „Gesamtheit aller Maßnahmen verstanden, die geeignet und erforderlich sind, ein Unternehmen aus einer Situation herauszuführen, in der sein Fortbestand gefährdet ist.[48] Dass bei dieser Definition mit dem „Unternehmen" einzig der Unternehmensträger gemeint sein soll, erschließt sich nicht.[49] Vielmehr kann auch die Sicherung des Fortbestands des Unternehmens im Sinne des Erhalts seiner betrieblichen Strukturen mittels Abtrennung von dem lebensunfähigen Unternehmensträger unter die Definition gefasst werden. Dies bestätigend wird dann auch in der Begründung zum Regierungsentwurf der InsO ausgeführt, ein Unternehmen werde saniert, wenn seine Fortführung „- durch den bisherigen *oder einen neuen Rechtsträger* -" für die Beteiligten oder für neue Geldgeber vorteilhafter ist als seine Liquidation.[50]

Den Unterschied zwischen der Sanierung des Unternehmensträgers ohne eine Übertragung des Unternehmens, bei der es gerade nicht zu einer Trennung des Unternehmens vom Unternehmensträger kommt und der Sanierung nur des vom Unternehmensträger betriebenen Unternehmens durch eben dessen Übertragung, vermag die Begrifflichkeit der übertragenden Sanierung daher durchaus zu verdeutlichen.[51]

---

45 *Kluth*, NZI 2002, 1; kritisch auch *Römermann*, NJW 2012, 645.

46 *Kußmaul/Palm*, StB 2012, 345, 346; *Schmidt*, in: Schmidt/Uhlenbruck, Rn. 7.99.

47 So auch *Wrede*, S. 4 f.

48 *Hagebusch/Oberle*, NZI 2006, 618, 619; *Oberle*, in: MüHdb-GesR, § 66 Rn. 1; *Wrede*, S. 4.

49 So auch *Koblitz*, S. 7.

50 BT-Drucks. 12/2443, S. 76.

51 So im Ergebnis auch *Koblitz*, S. 8; *Wellensiek*, NZI 2002, 233, 234.

II. Das Rangverhältnis der übertragenden Sanierung zu anderen Formen der Insolvenzabwicklung

Auch wenn das Instrument der übertragenden Sanierung heute allgemein anerkannt ist, wurde aus beschäftigungs- und wachstumspolitischen Erwägungen zeitweilig gefordert, dem als Reorganisation bezeichneten Erhalt des Unternehmensträgers den Vorrang vor der Sanierung des von ihm getragenen Unternehmens einzuräumen.[52] Mit Einführung der InsO im Jahr 1999 hat der Gesetzgeber diesen Vorschlägen jedoch ausdrücklich eine Absage erteilt und sich von der Auffassung abgesetzt, dass es ein öffentliches Interesse an einer Perpetuierung von Unternehmensträgern, an einer „Unsterblichkeit" insolventer Gesellschaften gebe, das im Konfliktfall gegen die Marktgesetze durchzusetzen sei.[53] Der Gesetzgeber der InsO vertraute vielmehr darauf, dass marktwirtschaftlich rationale Verwertungsentscheidungen, wie sie unter Wettbewerbsbedingungen durch freie Verhandlungen zustande kommen, am ehesten ein Höchstmaß an Wohlfahrt herbeiführen und somit auch im gesamtwirtschaftlichen Interesse liegen.[54] Dementsprechend wurde das reformierte Insolvenzverfahren als ein Verfahren gesehen, in dem die Privatautonomie der Beteiligten so zur Entfaltung kommen können soll, dass die optimale Verwertungsentscheidung im Verhandlungsprozess entdeckt und von den Beteiligten verwirklicht werden kann.[55]

Als das Ziel eines nach der InsO eingeleiteten Insolvenzverfahrens kann demnach nur die bestmögliche Realisierung der Beteiligteninteressen ausgegeben werden und nicht, dem Schuldner um jeden Preis wirtschaftlich wieder auf die Beine helfen zu wollen. Für einen Vorrang des Erhalts des Unternehmensträgers gegenüber dem Erhalt nur des Unternehmens lässt sich dabei auch nicht der ordnungspolitisch gewünschte Aspekt des Arbeitsplatzerhalts anführen. Denn es ist keineswegs gesagt, dass allein durch den Erhalt des Unternehmensträgers und nicht auch durch die Übertragung des Unternehmens auf einen anderen Rechtsträger dem Arbeitsplatzaspekt Rechnung getragen werden kann. Das volkswirtschaftlich interessante Unternehmen bleibt nämlich auch im Falle seiner Übertragung bestehen und folglich auch die daran geknüpften Arbeitsplätze.[56]

---

52 BMJ, Erster Bericht, S. 162 f.
53 BT-Drucks. 12/2443, S. 76.
54 BT-Drucks. 12/2443, S. 76.
55 BT-Drucks. 12/2443, S. 76.
56 *Balz*, S. 24 f.; *Koblitz*, S. 5.

Andererseits ist aber auch nicht gesagt, dass die übertragende Sanierung dem Erhalt des Unternehmensträgers grundsätzlich vorzuziehen ist. In einer Vielzahl von Fällen kann der volle Unternehmenswert nämlich nicht im Wege der übertragenden Sanierung, sondern nur dadurch realisiert werden, dass es der Unternehmensträger selbst ist, der erhalten bleibt. Dies gilt vor allem dann, wenn der Unternehmensträger Inhaber wertvoller, nicht übertragbarer Rechtspositionen wie etwa hoher steuerlicher Verlustvorträge, öffentlich-rechtlicher Genehmigungen, Zertifizierungen, Subventionszusagen oder anderer Berechtigungen ist.[57] Diese verbleiben beim alten Rechtsträger, wenn das Unternehmen auf einen neuen Rechtsträger übertragen wird. Nicht das vom Unternehmensträger gehaltene Unternehmen, sondern die Anteile an dem Unternehmensträger selbst fungieren in diesen Fällen also als „Transportmittel" für die wesentlichen Vermögenswerte der schuldnerischen Gesellschaft.[58] Als weiterer für eine Reorganisation sprechender Aspekt ist anzuführen, dass sich sämtliche in der Person der Schuldnergesellschaft schuldrechtlich angebundenen Sachverhalte bei einer übertragenden Sanierung auf den übernehmenden Rechtsträger nur dann übertragen lassen, wenn der betreffende Vertragspartner seine Zustimmung erteilt.[59] Die Bedeutung einer solchen Übernahme von Vertragsverhältnissen lässt sich insbesondere am Beispiel von Mietverhältnissen für Ladenlokale oder Lizenzvereinbarungen zur Nutzung von gewerblichen Schutzrechten illustrieren: Ist es für das Überleben der Gesellschaft essenziell, gewisse Ladenlokale in besten Lagen nutzen zu können bzw. ist Geschäftsgegenstand im Wesentlichen die Nutzung von gewerblichen Schutzrechten (Lizenzproduktion), so kann die Weiternutzung der Räumlichkeiten bzw. der Rechte mit der übertragenden Sanierung nicht ohne weiteres gewährleistet werden.[60]

57 Ausführlich zu den Fällen rechtsträgerspezifischer Berechtigungen *Bitter/Laspeyres*, ZIP 2010, 1157; *Schmerbach*, InsbürO 2008, 170, 173.

58 *Bitter/Laspeyres*, ZIP 2010, 1157, 1165; *Sassenrath*, ZIP 2003, 1517, 1518.

59 So die ganz h.M.: *Balz*, S. 74 f.; *Bitter/Laspeyres*, ZIP 2010, 1157, 1158; *Braun*, in: Nerlich/Römermann, § 217 Rn. 39; *Morshäuser/Falkner*, NZG 2010, 881, 883; *Soudry/Schwenkel*, GWR 2010, 366, 368; *Thiele*, in: Wimmer/Dauernheim/Wagner/Gietl, Kap. 14 Rn. 118; **a.A.** *Noack*, FS Röhricht, 455 ff., für den Fall einer übertragenden Sanierung auf eine Übernahmegesellschaft (§ 260 Abs. 3 InsO): Hier führe § 25 Abs. 1 HGB zu einer Überleitung der unternehmensbezogenen Dauerschuldverhältnisse.

60 *Braun*, in; Nerlich/Römermann, § 217 Rn. 39; in diesem Sinne weist auch die Begründung des RegE ESUG darauf hin, dass die übertragende Sanierung „nicht immer ein gleichwertiger Ersatz für die Sanierung des Unternehmensträgers" ist, BT-Drucks. 17/5712, S. 30.

Die Zielsetzung der InsO lässt also keine von den jeweiligen Umständen losgelöste Rangfolge zu, wonach etwa Liquidation oder Reorganisation einer übertragenden Sanierung vorzuziehen wären; vielmehr ist die InsO als ein an den Interessen der Gläubiger ausgerichtetes vermögens- und nicht organisationsorientiertes Verfahrensgesetz ohne „normatives Sanierungsleitbild" zu verstehen.[61]

III. Die rechtstechnische Umsetzung der übertragenden Sanierung

Rechtstechnisch erfolgt die bei der übertragenden Sanierung vorgenommene Trennung des Unternehmens vom Unternehmensträger im Wege der Singularsukzession („Asset Deal"), bei der die gesamten Aktiva oder auch nur Teile hiervon auf einen neuen Rechtsträger übertragen werden, die Passiva aber in der Insolvenzmasse verbleiben.[62] Die ursprüngliche betriebliche Einheit wird also in Soll und Haben gespalten, wobei das Soll bei dem übertragenden Rechtsträger verbleibt, das Haben veräußert wird.[63]

Zivilrechtlich liegt der übertragenden Sanierung in ihrer Qualifikation als Asset Deal dabei schuldrechtlich ein Kaufvertrag sowie dinglich ein Übertragungsvertrag zugrunde. Bei dem Kaufvertrag handelt es sich um einen solchen gemäß den §§ 433, 453 Abs. 1 Var. 2 BGB, da das Unternehmen bzw. ein Unternehmensteil als der Kaufgegenstand weder eine Sache noch ein Recht ist, sondern es einen „sonstigen Gegenstand" im Sinne des § 453 Abs. 1 Var. 2 BGB darstellt.[64]

Im Gegensatz zu dieser schuldrechtlichen Behandlung kann ein Unternehmen als solches aber nicht Gegenstand des dinglichen Rechtsgeschäfts in Form eines einheitlichen Übertragungsvertrages sein. Dies ergibt sich aus dem im dinglichen Bereich vorherrschenden Bestimmtheitsgrundsatz, nach dem nicht jegliche Bestimmbarkeit genügt, sondern Bestimmtheit zu fordern ist.[65] Folglich bedarf es der klaren und zweifelsfrei unterscheidbaren Festlegung, welche Einzelbestandteile im Wege des sachenrechtlichen Geschäfts übertragen werden sollen. Je nach rechtlicher Qualifikation findet die Übertragung der Wirtschaftsgüter

61 BT-Drucks. 12/2443, S. 78.

62 *Classen*, BB 2010, 2898, 2899; *Ott/Vuia*, in: MüKo-InsO, § 80 Rn. 54; *Schmerbach/Staufenbiel*, ZInsO 2009, 458, 459; *Strümpell*, S. 6; *Undritz*, ZGR 2010, 201, 205; *Wrede*, S. 7.

63 *Hölzle*, DStR 2004, 1433, 1434.

64 *Hölzle*, DStR 2004, 1433, 1435; *Schmerbach/Staufenbiel*, ZInsO 2009, 458, 461; *Windhöfel/Ziegenhagen/Denkhaus*, Rn. 286.

65 *Holzapfel/Pöllath*, Rn. 230.

dann nach den bürgerlich-rechtlichen Vorschriften der §§ 929 ff., §§ 398 ff. oder §§ 873 ff. BGB statt.

Der im Gegenzug für das übertragene Unternehmen zu zahlende Kaufpreis fließt bei einer übertragenden Sanierung im eröffneten Insolvenzverfahren in die Masse des Insolvenzschuldners und wird nach insolvenzrechtlichen Grundsätzen vom Insolvenzverwalter an die Gläubiger verteilt.[66] Wird die übertragende Sanierung vor Verfahrenseröffnung durchgeführt, hat sich zu diesem Zeitpunkt noch keine Insolvenzmasse im Sinne des § 35 Abs. 1 InsO konstituiert. In diesem Fall gelangt der Veräußerungserlös zunächst in das schuldnerische Vermögen und wird erst bei einer sich anschließenden Eröffnung eines Insolvenzverfahrens über das Vermögen des schuldnerischen Rechtsträgers Teil der Insolvenzmasse.

Würde als Transaktionsstruktur statt eines Asset Deal hingegen ein Anteilskauf („Share Deal") gewählt, würde der Käufer das Zielunternehmen dadurch erwerben, dass er sämtliche Anteils- oder Beteiligungsrechte (Aktien, GmbH-Anteile) an der Gesellschaft kauft und an sich übertragen lässt.[67] Der Kaufgegenstand wäre somit nicht das Zielunternehmen selbst oder dessen Wirtschaftsgüter, sondern allein die gesellschaftsrechtliche Beteiligung an dem Zielunternehmen, womit lediglich ein Inhaberwechsel bei der Gesellschaft stattfände.[68] Diese Vorgehensweise hätte zur Konsequenz, dass es eben nicht zu der für die übertragende Sanierung charakteristischen Trennung der Vermögenswerte vom lebensunfähigen Unternehmensträger käme.[69] Der Vorteil der „Entschuldung" des Unternehmens durch dessen Übertragung auf einen neuen Rechtsträger würde bei einem Share Deal also nicht erreicht[70], weshalb die Veräußerung der Gesellschaftsanteile des schuldnerischen Unternehmensträgers nicht unter die Definition der übertragenden Sanierung zu fassen ist.

Zudem ist zu bedenken, dass die Übertragung von Geschäftsanteilen des Schuldners an einen neuen Unternehmensträger durch den Insolvenzverwalter ohne die Mitwirkung der Gesellschafter auch gar nicht möglich ist.[71] Denn der

---

66 *Uhlenbruck*, in: Uhlenbruck, § 159 Rn. 47.

67 *Classen*, BB 2010, 2898, 2899.

68 *Classen*, BB 2010, 2898, 2899.

69 *Schmerbach/Staufenbiel*, ZInsO 2009, 458, 459.

70 *Wrede*, S. 11.

71 *Uhlenbruck*, in: Uhlenbruck, § 80 Rn. 91; **a.A.** *Braun*, in: Nerlich/Römermann, § 217 Rn. 41, der einen Anspruch gegen die Gesellschafter auf Abtretung der in der Liquidation wertlosen Anteile als „formale Hülle der Zusammenfassung des Haftungssubstrats" befürwortet.

Insolvenzverwalter ist gemäß § 80 InsO ausschließlich für Vermögensangelegenheiten der Schuldnergesellschaft zuständig, während er weder Zugriff auf die nicht zur Insolvenzmasse gehörenden Gesellschaftsanteile hat, noch ihn überhaupt die gesellschaftsrechtliche Verfassung des Rechtsträgers etwas angeht.[72] Das folgt daraus, dass das Insolvenzverfahren eben nur über das Vermögen der schuldnerischen Gesellschaft, nicht aber zugleich über das der Gesellschafter eröffnet wird, das abgesehen von den meist wertlosen Gesellschaftsanteilen durchaus werthaltig sein kann.[73]

Insoweit hat auch durch das ESUG kein Paradigmenwechsel stattgefunden. Zwar wurde durch die neu eingefügte Vorschrift des 225a InsO die Möglichkeit der zwangsweisen Einbeziehung von Anteils- und Mitgliedschaftsrechten der Gesellschafter in einen Insolvenzplan geschaffen. Davon unberührt bleibt jedoch die zentrale Regelung des § 80 InsO, dergemäß die auf den Insolvenzverwalter übergehende Verfügungsbefugnis nicht die Anteils- und Mitgliedschaftsrechte der an dem Schuldner beteiligten Gesellschafter, sondern lediglich die von der Gesellschaft gehaltenen Vermögenswerte erfasst.

Gleichwohl ist nicht ausgeschlossen, dass es im Rahmen von unter die Definition der übertragenden Sanierung fallenden Transaktionen zu Anteilsübertragungen kommt. Denkbar ist die Vornahme eines Share Deal im Rahmen einer übertragenden Sanierung nämlich dann, wenn es sich nicht um einen auf den schuldnerischen Unternehmensträger bezogenen Share Deal handelt, etwa beim Verkauf von werthaltigen Beteiligungen insolventer Unternehmen im Rahmen von Konzerninsolvenzen.[74] Denn die Insolvenz der Muttergesellschaft führt nicht automatisch zur Insolvenz der Tochtergesellschaften; sofern diese profitabel sind und über ausreichend Liquidität verfügen, können sie trotz Insolvenz der Konzernmutter fortbestehen und Gegenstand eines Veräußerungsgeschäfts werden.[75]

Eine wiederum andere Form des Share Deal nach übertragender Sanierung setzt die Errichtung einer Auffang- oder Betriebsübernahmegesellschaft durch den Insolvenzverwalter voraus: Dabei überträgt der Insolvenzverwalter die Vermögensgegenstände des zu übertragenden Unternehmens im Wege der

---

72 *Noack*, FS Röhricht, 455, 457; *Noack/Bunke*, KTS 2005, 129, 130.

73 *Noack*, FS Röhricht, 455, 457.

74 *Schmerbach/Staufenbiel*, ZInsO 2009, 458, 459; *Undritz*, in: Runkel, § 15 Rn. 10; insofern zu eng *Strümpell*, S. 7 f.; *Thiele*, in: Wimmer/Dauernheim/Wagner/Gietl, Kap. 14 Rn. 15.

75 *Undritz*, in: Runkel, § 15 Rn. 11.

Einzelrechtsnachfolge auf eine zur Masse gehörende, neu gegründete Gesellschaft, um anschließend deren Geschäftsanteile zu veräußern.[76]

Auch wenn in den vorgenannten Fällen der Insolvenzverwalter einen Anteilsverkauf durchführt, fällt diese Vorgehensweise unter die Definition der übertragenden Sanierung, da es sich nicht etwa um den Verkauf von Anteilen des schuldnerischen Unternehmensträgers selbst handelt. Die zu veräußernden Geschäftsanteile gehören in diesen Fällen zum Anlagevermögen des Unternehmensträgers und fallen, anders als die Anteile an dem Unternehmensträger selbst, in die spätere Insolvenzmasse. Bei den vom schuldnerischen Unternehmen gehaltenen Beteiligungen handelt es sich also untechnisch gesprochen um einen Teil seiner Assets, der Share Deal (im Sinne des Verkaufs der Anteile des Tochterunternehmens) stellt sich im Verhältnis zur übertragenden Muttergesellschaft mithin als Asset Deal dar.

Die Begrifflichkeit der übertragenden Sanierung ist rechtstechnisch mithin einzugrenzen auf den Vorgang der Veräußerung eines Unternehmens, Unternehmensteiles oder Betriebes aus dem Vermögen eines schuldnerischen Unternehmensträgers im Wege eines Asset Deal oder auch eines Share Deal, soweit es sich bei den veräußerten Anteilen um von dem schuldnerischen Unternehmensträger gehaltene (Unter)Beteiligungen handelt.

IV. Der zeitliche Anwendungsbereich der übertragenden Sanierung

Dabei gilt in zeitlicher Hinsicht, dass der Begriff der übertragenden Sanierung keineswegs nur solche Unternehmensveräußerungen beschreibt, die im Rahmen eines eröffneten Insolvenzverfahrens durchgeführt werden.

Vielmehr ist auch derjenige Fall von der Definition der übertragenden Sanierung erfasst, in dem der Schuldner sein in Schieflage geratenes, am Markt aber noch werbendes Unternehmen ohne den nachteiligen Außeneffekt der Verfahrenseröffnung oder auch nur eines Insolvenzantrages möglichst „geräuschlos" veräußert.[77]

Ungeachtet der im Weiteren noch zu untersuchenden Frage nach der Zulässigkeit und den Rechtsfolgen der Maßnahme im Eröffnungsverfahren ist eine übertragende Sanierung im Verfahrensabschnitt des Eröffnungsverfahrens also zumindest *per definitionem* nicht ausgeschlossen. Mit anderen Worten: Es kann durchaus von „übertragender Sanierung im Eröffnungsverfahren" gesprochen

76 *Ganter/Lohmann*, in: MüKo-InsO, § 1 Rn. 90a.
77 Siehe dazu etwa *Wellensiek*, NZI 2002, 233, 236 f.

werden, ohne dass diese Begrifflichkeit schon auf Definitionsebene einen Widerspruch in sich bergen würde.

V. Übertragende Sanierung im Planverfahren

Schließlich sei erwähnt, dass eine übertragende Sanierung im eröffneten Insolvenzverfahren sowohl im Regel- als auch im Insolvenzplanverfahren gemäß §§ 217 ff. InsO möglich ist.[78] Nach den Vorstellungen des Regierungsentwurfs zur InsO soll die übertragende Sanierung auf der Grundlage eines Plans den Vorteil haben, dass Missbräuche gegenüber einzelnen Beteiligten wegen der das Verfahren legitimierenden Wirkung des Insolvenzplans weitgehend ausgeschlossen sind.[79] Auch kann in einem Übertragungsplan beispielsweise vorgesehen werden, dass die Gläubiger des Insolvenzschuldners am Erfolg des unter dem neuen Rechtsträger fortgeführten Unternehmens partizipieren sollen, was bei einer übertragenden Sanierung außerhalb eines Planverfahrens gerade nicht möglich ist, da die Gläubiger dabei nur ihre Quote vom erzielten Erlös erhalten.[80]

In der Praxis findet die übertragende Sanierung jedoch in aller Regel im Rahmen eines Regelinsolvenzverfahrens statt, da die Abwicklung über einen Insolvenzplan als zu schwerfällig und kompliziert beurteilt wird und damit ein wesentlicher Vorteil der einfacher zu handhabenden übertragenden Sanierung gegenüber der Durchführung eines Insolvenzplanverfahrens nivelliert würde.[81]

Ohnehin ist die Eröffnung des Insolvenzverfahrens (§ 27 InsO) zwingende Voraussetzung für die Durchführung eines Insolvenzplanverfahrens nach den §§ 217 ff. InsO.[82] Zu schließen ist das Erfordernis einer Verfahrenseröffnung für die Realisierung eines Insolvenzplans etwa daraus, dass dem Insolvenzgericht eine „Aufhebung des Insolvenzverfahrens“ nach rechtskräftiger Bestätigung des Insolvenzplans gemäß § 258 Abs. 1 InsO nicht möglich wäre, sollte es zuvor gar nicht zu einer Eröffnung des Verfahrens gekommen sein. Die Durchführung einer übertragenden Sanierung im Eröffnungsverfahren auf der Grundlage eines

---

78 *Braun/Frank*, in: Braun, Vor § 217 Rn. 15; *Müller-Feldhammer*, ZIP 2003, 2186, 2189; *Noack/Bunke*, KTS 2005, 129, 132; *Römermann*, in: Nerlich/Römermann, Vor § 217 Rn. 199; *Strümpell*, S. 10; *Wellensiek*, NZI 2002, 233, 237 f.

79 BT-Drucks. 12/2443, S. 95.

80 *Noack/Bunke*, KTS 2005, 129, 132 m.w.N.

81 *Koblitz*, S. 10; *Otte*, in: Kübler/Prütting/Bork, § 217 Rn. 27; *Smid*, WM 1996, 1249, 1250.

82 *Frege/Keller/Riedel*, Rn. 220.

Insolvenzplans ist also nicht denkbar. Dementsprechend soll die übertragende Sanierung im Planverfahren auch nicht Gegenstand dieser Untersuchung sein.

VI. Zusammenfassung

Die übertragende Sanierung ist nach alledem zu definieren als eine Unternehmensveräußerung, bei der das von einem Unternehmensträger betriebene werthaltige Unternehmen im Wege eines Asset Deal als Ganzes oder zum Teil an einen übernehmenden Rechtsträger veräußert und durch das Zurücklassen der Verbindlichkeiten bei dem übertragenden Rechtsträger und sich gegebenenfalls anschließende leistungswirtschaftliche Maßnahmen saniert wird.

Diese Vorgehensweise ist sowohl innerhalb als auch außerhalb eines Insolvenzverfahrens möglich, im eröffneten Verfahren steht zudem das Planverfahren als Alternative offen. Ob die übertragende Sanierung gegenüber anderen Sanierungsinstrumenten vorzugswürdig ist, bemisst sich allein danach, ob sie die bestmögliche Befriedigung der Gläubigerforderungen verspricht.

Teil 2: Die übertragende Sanierung im Eröffnungsverfahren

Wie soeben gesehen, wird von dem Begriff der übertragenden Sanierung nicht nur die Veräußerung des schuldnerischen Unternehmens im eröffneten Verfahren, sondern auch diejenige im Eröffnungsverfahren erfasst.[83] Den Regelfall in der Praxis stellt jedoch die Durchführung der übertragenden Sanierung im eröffneten Verfahren dar. Bevor auf die Frage eingegangen wird, ob sich die Durchführung einer übertragenden Sanierung im Eröffnungsverfahren mit den rechtlichen Vorgaben der InsO vereinbaren lässt, soll daher zunächst untersucht werden, welche praktischen Gesichtspunkte überhaupt dafür sprechen können, ein Unternehmen abweichend von der derzeitigen Praxis möglichst schnell und schon im Verfahrensstadium zwischen Antragstellung und Verfahrenseröffnung auf einen Erwerberrechtsträger zu übertragen.

I. Tatsächliche Beweggründe für eine übertragende Sanierung im Eröffnungsverfahren

Haben der Schuldner oder dessen Gläubiger Antrag auf Insolvenzeröffnung gestellt, ist schon dieser Publizitätsakt regelmäßig mit ganz erheblichen Nachteilen und Wertverlusten für das Zielunternehmen verbunden.[84] Denn durch den Eröffnungsantrag entsteht eine nachhaltige Verunsicherung, die auf das Unternehmen, vor allem aber auf sein Umfeld ausstrahlt.[85] Dies gilt in besonderem Maße, wenn aufgrund der Kunden- und Produktstruktur von einem Unternehmen erwartet wird, dass es Waren in gleichbleibender Güte produziert und zum vereinbarten Zeitpunkt ausliefert; hat ein Kunde dann das Gefühl, dass er mit der sicheren Anlieferung seiner Produkte in gleichbleibender Qualität nicht mehr rechnen kann, wird er die Lieferbeziehungen zeitnah abbrechen und unter Hinweis auf den Insolvenzantrag kündigen.[86] Vor allem dann, wenn das schuldnerische Unternehmen austauschbare Produkte oder Dienstleistungen anbietet, die unschwer auch von anderen Marktteilnehmern bezogen werden können, knüpfen Kunden sehr rasch neue Lieferantenbeziehungen, um das eigene Geschäft

83 Siehe Teil 1 IV.

84 *Fisseler*, in: Rotthege/Wassermann, Kap. 12 Rn. 152.

85 *Lohkemper*, S. 253 f.; *derselbe*, ZIP 1999, 1251, 1255.

86 *Bernsau*, in: Bernsau/Höpfner/Rieger/Wahl, S. 32.

nicht zu gefährden.[87] Insbesondere auch Produkte etwa aus dem medizinischen Bereich oder für die Nahrungsmittelindustrie, lassen sich von insolventen bzw. von mit dem Makel einer bevorstehenden Insolvenz behafteten Unternehmen nur äußerst schlecht verkaufen, da die Abnehmer an der Qualität der Produkte Zweifel haben und schlimmstenfalls die Produkte nicht mehr abnehmen, da sie befürchten, nicht mehr die gewünschte Qualität geliefert zu bekommen.[88]

Auch qualifizierte Fachkräfte werden das Vertrauen in das Unternehmen verlieren und mit dem Gedanken spielen, es schnellstmöglich zu verlassen.[89] Daran vermag auch die Fortführung des Unternehmens durch einen vorläufigen Insolvenzverwalter nichts zu ändern. Denn auf Dauer können das volle Vertrauen und die Treue der Geschäftspartner und Arbeitnehmer nur von einer Person aufrechterhalten werden, die das Unternehmen nicht bloß vorübergehend verwaltet, sondern als eigenes führt und sich erkennbar mit ihm identifiziert.[90] Dies gilt umso mehr, als es sich stets zu vergegenwärtigen gilt, dass ein vorläufiger Insolvenzverwalter von Berufs wegen kein Unternehmer ist und eine fruchtbare Zusammenarbeit mit dem Schuldner oftmals schwierig ist, trägt dieser doch häufig die Hauptverantwortung für den maroden Zustand des Unternehmens.[91] Kurz gesagt: Je länger ein Unternehmen nach Stellung eines Insolvenzantrages unter der Regie des kriselnden Rechtsträgers durch einen vorläufigen Insolvenzverwalter fortgeführt wird, desto weniger Vertrauen wird dem Unternehmen und seinen Produkten entgegengebracht.

Zwar ließe sich diesen Bedenken gegebenenfalls durch die Anordnung der vorläufigen Eigenverwaltung im Eröffnungsverfahren begegnen, wie sie gemäß dem durch das ESUG neu eingefügten § 270a InsO nunmehr möglich ist. Dann nämlich käme es nicht zur Bestellung eines vorläufigen Insolvenzverwalters, die Verwaltungs- und Verfügungsbefugnis verbliebe vielmehr beim Schuldner. Laut der Regierungsbegründung zum ESUG soll durch diese neu geschaffene Möglichkeit auch gerade verhindert werden, dass das Vertrauen der Geschäftspartner in die Geschäftsleitung des Schuldners und deren Sanierungskonzept durch die Einsetzung eines vorläufigen Insolvenzverwalters zerstört wird.[92] Allerdings ist zu erwarten, dass die Anordnung der vorläufigen Eigenverwaltung die Ausnahme

---

87 *Grub*, ZIP 1993, 393.

88 *Bernsau*, in: Bernsau/Höpfner/Rieger/Wahl, S. 32 f. für die Produkte insolventer Unternehmen.

89 *Göpfert*, DB 1992, 1727.

90 *Lohkemper*, S. 254; *Marotzke*, Das Unternehmen, Rn. 44.

91 *Lohkemper*, S. 254.

92 BT-Drucks. 17/5712, S. 59.

gegenüber der Bestellung eines vorläufigen Insolvenzverwalters bleiben wird. Denn gegenüber dem Institut der vorläufigen Eigenverwaltung gelten dieselben Vorbehalte, wie sie von Literatur und Rechtsprechung der Eigenverwaltung im eröffneten Verfahren entgegengebracht werden: Insbesondere besteht die Befürchtung, dass durch das Belassen der Verwaltungs- und Verfügungsbefugnis bei der Geschäftsleitung, die das Unternehmen zuvor in die Krise manövriert hat, der „Bock zum Gärtner gemacht" wird.[93]

Aus diesem ab Antragstellung eintretenden Vertrauensverlust erklärt sich, dass bereits zu Beginn des Eröffnungsverfahrens immer wieder Erwerbsinteressenten auftauchen, die auf eine möglichst zügige Übernahme des angeschlagenen Unternehmens drängen und dann mitunter auch noch vergleichsweise günstige Angebote für das Schuldnervermögen unterbreiten.[94] Zu diesem frühen Zeitpunkt können sie ein nach wie vor am Markt tätiges Unternehmen mit intakter Organisationsstruktur übernehmen und dadurch den Geschäftspartnern und Arbeitnehmern signalisieren, dass mit dem Erwerber ab sofort wieder ein liquider Unternehmensträger hinter den Produkten steht und für deren Qualität verantwortlich zeichnet. Durch die Loslösung des Unternehmens von dem kriselnden Rechtsträger wird das Vertrauen in dessen Produkte und Dienstleistungen dann also nicht mehr an dessen Vergangenheit gemessen und das Unternehmen kann nach seiner Übertragung auf den gesunden Erwerberrechtsträger dementsprechend unbelastet von dem Makel eines Insolvenzantrages wieder als marktgefestigt präsentiert werden.[95]

Freilich wird der Erwerbsinteressent es andererseits bei seinem Kaufpreisangebot zu berücksichtigen haben, wenn die Strukturen des Zielunternehmens noch intakt sind und es noch Marktanteile besitzt. Ist er aber bereit, einen angemessenen Kaufpreis für das Unternehmen zu zahlen, zeigt sich deutlich die in tatsächlicher Hinsicht zwingende Gebotenheit, die Veräußerung dann auch schon ungeachtet des Verfahrensstadiums zuzulassen. Die „um jeden Preis" erzwungene Fortführung des Unternehmens unter der Regie des alten Rechtsträgers würde nämlich dazu führen, dass die vormaligen Erwerbsinteressenten von ihren Erwerbsabsichten Abstand nehmen würden. Denn ihnen ging es

---

93 So für die Eigenverwaltung im eröffneten Verfahren AG Darmstadt, ZIP 1999, 1494; *Heckschen*, in: Reul/Heckschen/Wienberg, Kap. N Rn. 621; *Keller*, Rn. 1791; *Uhlenbruck*, in: Uhlenbruck, § 270 Rn. 1.

94 Bund-Länder-Arbeitsgruppe „Insolvenzrecht", S. 73; BMJ, DiskE InsVerfVereinfG, S. 24; *Fritsche*, DZWIR 2005, 265, 269 mit Fn. 65; *Vallender*, in: Schmidt/Uhlenbruck, Rn. 5.404; *Windhöfel/Ziegenhagen/Denkhaus*, Rn. 91.

95 *Icks/Kranzusch*, S. 26.

doch gerade darum, das Unternehmen mit der Möglichkeit eines makellosen „Neustarts" möglichst frühzeitig erwerben zu können, was durch das weitere Zuwarten faktisch unmöglich gemacht wird. Mit der Verzögerung des Verkaufs einher ginge der Verlust eines vergleichsweise hohen Kaufpreises, der sich zu einem späteren Zeitpunkt zumeist nicht mehr realisieren lässt. Hinzu kommt die Gefahr, dass der vorläufige Insolvenzverwalter im Rahmen der weiteren Fortführung erhebliche Masseverbindlichkeiten zu Lasten der zukünftigen Masse begründen muss.[96]

Im schlimmsten Fall bedeutet das zwangsweise Verstreichenlassen frühzeitiger lukrativer Erwerbsangebote also, dass die einzelnen Unternehmensaktiva später im Rahmen der Unternehmenszerschlagung zu einem deutlich unter dem zuvor für das Unternehmen gebotenen Kaufpreis veräußert werden müssen.[97] Dies würde zudem regelmäßig die Vernichtung der an dem Unternehmen hängenden Arbeitsplätze bedeuten.

Zusammenfassend ist zu konstatieren, dass oftmals nur durch eine möglichst zügige Übertragung der negative Außeneffekt einer Insolvenzantragstellung auf die Reputation des Unternehmens eingedämmt werden kann. Damit einher geht, dass potenzielle Erwerbsinteressenten häufig auch nur zu einem frühen Übertragungszeitpunkt bereit sind, einen über dem Zerschlagungswert liegenden Kaufpreis für das Unternehmen zu zahlen. Durch eine frühzeitige übertragende Sanierung kann also nicht nur dem Interesse des Erwerbers an der Übernahme eines möglichst intakten Unternehmens, sondern auch dem Interesse der späteren Insolvenzgläubiger an der Erzielung eines möglichst hohen Verkaufserlöses gedient werden.

II. Die Zulässigkeit der übertragenden Sanierung im Eröffnungsverfahren

Allein diese tatsächlichen Erwägungen können jedoch nicht die Zulässigkeit einer übertragenden Sanierung im Eröffnungsverfahren begründen.[98] Denn sie vermögen nichts an dem Umstand zu ändern, dass das Eröffnungsverfahren seiner Grundkonzeption nach als vorläufiges Sicherungsverfahren ausgestaltet ist, mit dem die Schaffung endgültiger Tatsachen, wie durch die Veräußerung des schuldnerischen Unternehmens, *prima facie* nicht zu vereinbaren ist.

---

96 *Marotzke*, Das Unternehmen, Rn. 60.

97 *Vallender*, in: Schmidt/Uhlenbruck, Rn. 5.405; Bund-Länder-Arbeitsgruppe „Insolvenzrecht", S. 73.

98 *Ampferl*, Rn. 524; *Koblitz*, S. 30.

Gleichwohl wäre es zu kurz gegriffen, die Zulässigkeit der übertragenden Sanierung im Eröffnungsverfahren allein aufgrund dieser Feststellung zu verneinen. Um einem im Einzelfall bestehenden zwingenden wirtschaftlichen Bedürfnis nach einer frühzeitigen Veräußerung möglichst Rechnung tragen zu können, bedarf es vielmehr der eingehenden Untersuchung, ob die Durchführung einer übertragenden Sanierung im Eröffnungsverfahren *stets* für unzulässig zu erachten ist oder ob sie unter bestimmten Voraussetzungen mit den rechtlichen Vorgaben der InsO in Einklang zu bringen ist.

In Literatur und Rechtsprechung hat sich zu dieser Frage ein breites Meinungsspektrum herausgebildet, welches nachfolgend dargestellt wird, um im Anschluss daran eine eigene Stellungnahme abzugeben.

1. Meinungsstand zur Zulässigkeit der übertragenden Sanierung im Eröffnungsverfahren

a) Ablehnung der Befugnis zur übertragenden Sanierung im Eröffnungsverfahren

Unter Geltung der KO wurde ein Recht des Sequesters zur Unternehmensveräußerung teilweise kategorisch abgelehnt, da das sequestrierte Vermögen auf diese Weise entgegen dem Sinn und Zweck des Konkursantragsverfahrens nicht erhalten werde.[99]

Auch von der heute unter Geltung der InsO herrschenden Literaturmeinung wird eine Befugnis des vorläufigen Insolvenzverwalters zur Veräußerung des schuldnerischen Unternehmens abgelehnt.[100] Die Vertreter dieser Ansicht argumentieren im Wesentlichen damit, dass es sich bei der übertragenden Sanierung um eine Verwertungsmaßnahme handele, welche von der Gläubigerversammlung im Berichtstermin beschlossen werden müsse und gemäß § 159 InsO erst dem endgültigen Insolvenzverwalter nach dem Berichtstermin erlaubt sei; die Befugnis des vorläufigen Insolvenzverwalters hingegen sei auf die Sicherung des Schuldnervermögens beschränkt.[101] Denn im Stadium des Eröffnungsverfahrens stehe noch nicht einmal das Vorliegen eines Insolvenzgrundes mit Sicherheit

---

99 *Gottwald*, KTS 1984, 1, 23; wohl auch *Joost*, EWiR 1988, 811, 812; *Kleiner*, S. 99 f.; *Uhlenbruck*, KTS 1990, 15, 19.

100 Siehe die in den Fn. 101 bis 106 Genannten.

101 *Ampferl*, Rn. 524 ff.; *Classen*, BB 2010, 2898, 2900; *Gogger*, § 2 Rn. 250; *Keller*, Rn. 608; *Pape*, in: Kübler/Prütting/Bork, § 22 Rn. 17 ff.; *Schlitt*, NZG 1998, 701, 709; *Uhlenbruck*, in: Kölner Schrift InsO, Kap. 6 Rn. 28; wohl auch *Windhöfel/Ziegenhagen/Denkhaus*, Rn. 92 ff.

fest, womit dem Schuldner bei Bejahung einer Veräußerungsmöglichkeit sein Unternehmen zu einem Zeitpunkt entzogen werden könne, zu dem noch keine Berechtigung für einen derart schwerwiegenden Eingriff in das Eigentum (Art. 14 GG) existiere.[102] Teil der Sicherungsaufgabe des vorläufigen Insolvenzverwalters sei zudem die durch § 22 Abs. 1 S. 2 Nr. 2 InsO angeordnete Unternehmensfortführung, zu der das Gesetz als einzige Alternative die Stilllegung des Unternehmens vorsehe.[103] Bezüglich des letztgenannten Arguments komme hinzu, dass sich der Gesetzgeber spätestens mit dem Gesetz zur Vereinfachung des Insolvenzverfahrens („InsVerfVereinfG") vom 13.4.2007 eindeutig gegen eine Befugnis des vorläufigen Insolvenzverwalters zur Unternehmensveräußerung entschieden habe, indem er trotz anders lautender Vorschläge im Gesetzgebungsverfahren[104] von der Regelung einer Veräußerungsmöglichkeit alternativ zur Stilllegung des Unternehmens Abstand genommen habe.[105]

Schließlich wird angeführt, die Vornahme einer Unternehmensveräußerung im Eröffnungsverfahren sei für den Erwerber ohnehin wenig attraktiv, da für ihn die Gefahr einer Haftung nach den § 613a BGB, § 25 HGB und § 75 AO drohen würde.[106]

---

102 *Arends/Hofert-von Weiss,* BB 2009, 1538, 1539; *Bitter/Rauhut,* KSI 2007, 258, 260; *Hennig,* S. 37; *Pape,* ZInsO 2003, 389, 391; *Schmerbach,* InsbürO 2008, 170, 172.

103 *Arends/Hofert-von Weiss,* BB 2009, 1538, 1539; *Classen,* BB 2010, 2898, 2900; *Ehlers,* ZinsO 2010, 257, 260; *Seel,* JA 2011, 369, 370; *Uhlenbruck,* KTS 1994, 169, 178; *Vallender,* in: Henckel/Kreft, Insolvenzrecht 1998, S. 86.

104 BMJ, DiskE InsVerfVereinfG, S. 13 f.; für die Aufnahme einer entsprechenden Regelung in § 22 InsO auch noch *Stephan,* in: Breitenbücher/Ehricke, Insolvenzrecht 2003, S. 10 f.

105 *Arends/Hofert-von Weiss,* BB 2009, 1538, 1539 f.; *Brete/Thomsen,* NJOZ 2008, 4159, 4168; *Haarmeyer/Wutzke/Förster,* in: Haarmeyer/Wutzke/Förster, § 14 Rn. 13; *Heckschen,* in: Reul/Heckschen/Wienberg, Kap. O Rn. 45; *Hennig,* S. 37; *Kußmaul/Palm,* StB 2012, 345, 346; *Ott,* S. 99 f.; *Pape,* NZI 2007, 425, 430; *Schmerbach/Staufenbiel,* ZInsO 2009, 458, 460; *Schmerbach,* in: FK-InsO, § 22 Rn. 71; *Schmerbach/Wegener,* ZInsO 2006, 400, 407; *Soudry/Schwenkel,* GWR 2010, 366, 367; *Schröder/Hiort,* CORPORATE FINANCE law 2010, 109, 111; *Uhlenbruck,* in: Uhlenbruck, § 158 Rn. 8 a.E.

106 *Classen,* BB 2010, 2898, 2900; *Haarmeyer,* in: MüKo-InsO, § 22 Rn. 81; *Kühne,* in: Borchardt/Frind, Teil II Rn. 1361; *Morshäuser/Falkner,* NZG 2010, 881, 882; *Schröder,* in: HamKo-InsO, § 22 Rn. 41.

b) Differenzierende Ansichten

Schon zu Zeiten der KO fanden sich jedoch auch solche Stimmen, die eine Veräußerungsbefugnis des Sequesters nur im Grundsatz ablehnten, sie im Einzelfall aber zuließen.[107]

Dies hat sich seit Einführung der InsO nicht geändert und nicht Wenige sprechen sich für eine differenzierende Betrachtungsweise aus: Sie erkennen zwar an, dass der vorläufige Insolvenzverwalter grundsätzlich zur Sicherung und Erhaltung des Schuldnervermögens verpflichtet ist, sehen zugleich aber die im Einzelfall bestehende wirtschaftliche Notwendigkeit einer frühzeitigen Veräußerungsmöglichkeit und sprechen sich daher bei Vorliegen bestimmter Voraussetzungen für die Zulässigkeit einer Unternehmensveräußerung im Eröffnungsverfahren aus.[108] Bei den insoweit aufgestellten Zulässigkeitsvoraussetzungen geht es im Wesentlichen um die nachfolgend dargestellte Forderung von Zustimmungsvorbehalten, um den durch die Maßnahme betroffenen Schuldner- und Gläubigerinteressen Geltung zu verschaffen.

aa) Wahrung der Gläubigerinteressen

Insoweit wird ganz überwiegend vertreten, dass die Interessen der Gläubiger durch eine Veräußerungszustimmung des Insolvenzgerichts zu wahren seien; die Zustimmung soll das Insolvenzgericht in entsprechender Anwendung des § 22 Abs. 1 S. 2 Nr. 2 InsO dann erteilen dürfen, wenn durch die Veräußerung des Unternehmens eine erhebliche Verminderung des Schuldnervermögens vermieden werden kann[109] bzw. sich eine „exorbitant günstige Verwertungsmöglichkeit" für das Unternehmen bietet.[110] Soweit im Eröffnungsverfahren bereits ein Gläubigerausschuss bestellt ist, soll nach vereinzelter Ansicht zusätzlich zu der stets

---

107 *Feuerborn,* KTS 1997, 171, 182; *Gerhardt,* ZIP 1982, 1, 6 f.; *Göpfert,* DB 1992, 1727 f.; *Hess,* § 106 Rn. 9; *Johlke,* EWiR 1992, 493; *Onusseit,* ZIP 1990, 345, 351; *Pape,* ZIP 1994, 89, 92.

108 Siehe die in den Fn. 109 bis 118 Genannten.

109 *Dimassi,* S. 31 ff.; *Gerhardt,* in: Jaeger, § 22 Rn. 90; *Kammel,* NZI 2000, 102, 104; *Lohkemper,* S. 263 ff.; *Menke,* BB 2003, 1133, 1136 f.; *derselbe* NZI 2003, 522, 526 f.; *Spieker,* S. 50 ff.; *Theiselmann,* GmbH-StB 2012, 309, 310; *Thiemann,* in: Leonhardt/Smid/Zeuner, § 22 Rn. 152 f.; *Unfried,* S. 142; im Ergebnis auch *Koblitz,* S. 34 f., die das insolvenzgerichtliche Zustimmungserfordernis allerdings aus einer Analogie zu § 160 Abs. 2 Nr. 1 InsO herleitet.

110 *Vallender,* in: Uhlenbruck, § 22 Rn. 33.

erforderlichen insolvenzgerichtlichen Zustimmung auch dessen Zustimmung zu der Veräußerung durch den vorläufigen Insolvenzverwalter einzuholen sein.[111]

Abweichend von diesen Stimmen lehnt *Marotzke* das Erfordernis einer insolvenzgerichtlichen Veräußerungszustimmung gänzlich ab und stellt die Entscheidung über das Vorliegen der seiner Ansicht nach zur Veräußerung berechtigenden „erheblichen Vermögensminderung“ grundsätzlich in die alleinige Verantwortung des vorläufigen Insolvenzverwalters.[112] Nur dann, wenn das Insolvenzgericht – nach Ansicht *Marotzkes* in unzulässiger Weise[113] – einen vorläufigen Gläubigerausschuss einsetzten sollte, soll der vorläufige Insolvenzverwalter ausnahmsweise dessen Zustimmung einzuholen haben.[114]

bb) Wahrung der Schuldnerinteressen

Weniger eindeutig beantwortet wird die Frage, ob durch eine insolvenzgerichtliche Veräußerungszustimmung zugleich die schutzwürdigen Interessen des Schuldners gewahrt werden können oder ob zu diesem Zweck stets auch eine ausdrückliche Zustimmung des Schuldners zu der Veräußerung eingeholt werden muss.

In der bis zur Einführung des InsVerfVereinfG erschienenen Literatur sprachen sich nicht Wenige dafür aus, dass in analoger Anwendung des § 22 Abs. 1 S. 2 Nr. 2 InsO die Veräußerungsentscheidung ebenso wenig von der Zustimmung des Schuldners abhängen solle wie die ausdrücklich geregelte Stilllegungsmöglichkeit, womit der Sache nach eine Veräußerungsmöglichkeit auch gegen den Willen des Schuldners befürwortet wurde.[115] Begründet wurde diese Ansicht damit, dass durch eine Veräußerung des Unternehmens die Interessen des Schuldners nicht in weitergehendem Maße beeinträchtigt würden als durch eine Stilllegung, die Veräußerung vielmehr eine „Minusmaßnahme“ gegenüber der

---

111 *Dimassi,* S. 35; *Undritz,* in: Runkel, § 15 Rn. 159; auch die Bund-Länder-Arbeitsgruppe „Insolvenzrecht“, S. 74 erkennt an, dass eine Regelung, die eine übertragende Sanierung von der Zustimmung eines vorläufigen Gläubigerausschusses, des Schuldners und/oder des Gerichts abhängig macht, sicherstellt, dass alle betroffenen Interessen hinreichend berücksichtigt werden, spricht sich aber wegen der damit verbundenen „Belastung des Eröffnungsverfahrens“ gegen diese Lösung aus; ebenso *Graf-Schlicker/Remmert,* NZI 2001, 569, 574.

112 *Marotzke,* Das Unternehmen, Rn. 94.

113 *Marotzke,* Das Unternehmen, Rn. 108.

114 *Marotzke,* Das Unternehmen, Rn. 92.

115 *Gerhardt,* in: Jaeger, § 22 Rn. 90 a.E.; *Kammel,* NZI 2000, 102, 104; *Marotzke,* Das Unternehmen, Rn. 50; *Menke,* BB 2003, 1133, 1136 f.; *derselbe* NZI 2003, 522, 526 f.; *Pohlmann,* Rn. 14 f.; *Unfried,* S. 142.

Stilllegung darstelle, da der bei einer Veräußerung des Unternehmens als Sachgesamtheit zu erzielende Kaufpreis regelmäßig deutlich über dem Liquidationswert liege.[116]

Seit der Gesetzgeber sich in der Begründung zum InsVerfVereinfG jedoch ausdrücklich gegen die Normierung einer Veräußerungsmöglichkeit als Alternative zur Stilllegung in § 22 Abs. 1 S. 2 Nr. 2 InsO entschieden hat, wird diese Ansicht nur noch sehr vereinzelt vertreten.[117] Von denjenigen, die sich nach Einführung des InsVerfVereinfG für eine ausnahmsweise Zulässigkeit der Veräußerung im Eröffnungsverfahren aussprechen, wird stattdessen ganz überwiegend vertreten, dass selbst nach erfolgter insolvenzgerichtlicher Veräußerungszustimmung zusätzlich stets auch eine Zustimmung des Schuldners erforderlich sei.[118]

Zurückzuführen ist die Forderung einer solchen *zwingenden* Schuldnerzustimmung nicht zuletzt darauf, dass von der Regelung einer Veräußerungsmöglichkeit in § 22 Abs. 1 S. 2 Nr. 2 InsO auch gegen den Willen des Schuldners im InsVerfVereinfG letztlich vor allem deshalb Abstand genommen wurde, um den schutzwürdigen Schuldnerinteressen bei noch nicht festgestelltem Insolvenzgrund Rechnung zu tragen.[119]

c) Rechtsprechung

aa) Unter Geltung der KO

Unter Geltung der KO wurde dem Sequester im Konkursantragsverfahren eine Befugnis zur Veräußerung des schuldnerischen Unternehmens bzw. zur Erteilung einer diesbezüglichen Zustimmung von der Rechtsprechung *grundsätzlich* abgesprochen, da es seine mit einer Veräußerungsbefugnis nicht zu vereinbarende Pflicht sei, das notleidend gewordene Unternehmen zu bewahren und die vorhandenen Werte zu erhalten.[120]

Offen ließ der BGH hingegen, ob möglicherweise dann, wenn die Sicherung des Schuldnervermögens im Hinblick auf die unmittelbar bevorstehende Eröffnung des Konkursverfahrens dies zwingend gebietet, eine Ausnahme von

---

116 *Menke,* BB 2003, 1133, 1137; *derselbe,* NZI 2003, 522, 526; *Pohlmann,* Rn. 414 f.

117 *Hirte,* in: Uhlenbruck, § 11 Rn. 19: Zulässigkeit der Unternehmensveräußerung „unter denselben Voraussetzungen wie eine Betriebsstilllegung im Eröffnungsverfahren".

118 *Dimassi,* S. 29 f.; *Koblitz,* S. 37; *Theiselmann,* GmbH-StB 2012, 309, 310; *Vallender,* in: Uhlenbruck, § 22 Rn. 33; zuvor auch schon *Fritsche,* DZWIR 2005, 265, 269.

119 Siehe BT-Drucks. 16/3227, S. 11.

120 BGHZ 104, 151, 156; OLG Düsseldorf, ZIP 1992, 344, 346.

diesem Grundsatz gerechtfertigt sein könnte.[121] Das OLG Düsseldorf sah eben eine solche Ausnahme in einem Fall als gegeben, in dem durch die Verwertung der Unternehmensaktiva bereits im Konkursantragsverfahren annähernd das Fünffache des vom Auktionator geschätzten Wertes erlöst und zudem Verbindlichkeiten aus Miete erspart werden konnten.[122]

bb) Unter Geltung der InsO

Auch seit Inkrafttreten der InsO wurde bislang höchstrichterlich nur geklärt, dass der vorläufige Insolvenzverwalter jedenfalls *grundsätzlich* nicht befugt sein soll, eine übertragende Sanierung vorzunehmen oder an einer solchen durch den Schuldner mitzuwirken.[123]

So ließ etwa das BAG offen, „inwieweit ausnahmsweise etwas anderes in Fällen gilt, in denen der Verkauf vor Verfahrenseröffnung eine Stilllegung des Betriebes im Hinblick auf auflaufende erhebliche Verluste abwenden oder einen außerordentlichen wirtschaftlichen Vorteil realisieren soll, der nach Verfahrenseröffnung nicht mehr erzielt werden könnte“.[124]

Auch der BGH deutete in einem Beschluss aus dem Jahre 2006 an, dass er einer übertragenden Sanierung im Eröffnungsverfahren nicht generell ablehnend gegenübersteht.[125] In besagtem Beschluss ging es um die vergütungsrechtliche Frage, ob dem vorläufigen Insolvenzverwalter ein Zuschlag wegen einer Unternehmensübertragung im Eröffnungsverfahren zu Recht mit der Begründung versagt wurde, hierzu sei er nicht befugt gewesen. Der BGH führte dazu zunächst aus, es obliege dem vorläufigen Insolvenzverwalter regelmäßig nicht, Schuldnervermögen im Sinne der §§ 159, 165 ff. InsO zu verwerten, so dass insoweit auch kein Zuschlag zur Regelvergütung in Betracht komme.[126] Etwas anderes könne jedoch gelten, „wenn im Zusammenhang mit einer dem vorläufigen Insolvenzverwalter vom Insolvenzgericht oder den Gläubigern gestatteten übertragenden Sanierung weitere Verwertungshandlungen notwendig werden, um den Vorgang zum Abschluss zu bringen“.[127] In diesem Fall sei die Verwertung

---

121 BGHZ 104, 151, 156.
122 OLG Düsseldorf, ZIP 1992, 344, 346.
123 BGHZ 154, 72, 79; BAG NZI 2003, 222, 226.
124 BAG NZI 2003, 222, 226.
125 BGH NZI 2006, 235.
126 BGH NZI 2006, 235, 237.
127 BGH NZI 2006, 235, 237.

schon im Eröffnungsverfahren erforderlich und könne dann – je nach Lage des Einzelfalls – gesondert zu vergüten sein.[128]

Jüngere Gerichtsentscheidungen, die die Zulässigkeit der übertragenden Sanierung im Eröffnungsverfahren thematisieren, sind nicht ersichtlich. Es bleibt daher insbesondere abzuwarten, ob der BGH seine in dem vorgenannten Beschluss angedeutete Linie auch nach Inkrafttreten des InsVerfVereinfG weiterverfolgt, obwohl die Möglichkeit einer Unternehmensveräußerung im Eröffnungsverfahren in diesem Gesetz entgegen anders lautender Überlegungen letztlich nicht geregelt wurde.

Ein gewisses Indiz dafür, dass diese gesetzgeberische Entscheidung den BGH auch in Zukunft nicht zu einer generellen Ablehnung einer Veräußerungsmöglichkeit im Eröffnungsverfahren veranlassen wird, kann darin gesehen werden, dass er den vorgenannten Beschluss im Jahre 2006, also zu einem Zeitpunkt erließ, zu dem bereits in dem am 16. September 2004 vorgelegten Referentenentwurf[129] die zuvor im Diskussionsentwurf[130] vorgesehene Möglichkeit einer Unternehmensveräußerung im Eröffnungsverfahren gestrichen worden war.

2. Stellungnahme

§ 22 InsO unterscheidet zwischen der Bestellung eines vorläufigen Insolvenzverwalters *mit* Verwaltungs- und Verfügungsbefugnis (auch „starker" vorläufiger Insolvenzverwalter genannt) und der Bestellung eines vorläufigen Insolvenzverwalters *ohne* Verwaltungs- und Verfügungsbefugnis, regelmäßig unter Anordnung eines Zustimmungsvorbehalts (so genannter „schwacher" vorläufiger Insolvenzverwalter).[131] Diese unterschiedlichen Ausgestaltungen der vorläufigen Insolvenzverwaltung gebieten es, auch bei der Frage nach der Befugnis zur Unternehmensveräußerung nach den verschiedenen Verwaltertypen zu differenzieren.

Da die InsO bezüglich der Rechtsstellung des starken vorläufigen Insolvenzverwalters die höchste Regelungsdichte aufweist, bietet es sich an, zuvorderst die Zulässigkeit der Veräußerung durch einen starken vorläufigen Insolvenzverwalter zu diskutieren, um anschließend die Übertragbarkeit der gefundenen Ergebnisse auf einen schwachen vorläufigen Insolvenzverwalter zu untersuchen.

---

128 BGH NZI 2006, 235, 237.

129 BMJ, RefE InsVerfVereinfG.

130 BMJ, DiskE InsVerfVereinfG, S. 13 f.

131 Siehe etwa *Bähr,* ZIP 1998, 1553, 1558; *Leithaus,* in: Andres/Leithaus, § 22 Rn. 3; *Undritz,* in: Runkel, § 15 Rn. 141 ff.

a) Befugnis des starken vorläufigen Insolvenzverwalters zur übertragenden Sanierung

Vorangestellt sei, dass sich die nachfolgende Stellungnahme nicht nur auf die Frage nach der Befugnis des starken vorläufigen Insolvenzverwalters zum Vollzug der Vertragserfüllung, sondern auch auf die Frage nach seiner Befugnis zum Abschluss (nur) des schuldrechtlichen Unternehmenskaufvertrages im Eröffnungsverfahren bezieht. Zwar scheidet mit Abschluss des schuldrechtlichen Kaufvertrages das Unternehmen noch nicht dinglich aus dem Schuldnervermögen aus. Jedoch wird im Falle des Vertragsschlusses durch einen starken vorläufigen Insolvenzverwalter damit bereits die unbedingte Verpflichtung begründet, bei Verfahrenseröffnung wegen § 55 Abs. 2 S. 1 InsO bzw. bei Nichteröffnung wegen § 25 Abs. 2 S. 1 InsO den sich aus dem Kaufvertrag ergebenden Übertragungsanspruch zu erfüllen. Die Interessen des Schuldners und der Gläubiger sind daher schon bei Abschluss des Unternehmenskaufvertrages betroffen und dementsprechend zu wahren.

Andererseits ist der vorläufige Insolvenzverwalter unabhängig von der nachfolgenden Stellungnahme für befugt zu erachten, einen Kaufvertrag über das schuldnerische Unternehmen abzuschließen, dessen Wirksamkeit aufschiebend bedingt durch die Verfahrenseröffnung und die Zustimmung der im eröffneten Verfahren zuständigen Gläubigerorgane ist.[132] Denn in diesem Fall sind die Interessen des Schuldners ausreichend dadurch geschützt, dass sein Vermögen nur bei Verfahrenseröffnung, also zu einem Zeitpunkt wirksam verpflichtet wird, zu dem das Schuldnervermögen qua Gesetz haftungsrechtlich ohnehin den Gläubigern zugewiesen wird; der Schutz der Gläubigerautonomie wird zudem dadurch gewährleistet, dass die Wirksamkeit des Kaufvertrages von der Erteilung der für das eröffnete Verfahren vorgesehenen Gläubigerzustimmung abhängig gemacht wird.[133]

aa) Bindung des vorläufigen Insolvenzverwalters an die doppelte Schutzrichtung des Sicherungszwecks

Die wesentlichen Vorschriften im ersten Abschnitt des zweiten Teils der InsO („Eröffnungsvoraussetzungen und Eröffnungsverfahren"), die Aufschluss über Umfang und Grenzen der Befugnisse des vorläufigen Insolvenzverwalters im Eröffnungsverfahren geben, sind die §§ 21, 22 InsO.

---

132 *Marotzke,* Das Unternehmen, Rn. 60 mit Fn. 150, Rn. 112.

133 *Marotzke,* Das Unternehmen, Rn. 112.

Gemäß § 21 Abs. 1 S. 1 InsO hat das Insolvenzgericht alle Maßnahmen zu treffen, die erforderlich erscheinen, um bis zur Entscheidung über den Antrag eine den Gläubigern nachteilige Veränderung in der Vermögenslage des Schuldners zu verhüten. Zentrale Bedeutung in dem diesem Zweck dienenden Maßnahmenkatalog des § 21 Abs. 2 S. 1 InsO kommt bei den in der Regel unübersichtlichen Unternehmensinsolvenzen vor allem der Einsetzung eines vorläufigen Insolvenzverwalters gemäß § 21 Abs. 2 S. 1 Nr. 1 InsO zu, um das Unternehmen unter die Aufsicht eines fachkundigen und unabhängigen amtlichen Organs zu stellen. Dies gilt umso mehr, wenn das Unternehmen im Antragszeitpunkt noch aktiv betrieben wird.[134]

Entscheidet sich das Insolvenzgericht neben der Bestellung eines vorläufigen Insolvenzverwalters dafür, gegen den Schuldner gemäß § 21 Abs. 2 S. 1 Nr. 2 Var. 1 InsO ein allgemeines Verfügungsverbot zu verhängen, werden in besonderem Maße erst für das eröffnete Verfahren vorgesehene Rechtswirkungen bereits in das Eröffnungsverfahren vorverlagert.[135] So hat der Verlust der Verwaltungs- und Verfügungsbefugnis auf Seiten des Schuldners gemäß § 22 Abs. 1 S. 1 InsO deren Übergang auf den vorläufigen Insolvenzverwalter zur Folge, womit dieser dem Insolvenzverwalter im eröffneten Verfahren hinsichtlich der Verwaltungs- und Verfügungsmacht (§ 80 Abs. 1 InsO) in nichts nachsteht. Zudem ordnet das Gesetz in § 55 Abs. 2 S. 1 InsO an, dass von einem starken vorläufigen Insolvenzverwalter begründete Verbindlichkeiten – so wie die gemäß § 55 Abs. 1 Nr. 1 InsO vom Insolvenzverwalter im eröffneten Verfahren begründeten – als Masseverbindlichkeiten gelten.

Als „Kehrseite des allgemeinen Verfügungsverbot" kann und wird das Insolvenzgericht zudem von der durch § 21 Abs. 2 S. 1 Nr. 3 InsO gegebenen Möglichkeit Gebrauch machen, Maßnahmen der Individualzwangsvollstreckung gegen den Schuldner zu untersagen oder einstweilen einzustellen.[136] Durch diese Anordnung werden die absoluten Wirkungen eines Vollstreckungsverbots, die eigentlich erst nach § 89 InsO im eröffneten Verfahren eintreten, in das Eröffnungsverfahren vorgezogen.[137]

---

134 *Menke,* BB 2003, 1133, 1134; auch die rechtstatsächliche Untersuchung von *Icks/ Kranzusch,* S. 74 ergab, dass in zumindest zwei Drittel der untersuchten Fälle, in denen das Unternehmen zum Antragszeitpunkt noch aktiv war, ein vorläufiger Insolvenzverwalter ernannt wurde.

135 *Haarmeyer,* in: MüKo-InsO, § 22 Rn. 23; *Pohlmann,* Rn. 388.

136 *Böhm,* in: Braun, § 21 Rn. 46; *Gerhardt,* in: Jaeger, § 21 Rn. 61; *Haarmeyer,* in: MüKo-InsO, § 21 Rn. 71; *Vallender,* in: Uhlenbruck, § 21 Rn. 5.

137 *Haarmeyer,* in: MüKo-InsO, § 21 Rn. 71.

Auch auf prozessualer Ebene findet bei Bestellung eines vorläufigen Insolvenzverwalters mit Verwaltungs- und Verfügungsbefugnis eine Vorverlagerung der Wirkungen der Verfahrenseröffnung in das Eröffnungsverfahren statt. Gemäß § 240 S. 2 ZPO wird nämlich nicht erst bei Verfahrenseröffnung (§ 240 S. 1 ZPO), sondern schon bei Übergang der Verwaltungs- und Verfügungsbefugnis auf den vorläufigen Insolvenzverwalter ein die Insolvenzmasse betreffendes Verfahren unterbrochen, welches wiederum vom starken vorläufigen Insolvenzverwalter wegen der Verweisung von § 24 Abs. 2 InsO auf die für den Insolvenzverwalter geltenden Vorschriften der §§ 85, 86 InsO aufgenommen werden kann.

Anhand dieser umfassenden Anordnungsmöglichkeiten zeigt sich, dass es das Insolvenzgericht in der Hand hat, grundsätzlich erst für das eröffnete Insolvenzverfahren vorgesehene Rechtswirkungen in weitem Maße schon in das Eröffnungsverfahren vorzuverlagern. In diesem Sinne führte auch der erste Bericht der Kommission für Insolvenzrecht aus, bei einer Verbindung sämtlicher Maßnahmen nähere sich die vorläufige Insolvenzverwaltung den Wirkungen der Verfahrenseröffnung an.[138]

Aufgrund dieser Feststellung könnte nun leicht der Eindruck entstehen, dass der Durchführung eines „vorgezogenen Insolvenzverfahrens“ im Eröffnungsverfahren regelungstechnisch nichts im Wege steht. Allerdings gilt, dass die dem Eröffnungsverfahren und die dem eröffneten Verfahren zugrunde liegenden Zielsetzungen von der Möglichkeit zur weitreichenden Angleichung der Verfahrensabschnitte unberührt bleiben müssen.[139] Denn während der Schuldner im eröffneten Verfahren wegen des festgestellten Insolvenzgrundes endgültig aus seiner Verfügungsposition verdrängt und sein Vermögen zur Verwertung freigegeben wird, kann der vorläufige Insolvenzverwalter gezwungen sein, das verwaltete Vermögen wieder an den Schuldner herauszugeben; dies etwa dann, wenn ein Eröffnungsgrund vom Gericht nicht festgestellt werden kann, der antragstellende Gläubiger seinen Insolvenzantrag zurücknimmt oder der Eröffnungsantrag gemäß § 26 Abs. 1 InsO mangels Masse abgewiesen wird.[140]

Aus dieser Ergebnisoffenheit des Eröffnungsverfahrens erklärt sich, dass für den vorläufigen Insolvenzverwalter Richtschnur seines Handelns die Beachtung des Sicherungszwecks sein muss, wie es auch der Wortlaut des § 22 Abs. 1 S. 2 Nr. 1 InsO ausdrückt, wonach dem vorläufigen Insolvenzverwalter aufgegeben wird, das Vermögen des Schuldners „zu sichern und zu erhalten“.

---

138 BMJ, Erster Bericht, S. 104: „Bei einer Verbindung sämtlicher Maßnahmen nähert sich die vorläufige Insolvenzverwaltung den Wirkungen der Verfahrenseröffnung an.“

139 *Pohlmann,* Rn. 388.

140 *Pohlmann,* Rn. 92.

Die Begründung zum Regierungsentwurf der InsO führt diesbezüglich aus, dass der vorläufige Insolvenzverwalter die ihm verliehene umfassende Verwaltungs- und Verfügungsbefugnis „nur insoweit ausüben (darf), als es der Zweck der Vermögenssicherung bis zur Entscheidung über die Verfahrenseröffnung erfordert."[141]

Zurückgehend auf *Pohlmann*[142] wird diesem im Eröffnungsverfahren vorherrschenden Sicherungszweck mit der so genannten „Werterhaltungs- und der Bestandsschutzfunktion" heute üblicherweise eine doppelte Schutzrichtung zuerkannt.[143] Die Anordnung von Sicherungsmaßnahmen liegt danach zum einen im Interesse aller Beteiligten an der wertmäßigen Erhaltung des schuldnerischen Vermögens (Werterhaltungsfunktion), dient aber zugleich – und zwar im alleinigen Interesse des Schuldners – auch der Verhinderung einer Vorwegnahme der Vermögensverwertung durch Auflösung des Vermögensverbundes im Eröffnungsverfahren (Bestandserhaltungsfunktion).[144]

Anhand dieser differenzierenden Betrachtung des Sicherungszwecks lässt sich auch veranschaulichen, dass eine Veräußerung von Gegenständen des schuldnerischen Vermögens durch den vorläufigen Insolvenzverwalter grundsätzlich im Widerspruch zum Sicherungszweck steht, selbst wenn dadurch zumindest der objektive Wert der veräußerten Gegenstände realisiert werden kann. Im Rahmen des Sicherungszweckes gilt es die Werterhaltungs- und die Bestandsschutzfunktion nämlich nicht etwa nur alternativ, sondern kumulativ zu beachten. Die Veräußerung von Schuldnervermögen indes hat zwangsläufig zur Folge, dass der vom Schuldner aufgebaute konkrete Vermögensbestand verändert und damit jedenfalls das Bestandserhaltungsinteresse des Schuldners verletzt wird. Wegen der Verletzung auch nur einer der beiden Schutzdimensionen verbietet der Sicherungszweck dem vorläufigen Insolvenzverwalter daher grundsätzlich jede Veräußerung von Bestandteilen des Schuldnervermögens.

bb) Gefahr der Umgehung der Gläubigerautonomie durch Verwertung im Eröffnungsverfahren

Für eine derart konsequente Einhaltung des Sicherungszwecks spricht auch die systematische Grundkonzeption der InsO, wonach über das Verfahrensziel gemäß § 157 InsO, vom Ausnahmefall der frühzeitigen Möglichkeit

141 BT-Drucks. 12/2443, S. 116 f.

142 *Pohlmann,* Rn. 94 ff.

143 Siehe etwa *Haarmeyer,* in: MüKo-InsO, § 21 Rn. 13; *Haarmeyer/Wutzke/Förster,* in: Haarmeyer/Wutzke/Förster, § 1 Rn. 21; *Meyer,* S. 28.

144 *Haarmeyer,* in: MüKo-InsO, § 21 Rn. 13; *Meyer,* S. 28; *Pohlmann,* Rn. 94 ff.

zur Unternehmensveräußerung nach § 158 Abs. 1 InsO einmal abgesehen, grundsätzlich erst im Berichtstermin von der Gläubigerversammlung befunden werden soll.[145] Es besteht daher die Gefahr, dass durch im Eröffnungsverfahren vorgenommene Verwertungshandlungen der grundsätzlich erst für den Berichtstermin vorgesehenen Gläubigerentscheidung über den weiteren Verfahrensgang vorgegriffen wird.[146]

Auf Gläubigerseite tritt neben das Werterhaltungsinteresse also auch das Interesse an der Möglichkeit zur Ausübung der ihnen zugewiesenen verfahrenssteuernden Mitwirkungsrechte, das es durch die Beachtung des Sicherungszwecks zu wahren gilt.[147]

cc) Abgrenzung von Verwaltungs- und Verwertungsmaßnahmen

Allerdings ginge es zu weit, den vorläufigen Insolvenzverwalter trotz der vorstehend dargestellten doppelten Schutzrichtung des Sicherungszwecks und der für das eröffnete Verfahren offen zu haltenden Gläubigerautonomie als verpflichtet anzusehen, die bei Antragstellung im schuldnerischen Vermögen vorhandenen Gegenstände stets bis zur Entscheidung über die Verfahrenseröffnung statisch zu fixieren. Stattdessen wird man ihn auch als befugt ansehen müssen, bereits gewisse dinglich wirkende Verfügungen über das Vermögen des Schuldners vorzunehmen.

Dafür streitet entscheidend der systematische Zusammenhang der Sicherungs- und Erhaltungspflicht mit der in § 22 Abs. 1 S. 2 Nr. 2 InsO normierten Pflicht des vorläufigen Insolvenzverwalters zur Fortführung eines bei Antragstellung noch am Markt aktiven Unternehmens. Dieser Fortführungspflicht wäre ohne die Möglichkeit der Abweichung von einem starren „Verwertungsmoratorium“[148] praktisch nicht nachzukommen.[149] Denn mit einer Unternehmensfortführung ist zwangsläufig eine gegenständliche Veränderung im Bestand des schuldnerischen Vermögens verbunden, müssen in einem laufenden Betrieb doch ständig Produkte angekauft und verkauft werden.

Diesem Umstand Rechnung tragend ist nach der Diktion des BGH die technische Verwertung nach den §§ 159 ff. InsO im Sinne der endgültigen Umwandlung des Schuldnervermögens in Geld zum Zwecke der Gläubigerbefriedigung zu unterscheiden von der dem vorläufigen Insolvenzverwalter im Rahmen einer

145 Siehe nur BGHZ 189, 299, 317; BGHZ 146, 165, 172.

146 *Vallender*, in: Henckel/Kreft, Insolvenzrecht 1998, S. 76.

147 So auch *Spieker*, S. 53.

148 *Häsemeyer*, Rn. 7.58 c.

149 *Vallender*, in: Henckel/Kreft, Insolvenzrecht 1998, S. 79; zum Sequester schon *Kleiner*, S. 92; *Lohkemper*, S. 257.

Unternehmensfortführung gebotenen kaufmännischen Verwaltungstätigkeit als Teil laufender Umsatzgeschäfte, die eine Verwertung im Sinne der §§ 159 ff. InsO allenfalls vorbereitet.[150] Unter die allgemein erlaubte Verwaltungstätigkeit sollen danach solche Handlungen gefasst werden, die bei einer Fortführung des Schuldnerunternehmens annährend im bisherigen Umfang anfallen, also z. B. die Verarbeitung von Rohstoffen, der Verkauf von Fertigprodukten oder die Einziehung von Forderungen.[151] Ist für den vorläufigen Insolvenzverwalter erkennbar, dass es sich bei der ihm bietenden Veräußerungsmöglichkeit um keine Masseverwertung im technischen Sinne handelt, auch mit Rücksicht auf schützenswerte Belange des Schuldners entbehrliche Vermögensgegenstände betroffen sind und eine auch nur annähernd vergleichbare lukrative Veräußerungsmöglichkeit nach Verfahrenseröffnung aller Voraussicht nach nicht mehr zu erwarten ist, ist er sogar als verpflichtet anzusehen, diese wahrzunehmen bzw. ihre Wahrnehmung zu ermöglichen.[152] Durch die Anerkennung einer solchen Veräußerungsbefugnis des vorläufigen Insolvenzverwalters können dann auch liquide Mittel generiert und dadurch zumindest teilweise die vielfach sinnlose Aufnahme von riskanten Massedarlehen verhindert werden, die sich schnell im unrentablen Geschäftslauf verzehren.[153]

Die Grenze von einer solcherart stets zulässigen „verwertenden Verwaltung" zur technischen Verwertung wird erst dort gezogen, wo entweder erheblich mehr Vermögensbestandteile abgegeben werden, als für den Erhalt des Schuldnervermögens als Ganzes erforderlich wäre oder wo Gegenstände des Anlagevermögens veräußert werden, die für eine spätere Fortführung des Schuldnerunternehmens möglicherweise wesentlich werden könnten.[154] Eine Veräußerung kann demnach dann noch als zulässige Verwaltungsmaßnahme eingestuft werden, wenn ihr ein der Fortführung des Unternehmens dienender Charakter zukommt und damit nicht der vorgegebenen Zweckrichtung des Unternehmens widersprochen wird.[155]

Diese Voraussetzungen einer zulässigen Verwaltungsmaßnahme können bei einer Veräußerung des gesamten Unternehmens allerdings denklogisch nicht

---

150 BGHZ 154, 72, 81; so auch *Ernestus,* in: Mohrbutter/Ringstmeier, § 4 Rn. 96; *Haarmeyer,* in: MüKo-InsO, § 22 Rn. 76; *Pohlmann,* Rn. 404.

151 *Ampferl,* Rn. 493 ff.; *Kirchhof,* ZInsO 1999, 436.

152 BGHZ 189, 299, 318.

153 *Thiemann,* in: Leonhardt/Smid/Zeuner, § 22 Rn. 5.

154 BGHZ 189, 299, 317; *Kirchhof,* ZInsO 1999, 436; Bund-Länder-Arbeitsgruppe „Insolvenzrecht", S. 60.

155 So im Ergebnis auch *Vallender,* in: Henckel/Kreft, Insolvenzrecht 1998, S. 97.

erfüllt sein. Denn mit der Veräußerung des Unternehmens würde der vorläufige Insolvenzverwalter vergleichbar einem Handwerker, der sein betriebsnotwendiges Werkzeug verkauft, mit dem Unternehmen dasjenige „Arbeitsmittel" weggeben, auf das sich die ihm gemäß § 22 Abs. 1 S. 2 Nr. 2 InsO obliegende Fortführungspflicht gerade bezieht. Die Veräußerung des Unternehmens dient also nicht dessen Fortführung, sondern macht sie erst unmöglich. Dies berücksichtigend lässt sich statuieren, dass die Veräußerung des schuldnerischen Unternehmens keine Verwaltungsmaßnahme des vorläufigen Insolvenzverwalters im Rahmen der Fortführung, sondern nur eine Verwertung im technischen Sinne darstellen kann.[156]

dd) Ausnahmsweise Zulässigkeit von Notverwertungen

Selbst eine über die zur Fortführung erforderliche Verwaltung hinausgehende technische Verwertung kann aber unter Umständen noch vom Sicherungszweck des Eröffnungsverfahrens gedeckt sein. Davon ist dann auszugehen, wenn Gefahr im Verzuge ist, ein Aufschub der Verwertung bis nach der Insolvenzeröffnung die werdende Masse also schädigen würde.[157] Von der amtlichen Begründung wird als Beispiel einer nach diesen Maßstäben zulässigen Verwertungshandlung nur der Notverkauf verderblicher Waren genannt.[158] Nach *Kirchhof* soll der Begriff der Gefahr aber nicht zu eng ausgelegt werden, um die nötige Handlungsfreiheit des vorläufigen Insolvenzverwalters nicht übermäßig einzuschränken.[159] Dieser Prämisse folgend sieht *Kirchhof* den vorläufigen Insolvenzverwalter im Rahmen der Notverwertung sogar als befugt an, vom Wertverfall bedrohte wichtige Objekte des Anlagevermögens zu veräußern, wenn sie nicht mehr in zumutbarer Weise bis zum Berichtstermin zu erhalten sind.[160] In der Regierungsbegründung zum InsVerfVereinfG hingegen findet sich ein engeres Verständnis von unter die Notverwertungsbefugnis fallenden Maßnahmen: Nicht abgedeckt von dieser

---

156 *Gerhardt,* in: Jaeger, § 22 Rn. 89; *Strümpell,* S. 101 mit Fn. 489; **a.A.** tendenziell *Menke,* NZI 2003, 522, 525, nach dem es sich auch bei der Unternehmensveräußerung „zunächst einmal lediglich um eine Abgabe bestimmter Aktiva und Passiva aus dem Schuldnervermögen und deren Ersetzung durch die vom Erwerber angebotene Gegenleistung, im Regelfall also Geld", handeln soll.

157 BGHZ 189, 299, 318; BGHZ 154, 72, 82; BGHZ 146, 165, 172; *Kirchhof,* ZInsO 1999, 436, 437.

158 BT-Drucks. 12/2443, S. 117.

159 *Kirchhof,* ZInsO 1999, 436, 437.

160 *Ampferl,* Rn. 509; *Kirchhof,* ZInsO 1999, 436, 437.

Befugnis soll danach die Veräußerung wesentlicher Teile des Anlagevermögens oder des gesamten schuldnerischen Betriebes sein.[161]

Abstrahiert sind also nur solche Verwertungshandlungen als noch ausnahmsweise mit dem Sicherungszweck vereinbar anzusehen, die sonst eintretende unverhältnismäßig große Einbußen für die Masse verhindern sollen, da in einem solchen Fall das Bestandsschutzinteresse des Schuldners hinter das Werterhaltungsinteresse zurücktreten muss.[162]

Selbst dann aber, wenn man den Begriff der Gefahr, die mit der Verzögerung einer Verwertung verbunden ist, mit *Kirchhof* weit auslegen will, wird man wegen eines nach Antragstellung sinkenden Unternehmenswertes eine Unternehmensveräußerung nicht als zulässige Notverwertungsmaßnahme ansehen können.[163] Dagegen spricht zum einen, dass eine Unternehmensveräußerung qualitativ schwerlich mit dem in der amtlichen Begründung genannten Beispiel des Verkaufs verderblicher Waren vergleichbar ist. Entscheidend streitet aber dagegen, dass die InsO für das Schicksal des grundsätzlich fortzuführenden schuldnerischen Unternehmens mit § 22 Abs. 1 S. 2 Nr. 2 InsO eine Sonderregelung bereithält, wonach bei drohendem wertmäßigen Verfall des Unternehmens dem vorläufigen Insolvenzverwalter als einzige Möglichkeit die Stilllegung mit Zustimmung des Insolvenzgerichts an die Hand gegeben wird, die Notverwertung des Unternehmens zur Abwendung eines Schadens für die zukünftige Insolvenzmasse aber keine Erwähnung findet.

Auch ist dem vorläufigen Insolvenzverwalter keine Kompetenz zur Notverwertung von Teilen des Unternehmens zuzuerkennen. Denn die vorstehend gegen eine Befugnis zur Notverwertung herangezogene Vorschrift des § 22 Abs. 1 S. 2 Nr. 2 InsO erfasst nicht nur die Stilllegung des gesamten Unternehmens, sondern auch die Stilllegung organisatorisch abgrenzbarer Unternehmensteile.[164] Soweit durch die Fortführung eines Unternehmensteils erhebliche Vermögensminderungen drohen, sieht die InsO also auch für diesen Fall keine Veräußerungsmöglichkeit vor, sondern beschränkt sich auf die Möglichkeit zur Stilllegung mit Zustimmung des Insolvenzgerichts.[165]

161 BT-Drucks. 16/3227, S. 10.

162 Ähnlich *Pohlmann,* Rn. 400; siehe auch BT-Drucks. 16/3227, S. 10.

163 **A.A.** offenbar *Vallender,* in: Schmidt/Uhlenbruck, Rn. 5.410.

164 BT-Drucks. 12/2443, S. 117; *Haarmeyer,* in: MüKo-InsO, § 22 Rn. 111.

165 **A.A.** für Betriebsteilveräußerungen *Dimassi,* S. 36 f.

ee) Keine zulässige Veräußerung analog § 22 Abs. 1 S. 2 Nr. 2 InsO

Will man nun die Unternehmensveräußerung wirtschaftlich als Minusmaßnahme zu dieser gesetzlich einzig vorgesehenen Möglichkeit der Stilllegung ansehen und sie in analoger Anwendung des § 22 Abs. 1 S. 2 Nr. 2 InsO unter den dort genannten Voraussetzungen zulassen[166], begegnet dies spätestens seit Inkrafttreten des InsVerfVereinfG durchgreifenden Bedenken.

Unabhängig von der rechtlichen Bewertung dieses Ansatzes ist gegen die Zulässigkeit einer Veräußerung des Unternehmens unter den Voraussetzungen des § 22 Abs. 1 S. 2 Nr. 2 InsO schon in tatsächlicher Hinsicht anzuführen, dass sich für ein Unternehmen, das nur noch erhebliche Verluste einfährt, kaum Interessenten finden lassen werden.[167] Sollte dies ausnahmsweise – etwa aus steuerlichen Gründen[168] – doch einmal der Fall sein, spricht umgekehrt einiges dafür, dass es sich bei dem zu veräußernden noch um ein lebensfähiges Unternehmen handelt, das bis zum Berichtstermin fortgeführt werden kann, so dass das Insolvenzgericht seine nach diesem Ansatz erforderliche Zustimmung ohnehin regelmäßig nicht erteilen würde.[169]

Rechtliche Zweifel am Vorliegen der Voraussetzungen für eine analoge Anwendung des § 22 Abs. 1 S. 2 Nr. 2 InsO im Falle einer möglichen Veräußerung des Unternehmens bestehen zudem schon bei dem Merkmal der Vergleichbarkeit der Interessenlage im gesetzlich geregelten Fall der Unternehmensstilllegung und dem nicht normierten Fall der Unternehmensveräußerung.

Zwar ist zuzugeben, dass sich durch die Veräußerung eines noch aktiven Unternehmens regelmäßig ein höherer Kaufpreis erlösen lassen wird als bei der Liquidation der Einzelbestandteile nach Stilllegung des Unternehmens, so dass die Veräußerung bei rein wirtschaftlicher Betrachtungsweise im Zweifel sogar noch eher der Werterhaltung zugute kommen kann als eine Stilllegung.[170]

---

166 Ausdrücklich von einer „entsprechende(n) Anwendung des § 22 Abs. 1 S. 2 Nr. 2 InsO in den Fällen des Unternehmenskaufs" spricht *Kammel,* NZI 2000, 102, 104; ohne ausdrücklich von einer Analogie zu § 22 Abs. 1 S. 2 Nr. 2 InsO zu sprechen, der Sache nach (Forderung einer erheblichen Vermögensminderung und der Zustimmung des Insolvenzgerichts) aber eine solche befürwortend auch *Gerhardt,* in: Jaeger, § 22 Rn. 90; *Hirte,* in: Uhlenbruck, § 11 Rn. 19; *Menke,* BB 2003, 1133, 1136 f.; *derselbe,* NZI 2003, 522, 526 f.; *Pohlmann,* Rn. 413 ff.; wohl auch *Lohkemper,* S. 263 ff.; *Unfried,* S. 141 f.

167 *Pohlmann,* Rn. 416.

168 *Pohlmann,* Rn. 417.

169 *Pape,* ZIP 1994, 89, 92; *derselbe,* ZInsO 2003, 389, 391; *Pohlmann,* Rn. 416.

170 *Koblitz,* S. 31; *Pohlmann,* Rn. 414.

Allerdings lässt sich schwerlich vertreten, dass eine Stilllegung des Unternehmens aus der Sicht des Schuldners wegen des damit verbundenen Zusammenbruchs der Organisationsstruktur und dem Ausscheiden aus dem Rechtsverkehr einen den Folgen einer Veräußerung gleichzustellenden „Verlust" des Unternehmens darstellt und das schuldnerische Bestandserhaltungsinteresse daher bei einer Veräußerung nicht in weitergehendem Maße als bei einer Stilllegung betroffen ist.[171] Denn eine Betriebsstilllegung ist qualitativ etwas anderes als eine Veräußerung, bedeutet erstere doch lediglich die Einstellung des operativen Geschäfts mit der – wenn auch nur spekulativen – Möglichkeit für den Schuldner, bei Rückfall der Verfügungsmacht die von ihm geschaffene Sachgesamtheit wieder nutzen zu können, letztere hingegen bereits die endgültige Liquidation des schuldnerischen Vermögens.[172]

Auch die durch das InsVerfVereinfG in § 158 Abs. 1 InsO eröffnete Möglichkeit, das Unternehmen alternativ zur Stilllegung zu veräußern, kann nicht für die gegenteilige Ansicht herangezogen werden. Mit § 158 Abs. 1 InsO wird nämlich ein Sachverhalt *nach* Verfahrenseröffnung geregelt, weshalb das Schuldnerinteresse in diesem Fall ohnehin zurücktritt und sich folglich auch weitergehende Maßnahmen als die Stilllegung des vom Schuldner getragenen Unternehmens rechtfertigen lassen.

Schließlich lässt sich für eine Veräußerungsmöglichkeit als Alternative zur gesetzlich vorgesehenen Stilllegung auch nicht argumentieren, die Veräußerung stelle gegenüber der Stilllegung deshalb eine minderschwere Maßnahme dar, weil dadurch kein irreversibler Verlust von Arbeitsplätzen eintrete.[173] Denn mag der Erhalt möglichst vieler Arbeitsplätze auch sozialpolitisch gewollt sein, handelt es sich dabei nicht um eine Maxime des Insolvenzverfahrens[174], so dass die Verfolgung dieses politischen Nebenziels nicht zu Lasten der schuldnerschützenden

---

171 So aber *Menke*, NZI 2003, 522, 526; ebenso *Unfried*, S. 142, der davon ausgeht, dass bei einer drohenden erheblichen Vermögensminderung das Recht des Schuldners an seinem Bestand zurücktreten müsse, „zumal er sich bei dieser Sachlage gegen eine Stilllegung und den damit auch für ihn verbundenen Wertverlust nicht zur Wehr setzen könnte"; *Dimassi*, S. 22, der ausführt, ihrer Intensität nach komme die Stilllegung einer Verwertung in Gestalt der Gesamtveräußerung nahezu gleich.

172 *Pape*, ZInsO 2003, 389, 391; *Vallender*, in: Uhlenbruck, § 22 Rn. 32; *Wegener*, in: FK-InsO, § 158 Rn. 3.

173 So aber Andres, in: *Andres*/Leithaus, § 158 Rn. 1 für den Fall der Veräußerung statt Stilllegung zwischen Verfahrenseröffnung und Berichtstermin; auch *Marotzke*, Das Unternehmen, Rn. 50 führt diesen Arbeitsplatzaspekt an; vgl. auch BMJ, DiskE InsVerfVereinfG, S. 13.

174 BT-Drucks. 12/2443, S. 76.

Bestandserhaltungsgarantie im Eröffnungsverfahren gehen darf. Zumindest aus Schuldnersicht stellt sich die Unternehmensveräußerung daher nicht als Sicherungsmaßnahme dar. Gesichert würde das Vermögen des Schuldners vielmehr durch die gesetzlich vorgesehene Stilllegung des Unternehmens.[175]

Selbst dann aber, wenn man die Vergleichbarkeit der Interessenlage noch bejahen wollte, stellt die fehlende Normierung einer Veräußerungsmöglichkeit des vorläufigen Insolvenzverwalters gegen den Willen des Schuldners unter den Voraussetzungen des § 22 Abs. 1 S. 2 Nr. 2 InsO jedenfalls keine planwidrige Regelungslücke des Gesetzes dar.[176] Die Vorschrift des § 22 Abs. 1 S. 2 InsO enthält zum einen nämlich eine abschließende Aufzählung der Aufgaben, die ein vorläufiger Insolvenzverwalter mit Verwaltungs- und Verfügungsbefugnis aus eigener Rechtsmacht vornehmen darf, was schon gegen die Annahme einer ungeplanten Unvollständigkeit des Gesetzes spricht.

Entscheidend dagegen, dass die Nichtregelung der Veräußerungsmöglichkeit in § 22 Abs. 1 S. 2 Nr. 2 InsO eine planwidrige Regelungslücke darstellt, spricht schließlich die Gesetzeshistorie des § 22 Abs. 1 S. 2 Nr. 2 InsO. So sah der Ende April 2003 vom Bundesministerium der Justiz vorgelegte Diskussionsentwurf zum InsVerfVereinfG nach Forderungen aus der Praxis in Art. 1 Nr. 7 eine neu zu fassende Nr. 2 des § 22 Abs. 1 S. 2 InsO vor, wonach unter den Voraussetzungen, unter denen eine Stilllegung des Unternehmens vorgenommen werden darf, mit Zustimmung des Insolvenzgerichts auch die Veräußerung des Unternehmens an einen Dritten zugelassen werden sollte.[177] In den späteren Gesetzentwurf der Bundesregierung vom 2.11.2006 und in das am 1.7.2007 in Kraft getretene InsVerfVereinfG fand diese Regelung jedoch keinen Einzug, im Wesentlichen begründet mit der Ergebnisoffenheit des Eröffnungsverfahrens und dem in diesem Verfahrensabschnitt nicht zu rechtfertigenden schwerwiegenden Eingriff in das Eigentumsrecht des Schuldners, der mit einer Veräußerung seines Unternehmens einhergehen würde.[178] Die Beschränkung des für das Eröffnungsverfahren geltenden § 22 Abs. 1 S. 2 Nr. 2 InsO auf die Alternativen der Fortführung und der Stilllegung des schuldnerischen Unternehmens durch den vorläufigen Insolvenzverwalter entspricht demnach einer bewussten Entscheidung des Gesetzgebers.[179] Die fehlende Normierung einer Befugnis des vorläufigen Insolvenzverwalters zur Veräußerung des schuldnerischen Unternehmens

175 *Koblitz*, S. 32.
176 **A.A.** *Strümpell*, S. 113 f., 117 mit Fn. 562.
177 BMJ, DiskE InsVerfVereinfG, S. 2, 13 f.
178 BT-Drucks. 16/3227, S. 10 f.
179 So auch *Arends/Hofert-von Weiss*, BB 2009, 1538, 1539.

unter den von § 22 Abs. 1 S. 2 Nr. 2 InsO ausgegebenen Voraussetzungen stellt sich mithin nicht als planwidrige Unvollständigkeit der InsO dar, die Begründung einer Veräußerungsbefugnis des vorläufigen Insolvenzverwalters auf der Grundlage einer Analogie zu § 22 Abs. 1 S. 2 Nr. 2 InsO ist dementsprechend abzulehnen.[180]

ff) Keine Verwertungsbefugnis aufgrund unmittelbar bevorstehender Verfahrenseröffnung

Auch lässt sich nicht vertreten, die Unternehmensveräußerung im Eröffnungsverfahren sei immer dann zulässig, wenn sie kurz vor Verfahrenseröffnung erfolgt.[181] Mit diesem schon in zeitlicher Hinsicht nicht abgrenzbaren Kriterium (Ab wann steht die Verfahrenseröffnung „unmittelbar" bevor?) kann nämlich die Unsicherheit nicht beseitigt werden, ob es trotz des Vorliegens der materiellrechtlichen Eröffnungsvoraussetzungen überhaupt zu einer Eröffnung des Verfahrens kommt, da der Antragsteller seinen Antrag gemäß § 13 Abs. 2 InsO zurücknehmen kann, bis das Insolvenzverfahren eröffnet ist.[182] Zudem lassen die Eröffnungsnähe und der damit nicht mehr zu erwartende Rückfall der Verfügungsbefugnis an den Schuldner zwar gegebenenfalls dessen Interessen in den Hintergrund treten, die grundsätzlich erst für den Berichtstermin auszuübende Gläubigerautonomie würde aber wie zu jedem anderen Veräußerungszeitpunkt im Eröffnungsverfahren keine Berücksichtigung finden.[183] Überdies ist in tatsächlicher Hinsicht zu hinterfragen, warum im Fall einer unmittelbar bevorstehenden Verfahrenseröffnung diese nicht noch abgewartet werden kann, da ein massiver Wertverlust des Unternehmens innerhalb des dann nur kurzen Zeitraums bis zur Verfahrenseröffnung kaum vorstellbar ist.

---

180 Wobei an dieser Stelle bereits klarzustellen ist, dass die Entscheidung des Gesetzgebers gegen die Zulassung einer Unternehmensveräußerung unter den Voraussetzungen des § 22 Abs. 1 S. 2 Nr. 2 InsO im InsVerfVereinfG gleichwohl nicht bedeutet, dass damit eine dauerhafte ausdrückliche Entscheidung gegen die Erlaubnis im Eröffnungsverfahren unter allen Gesichtspunkten getroffen worden ist, siehe *Ehricke*, ZIP 2004, 2262, 2266; *Fritsche*, DZWIR 2005, 265, 269 mit Fn. 65.

181 Dafür *Göpfert*, DB 1992, 1727 f.; *Lohkemper*, S. 259 ff.; Berücksichtigung findet das Kriterium der unmittelbar bevorstehenden Verfahrenseröffnung auch im Fall des OLG Düsseldorf ZIP 1992, 344.

182 *Vallender*, in: Henckel/Kreft, Insolvenzrecht 1998, S. 82.

183 *Pohlmann*, Rn. 418 f. mit Fn. 53; *Vallender*, in: Henckel/Kreft, Insolvenzrecht 1998, S. 82.

gg) Erweiterung der Verwertungsbefugnis durch die Aufstellung von Zustimmungsvorbehalten

Fraglich aber ist, ob die demnach vom Sicherungszweck des Eröffnungsverfahrens grundsätzlich nicht mehr gedeckte Unternehmensveräußerung durch die Aufstellung von Zustimmungsvorbehalten gegenüber den davon Betroffenen legitimiert werden kann.

Dies setzt zuvorderst voraus, dass der im Eröffnungsverfahren vorherrschende Sicherungszweck keinen losgelösten Selbstzweck darstellt, der über ihn hinaus gehende Maßnahmen selbst dann verbietet, wenn den schutzwürdigen Interessen aller davon Betroffenen durch deren Zustimmung Rechnung getragen werden kann.

Für die Annahme eines solchen strikten Verwertungsverbots im Eröffnungsverfahren spricht auf den ersten Blick die systematische Trennung zwischen dem Eröffnungsverfahren als Sicherungs- und dem eröffnetem Verfahren als Verwertungsverfahren. Allerdings wird diese grundsätzliche Zweckrichtung der verschiedenen Verfahrensabschnitte durch die ausnahmsweise Zulassung von Verwertungsmaßnahmen im Eröffnungsverfahren auch gar nicht in Frage gestellt.[184] Denn selbst bei einer ausnahmsweisen Anerkennung der Zulässigkeit von über den Sicherungszweck hinausgehenden Verwertungshandlungen im Eröffnungsverfahren ändert dies nichts daran, dass der vorläufige Insolvenzverwalter seine Handlungen *im Grundsatz* an dem im Eröffnungsverfahren vorherrschenden Sicherungszweck auszurichten hat.[185]

Bei der Zulassung konsentierter Verwertungsmaßnahmen im Eröffnungsverfahren geht es also nur darum, sich im Einzelfall wirtschaftlich zwingend in diesem Verfahrensabschnitt vorzunehmender Maßnahmen nicht zu verschließen, um die Beteiligteninteressen nicht um des Sicherungszwecks Willen schlichtweg zu ignorieren. Denn eine bewusste Vernachlässigung wirtschaftlicher Gesichtspunkte aus Gründen eines angeblich systemimmanenten Verbots von Verwertungshandlungen im Eröffnungsverfahren würde vor allem auch dem zentralen Ziel des Insolvenzverfahrens, der bestmöglichen Befriedigung aller Gläubiger, zuwider laufen.[186]

Allerdings wird die Zulassung einer auch nur ausnahmsweisen übertragenden Sanierung im Eröffnungsverfahren teilweise mit der Begründung abgelehnt,

---

184 *Pohlmann,* Rn. 396.
185 *Pohlmann,* Rn. 396.
186 *Unfried,* S. 135.

dass dadurch dem Ziel einer möglichst zügigen Verfahrenseröffnung widersprochen würde.[187]

Bezüglich dieses Arguments gilt zum einen, dass der ursprünglich vom Gesetzgeber vorgesehene Charakter des Eröffnungsverfahrens als kurze Prüfungszeit bis zur Eröffnung des Verfahrens ohnehin obsolet ist: Eröffnungsverfahren dauern fast immer drei Monate und in dieser Zeit werden bei Unternehmensinsolvenzen häufig bereits alle wichtigen Entscheidungen getroffen, die weit über das hinausgehen, was ursprünglich mit Erhaltung der Masse gemeint war.[188]

Zum anderen bezweckt das Primat einer möglichst zügigen Verfahrenseröffnung nichts anderes als den Schutz des Schuldnervermögens vor nachteiligen Veränderungen im Eröffnungsverfahren und die Verhinderung lang andauernder Grundrechtseingriffe gegen den Schuldner trotz nicht feststehender Insolvenz.[189] Kann dieser Zweck aber ausnahmsweise gerade mittels einer Unternehmensveräußerung in diesem Verfahrensabschnitt erreicht werden, ist auch eine damit verbundene Verzögerung der Verfahrenseröffnung hinzunehmen.

Nach alledem lässt sich kein systembedingter Widerspruch zwischen dem im Eröffnungsverfahren grundsätzlich zu beachtenden Sicherungszweck und der Zulassung darüber hinausgehender Verwertungshandlungen im Einzelfall ausmachen. Damit ist der Weg frei für die Untersuchung, der Beachtung welcher Kriterien es bedarf, um den Interessen der von einer Unternehmensveräußerung im Eröffnungsverfahren Betroffenen gerecht zu werden.

(1) Wahrung der Schuldnerinteressen

Durch die Bestandserhaltungsgarantie wird der Schuldner im Eröffnungsverfahren davor geschützt, dass der vorläufige Insolvenzverwalter bei noch nicht feststehendem Insolvenzgrund die gegenständliche Zusammensetzung seines Vermögens verändert.[190] Damit wird gewährleistet, dass bei Rücknahme oder Ablehnung des Eröffnungsantrags der Schuldner mit seinem wiedererlangten Vermögen nach seinen Vorstellungen und ohne faktische Bevormundung durch unumkehrbare Maßnahmen des vorläufigen Insolvenzverwalters im Eröffnungsverfahren wirtschaften kann.[191] Der vorläufige Insolvenzverwalter ist daher grundsätzlich nur zu solchen Maßnahmen berechtigt, die im Verhältnis zum Schuldner auch dann verantwortbar erscheinen, wenn der Antrag auf

187 BT-Drucks. 16/3227, S. 11; Bund-Länder-Arbeitsgruppe „Insolvenzrecht", S. 74 f.
188 *Ehricke*, ZIP 2004, 2262, 2266.
189 *Thiemann*, in: Leonhardt/Smid/Zeuner, § 22 Rn. 2.
190 Siehe ausführlich dazu unter Teil 2 II. 2. a) aa).
191 Ähnlich *Dimassi*, S. 10.

Eröffnung des Insolvenzverfahrens zurückgenommen oder abgewiesen wird.[192] Zudem würde durch eine bereits im Eröffnungsverfahren vorgenommene Veräußerung das Recht des Schuldners beschnitten, durch die Aufstellung und Vorlage eines Insolvenzplans im eröffneten Verfahren alternative Wege der Sanierung aufzuzeigen.[193]

(a) Disponibilität des Bestandserhaltungsinteresses

Besteht die Erwartung bzw. Hoffnung, die Verfügungsbefugnis über das Unternehmen zurückzuerlangen oder den Unternehmensträger zu retten, beim Schuldner allerdings nicht, ist nicht ersichtlich, warum er sich des bis zur Verfahrenseröffnung garantierten Bestandsschutzes in Kenntnis der Möglichkeit der Nichteröffnung des Insolvenzverfahrens nicht begeben können sollte. Die Bestandserhaltungsfunktion ist nämlich ausschließlich auf den Individualrechtsschutz des Schuldners ausgerichtet[194], so dass durch ihre Aufhebung Rechte Dritter nicht tangiert werden und der Schuldner dementsprechend dispositionsbefugt hinsichtlich der Beachtung dieser Schutzfunktion durch den vorläufigen Insolvenzverwalter ist.[195]

Der Schuldner kann den vorläufigen Insolvenzverwalter daher von der Bindung an die im Sicherungszweck enthaltene Bestandsschutzgarantie befreien, indem er seine Zustimmung zu der entsprechenden Maßnahme erteilt[196], womit dem Grundsatz „volenti non fit iniuria“ folgend auch die oftmals problematisierte Haftung des vorläufigen Insolvenzverwalters wegen einer Veränderung im Vermögensbestand des Schuldners diesem gegenüber ausscheiden dürfte.[197] Zu denken ist hierbei insbesondere an einen Ausschluss der Haftung des vorläufigen Insolvenzverwalters für den Fall, dass das Verfahren nach der Unternehmensveräußerung letztlich nicht eröffnet wird und der Schuldner versucht ist

---

192 *Menke,* BB 2003, 1133, 1135.

193 *Hennig,* S. 37; Bund-Länder-Arbeitsgruppe „Insolvenzrecht“, S. 73 f.

194 *Haarmeyer,* in: MüKo-InsO, § 21 Rn. 13; *Meyer,* S. 101; *Pohlmann,* Rn. 391.

195 *Meyer,* S. 102; *Unfried,* S. 128.

196 *Pohlmann,* Rn. 390 ff., der bei Zustimmung des Schuldners von einer teleologischen Reduktion der Bindung des vorläufigen Insolvenzverwalters an den Sicherungszweck ausgeht; ebenso *Meyer,* S. 102; im Ergebnis auch *Louven/Böckmann,* NZI 2004, 128, 129.

197 Die haftungsbefreiende Wirkung der schuldnerischen Zustimmung wird ausdrücklich betont von *Gerhardt,* in: Jaeger, § 22 Rn. 90; siehe auch *Meyer,* S. 102.

zu behaupten, er hätte nach Wiedererlangung der Verfügungsgewalt über das veräußerte Unternehmen mit diesem wieder ertragreich wirtschaften können.[198]

(b) Erforderlichkeit eines Mitwirkungsakts der Anteilseigner

Näherer Untersuchung bedarf die Frage, ob bei juristischen Personen das allgemeine Vertretungsorgan zur Erteilung der Veräußerungszustimmung in alleiniger Verantwortung befugt ist oder ob die wirksame Zustimmung einen besonderen Mitwirkungsakt der Anteilseigner voraussetzt.[199] Dazu muss zunächst geklärt werden, wie sich die Rechtslage bei einer Übertragung des Unternehmens außerhalb eines Insolvenz(eröffnungs)verfahrens darstellt, um diese dann auf etwaige Abweichungen ab dem Zeitpunkt der Antragstellung untersuchen zu können.

Gemäß § 179a Abs. 1 S. 1 AktG bedarf ein Vertrag, durch den sich eine Aktiengesellschaft zur Übertragung des ganzen Gesellschaftsvermögens verpflichtet, eines Beschlusses der Hauptversammlung nach § 179 AktG, wodurch der Schutz der Bestands- und Vermögensinteressen der Aktionäre bezweckt wird.[200] Über die Verweisung des § 278 Abs. 3 AktG gilt die Vorschrift des § 179a Abs. 1 S. 1 AktG auch für die KGaA, zugleich ist sie Ausdruck des allgemeinen verbandsrechtlichen Grundsatzes, dass die Übertragung des gesamten Gesellschaftsvermögens von der organschaftlichen Vertretungsbefugnis nicht gedeckt ist und deshalb eines Beschlusses der Gesellschafter bedarf.[201] Sie ist daher auf die GmbH[202] ebenso wie auf die Personengesellschaften[203] entsprechend anwendbar.[204]

Stellt eine übertragende Sanierung also tatbestandlich die Veräußerung des (so gut wie) ganzen Gesellschaftsvermögens dar, ist für den wirksamen Abschluss des Unternehmenskaufvertrages durch das Vertretungsorgan also jedenfalls bei einer werbenden Gesellschaft die Mitwirkung der Gesellschafter erforderlich.

---

198 So auch *Kirchhof*, ZInsO 1999, 436, 439 für den vergleichbaren Fall, dass der vorläufige Insolvenzverwalter Betriebsvermögen des Schuldners verwertet hat und der Schuldner anschließend behauptet, sein Unternehmen sei nur wegen des Vorgehens des Verwalters zum Erliegen gekommen.

199 Der sich – soweit ersichtlich – bislang nur *Marotzke*, Das Unternehmen, Rn. 47 mit Fn. 123, 124 angenommen hat.

200 *Holzborn*, in: Spindler/Stilz, § 179a Rn. 1; *Stein*, in: MüKo-AktG, § 179a Rn. 5.

201 *Stein*, in: MüKo-AktG, § 179a Rn. 14.

202 *Harbarth*, in: MüKo-GmbHG, § 53 Rn. 229; *Hoffmann*, in: Michalski, § 53 Rn. 160; *Zöllner/Noack*, in: Baumbach/Hueck, § 53 Rn. 26 mit Fn. 28.

203 BGH NJW 1995, 596.

204 *Stein*, in: MüKo-AktG, § 179a Rn. 14.

Keine Anwendung findet § 179a AktG nach allgemeiner Ansicht allerdings in der Insolvenz.[205] Denn wenn der zentrale Schutzzweck der Vorschrift die Wahrung der Vermögensinteressen der Aktionäre ist, hat dieser Interessenschutz in der Insolvenz keine Bedeutung mehr: Da bei Überschuldung keine Vermögenswerte vorhanden sind, die an die Aktionäre verteilt werden können, wäre es sinnwidrig, der Hauptversammlung eine Kontrolle mit Blick auf die Angemessenheit der Vertragsbedingungen und des Preises zuzugestehen, die im Übrigen gemäß § 160 InsO durch ein Organ der Gläubigerschaft ausgeübt wird.[206]

Auf die übertragende Sanierung im Eröffnungsverfahren lässt sich diese Argumentation hingegen nicht übertragen. In diesem Verfahrensabschnitt geht es gerade erst um die Prüfung des Vorliegens eines Insolvenzgrundes. Bis zur Eröffnung des Verfahrens und der damit verbundenen Feststellung, ob ein Insolvenzgrund gegeben ist, ist also offen, ob noch ein anerkennenswertes Vermögensinteresse der Anteilseigner besteht, weshalb dieses bis dahin uneingeschränkt zu wahren ist. Um dies zu gewährleisten, vermag nur unter Anwendung des § 179a AktG (analog) ein Beschluss der Anteilseigner das jeweilige Vertretungsorgan dazu berechtigen, die Zustimmung der schuldnerischen Gesellschaft zu einer übertragenden Sanierung im Eröffnungsverfahren zu erteilen.

(c) Das schuldnerische Zustimmungserfordernis vor dem Hintergrund des InsVerfVereinfG

Mit der Forderung nach einer Zustimmung des Schuldners zu der Unternehmensveräußerung kann auch der Begründung zum Regierungsentwurf des InsVerfVereinfG Rechnung getragen werden. Die ablehnende Haltung gegenüber der im Diskussionsentwurf des BMJ aus dem Jahr 2003 noch vorgesehenen Veräußerungsbefugnis des vorläufigen Insolvenzverwalters im Eröffnungsverfahren[207] wurde in dem Regierungsentwurf nämlich maßgeblich auf die Erwägung gestützt, dass nach dem Diskussionsentwurf eine Veräußerung trotz der noch bestehenden Unsicherheit über das Vorliegen eines Insolvenzgrundes auch gegen den Willen des Schuldners möglich sein sollte. Kritisiert wurde, dass dem Schuldner durch eine solche Regelung sein Unternehmen zu einem Zeitpunkt entzogen werden könne, zu dem keine Berechtigung für einen derart schwerwiegenden Eingriff in das Eigentum existiere.[208]

---

205 *Haberstock/Greitemann,* in: Hölters, AktG, § 179a Rn. 3; *Holzborn,* in: Spindler/Stilz, § 179a Rn. 12; *Stein,* in: MüKo-AktG, § 179a Rn. 13.

206 *Noack,* ZIP 2002, 1873, 1878.

207 BMJ, DiskE InsVerfVereinfG, S. 13 f.

208 BT-Drucks. 16/3227, S. 11.

Diese Berechtigung lässt sich allerdings, wie die vorstehenden Ausführungen gezeigt haben, auch aus der Zustimmung des Schuldners herleiten, der sich dadurch des in der Regierungsbegründung zum InsVerfVereinfG hervorgehobenen Schutzes vor dem mit der Unternehmensveräußerung verbundenen schwerwiegenden Eingriff in sein Eigentum begeben kann. Ein anerkennenswerter Grund dafür, die Legitimation der Unternehmensveräußerung dem Schuldner gegenüber ausschließlich an dem Kriterium der Verfahrenseröffnung festzumachen und sie nicht ebenso gut in einer Zustimmung des Schuldners zu erblicken, ist nicht ersichtlich und würde reinen Formalismus darstellen.

(d) Praktische Erreichbarkeit der Schuldnerzustimmung

Zudem lassen sich Gründe ausmachen, die den Schuldner zur Erteilung einer Veräußerungszustimmung veranlassen können.[209] Denn auch beim Schuldner kann – unabhängig davon, ob es sich bei diesem um eine Personengesellschaft oder eine Kapitalgesellschaft handelt – durchaus ein Interesse an der möglichst gewinnbringenden Verwertung seines Vermögens bestehen[210]; dies nicht zuletzt, um das Ausfallhaftungsrisiko der hinter dem Schuldner stehenden Personen (etwa persönlich haftender Gesellschafter, Bürgen bzw. sonstiger Sicherungsgeber etc.) zu begrenzen.[211] Ein Kreditverhältnis ohne die Gewährung persönlicher und/oder dinglicher Sicherheiten ist nämlich heute kaum mehr vorstellbar, so dass eine umso größere Gefahr des Zugriffs der Gläubiger bzw. des Insolvenzverwalters auf diese Sicherheiten besteht, je weniger beim insolventen Hauptschuldner zu erlösen ist.[212] Zudem ist auch theoretisch denkbar, dass durch eine besonders günstige Veräußerung die Forderungen aller Insolvenzgläubiger bei der Schlussverteilung in voller Höhe berichtigt werden können und der verbleibende Überschuss damit an den Schuldner herauszugeben ist, § 199 InsO. Bietet sich eine günstige Veräußerungsmöglichkeit im Eröffnungsverfahren und ist eine Reorganisation des Unternehmensträgers aussichtslos, kann es daher im Schuldnerinteresse liegen, dass diese zur Erzielung des bestmöglichen Verwertungserlöses wahrgenommen wird.

---

209 Skeptisch gegenüber der praktischen Erreichbarkeit die Bund-Länder-Arbeitsgruppe „Insolvenzrecht", S. 74; sowie Gravenbrucher Kreis, Stellungnahme DiskE InsVerfVereinfG.

210 *Marotzke*, Das Unternehmen, Rn. 98.

211 *Unfried*, S. 130.

212 *Unfried*, S. 130.

Bestätigt wird diese Einschätzung nicht zuletzt auch durch zahlreiche Gerichtsentscheidungen, bei denen im zugrunde liegenden Sachverhalt die Zustimmung des Schuldners zur Verwertung seines Vermögens im Eröffnungsverfahren vorlag.[213]

(2) Wahrung der Gläubigerinteressen

Durch seine Zustimmung zu der Unternehmensveräußerung kann der Schuldner freilich nicht über die Pflichtenbindung des vorläufigen Insolvenzverwalters gegenüber den Gläubigern verfügen, da er insoweit nicht dispositionsbefugt ist.[214] Kumulativ zur Beachtung des schuldnerischen Wert- und Bestandserhaltungsinteresses gilt es daher, die Wahrung der Gläubigerinteressen sicherzustellen.

(a) Der Aspekt des abstrakten Werterhalts

Unter rein wirtschaftlichen Gesichtspunkten haben die Gläubiger des schuldnerischen Unternehmensträgers kein zwingendes Interesse am bestandsmäßigen Erhalt des Unternehmens im Eröffnungsverfahren. Ihnen geht es in der Zeit bis zur Verfahrenseröffnung vielmehr als *Zwischenziel* um den nur wertmäßigen Erhalt des schuldnerischen Vermögens, um als *Endziel* bei der Verteilung im eröffneten Verfahren die bestmögliche Befriedigung ihrer Forderungen aus dem Vermögen des Schuldners erreichen zu können. Dabei kann es auch durchaus in ihrem Interesse liegen, dass bereits im Eröffnungsverfahren der im schuldnerischen Unternehmen gebundene Wert durch eine Verwertung in bare Mittel umgesetzt wird, wenn so der Wert des schuldnerischen Unternehmens bestmöglich erhalten werden kann.[215] Für die Gläubiger spielt es, allein den Aspekt der bestmöglichen Erlösrealisierung betrachtet, also letztlich keine Rolle, ob die Verwertung des Schuldnervermögens durch den vorläufigen oder den endgültigen Insolvenzverwalter stattfindet, solange daraus schlussendlich die höchstmögliche Befriedigung ihrer Forderungen resultiert.[216]

---

213 *Dimassi,* S. 30 unter Verweis auf BGHZ 104, 151; BAG NZA 1990, 522; BFH NZI 1998, 95; OLG Köln, ZIP 1987, 178; OLG Köln, ZIP 1992, 563; OLG Düsseldorf, ZIP 1992, 344; LG Mönchengladbach, NJW 1987, 2091; LG Bonn, ZIP 1991, 671; AG Duisburg, NZI 2002, 614.

214 Das meint wohl auch *Fritsche,* DZWIR 2005, 265, 269, wenn er ausführt, über den Sicherungszweck hinausgehende Handlungen könnten auch nicht durch das einvernehmliche Handeln zwischen Schuldner und vorläufigem Verwalter legitimiert werden, weil „der Schutzbereich der Sicherungsanordnung nicht zu ihrer Disposition steht".

215 *Meyer,* S. 102; *Pohlmann,* Rn. 413.

216 So auch *Unfried,* S. 132.

(b) *Der Schutz der Gläubigerautonomie*

(aa) *Grundsatz: Unternehmensfortführung bis Berichtstermin*

Den Gläubigern ist allerdings insoweit am bestandsmäßigen Erhalt des Unternehmens gelegen, als es der Gläubigerversammlung gemäß § 157 InsO grundsätzlich erst im Berichtstermin obliegt, über das weitere Schicksal des Unternehmens zu entscheiden. Dort soll es den Gläubigern noch möglich sein, sich nicht nur für Liquidation oder übertragende Sanierung, sondern stattdessen etwa auch für die Befriedigung mittels einer Reorganisation des schuldnerischen Unternehmensträgers auszusprechen.[217]

Diese Möglichkeit einer autonomen Entscheidung über das Verfahrensziel ist den Gläubigern durch eine Veräußerung des Unternehmens bereits im Eröffnungsverfahren jedoch faktisch abgeschnitten. Die Konzeption der InsO sieht dementsprechend im Grundsatz vor, dass das schuldnerische Unternehmen von der Stellung des Insolvenzantrags bis zum Berichtstermin fortzuführen ist, um den Entscheidungsspielraum der Gläubiger bis dahin zu erhalten.[218]

(bb) *Ausnahme: Unternehmensveräußerung ab Verfahrenseröffnung wegen Möglichkeit der Einsetzung eines Gläubigerausschusses*

Dieser Grundsatz gilt jedoch nicht ohne Ausnahme. So wird das Fortführungsgebot durch die Vorschrift des § 158 Abs. 1 InsO eingeschränkt, in die durch das InsVerfVereinfG die Möglichkeit einer dem Berichtstermin zeitlich vorgelagerten Unternehmensveräußerung eingefügt wurde, um dem Insolvenzverwalter die Wahrnehmung sich bietender außerordentlich günstiger Veräußerungsgelegenheiten für das Unternehmen zu ermöglichen.[219]

Die Rechtfertigung für die Normierung dieser ausnahmsweisen Veräußerungsmöglichkeit im Vorgriff auf den Berichtstermin sah die Regierungsbegründung zum InsVerfVereinfG in der ab Verfahrenseröffnung für das Insolvenzgericht gegebenen Möglichkeit, nach § 67 InsO einen Gläubigerausschuss einzusetzen, der überwacht, ob im Rahmen der geplanten übertragenden Sanierung die Interessen der Gläubigergesamtheit angemessen gewahrt werden.[220] Dementsprechend ordnet § 158 Abs. 1 InsO für den Fall, dass ein solcher bestellt ist, an, dass der Insolvenzverwalter die Zustimmung des Gläubigerausschusses zu der Veräußerung des Unternehmens einzuholen hat.

---

217 *Thiemann*, in: Leonhardt/Smid/Zeuner, § 22 Rn. 1.

218 *Andres*, in: Andres/Leithaus, § 158 Rn. 1; *Balthasar*, in: Nerlich/Römermann, § 158 Rn. 4; *Esser*, in: Braun, § 158 Rn. 2.

219 BT-Drucks. 16/3227, S. 20.

220 BT-Drucks. 16/3227, S. 20.

(cc) *Möglichkeit der Einsetzung eines Gläubigerausschusses auch schon im Eröffnungsverfahren*

Dieser in § 158 Abs. 1 InsO verkörperte Gedanke, dass eine Unternehmensveräußerung bei einer schon vor dem Berichtstermin bestehenden Mitwirkungsmöglichkeit der Gläubiger diesen gegenüber zu rechtfertigen ist, lässt sich möglicherweise auch für den Zeitraum des Eröffnungsverfahrens fruchtbar machen.

Ist es dem Insolvenzgericht nämlich auch schon im Verfahrensabschnitt des Eröffnungsverfahrens möglich, einen zustimmungsbefugten Gläubigerausschuss einzusetzen, ist es nicht erst ab Verfahrenseröffnung, sondern bereits im Eröffnungsverfahren zu rechtfertigten, eine Unternehmensveräußerung im Vorgriff auf den Berichtstermin zuzulassen. Das Faktum der Verfahrenseröffnung würde aus Gläubigersicht dann kein taugliches Differenzierungskriterium bei der Frage nach der Legitimierbarkeit einer dem Berichtstermin zeitlich vorgelagerten Unternehmensveräußerung ihnen gegenüber darstellen.

(aaa) *Zulässigkeit der Einsetzung eines vorläufigen Gläubigerausschusses im Eröffnungsverfahren*

Nach der bis zum Inkrafttreten des ESUG geltenden Rechtslage war die Möglichkeit der Bestellung eines vorläufigen Gläubigerausschusses im Eröffnungsverfahren noch stark umstritten.

Nur von Teilen der Rechtsprechung und Literatur wurde eine solche Vorgehensweise für zulässig erachtet.[221] Diese Ansicht wurde im Wesentlichen damit begründet, der Wortlaut des § 67 Abs. 1 InsO schließe die Einsetzung eines Gläubigerausschusses im Eröffnungsverfahren nicht aus, da die Norm keine zeitliche Grenze nach „vorne“ setze.[222] Zudem wurde auf § 21 Abs. 1 S. 1 InsO verwiesen, wonach das Gericht alle erforderlichen Maßnahmen zu treffen hat, um bis zur Entscheidung über den Insolvenzantrag eine den Gläubigern nachteilige Veränderung in der Vermögenslage des Schuldners zu verhüten, womit das Gesetz quasi eine „Generalverweisung“ enthalte.[223]

---

221 AG Köln, NZI 2000, 443; AG Duisburg, NZI 2003, 502, 503; *Delhaes,* in: Nerlich/Römermann, § 67 InsO Rn. 4; *Frind,* in: HamKo-InsO, 3. Auflage, § 67 Rn. 2; *Schmid-Burgk,* in: MüKo-InsO, 2. Auflage, § 67 InsO Rn. 2.

222 *Frind,* in: HamKo-InsO, 3. Auflage, § 67 Rn. 2; *Schmid-Burgk,* in: MüKo-InsO, 2. Auflage, § 67 Rn. 2.

223 AG Köln, NZI 2000, 443.

Die wohl herrschende Meinung hingegen lehnte die Einsetzung eines vorläufigen Gläubigerausschusses im Eröffnungsverfahren ab.[224] Die Vertreter dieser Ansicht führten im Wesentlichen an, die Norm des § 67 InsO befinde sich systematisch im Bereich der gesetzlichen Regelungen des eröffneten Verfahrens und könne daher nicht Rechtsgrundlage eines Gläubigerausschusses im Eröffnungsverfahren sein.[225]

Diese schon hinsichtlich der Zulässigkeit der Einsetzung eines vorläufigen Gläubigerausschusses bestehende erhebliche Unsicherheit war dann auch nicht zuletzt ausschlaggebend dafür, dass die Möglichkeit der Legitimation einer Unternehmensveräußerung im Eröffnungsverfahren gegenüber den Gläubigern durch die Zustimmung eines Gläubigerausschusses bislang zumeist abgelehnt wurde.[226]

Mit der Normierung der Möglichkeit zur Einsetzung eines vorläufigen Gläubigerausschusses in § 21 Abs. 2 S. 1 Nr. 1a InsO durch das ESUG hat der Gesetzgeber nunmehr Klarheit in der Frage nach der Zulässigkeit der Einsetzung eines vorläufigen Gläubigerausschusses im Eröffnungsverfahren geschaffen. Gemäß dem neu eingefügten § 21 Abs. 2 S. 1 Nr. 1a InsO ist das Insolvenzgericht ausdrücklich befugt, einen vorläufigen Gläubigerausschuss einzusetzen, „für den § 67 Abs. 2 InsO und die §§ 69 bis 73 InsO entsprechend gelten".

Unter welchen Voraussetzungen ein solcher vorläufiger Gläubigerausschuss zu bestellen ist, wird in § 22a InsO näher geregelt. Danach gilt, dass bei Überschreiten von mindestens zwei der drei in § 22a Abs. 1 InsO genannten Schwellenwerte ein vorläufiger Gläubigerausschuss grundsätzlich von Amts wegen einzusetzen ist. Unabhängig von den Schwellenwerten nach Abs. 1 soll nach Abs. 2 ein vorläufiger Gläubigerausschuss dann eingesetzt werden, wenn dies vom Schuldner, einem Gläubiger oder einem bereits vorher bestellten vorläufigen Insolvenzverwalter beantragt wird und gleichzeitig Personen benannt werden, die als Mitglieder des vorläufigen Gläubigerausschusses in Betracht kommen.[227] Selbst dann, wenn die Schwellenwerte nach Abs. 1 erreicht sind oder ein Antrag nach Abs. 2

224 *Frege,* FS Peltzer, 109 ff.; *Pape,* ZInsO 1999, 675, 676; *Pape/Uhlenbruck/Voigt-Salus,* Kap. 16 Rn. 42; *Uhlenbruck,* in: Uhlenbruck, InsO, § 67 Rn. 4.

225 *Frege,* FS Peltzer, 109, 114; *Uhlenbruck,* in: Uhlenbruck, § 67 Rn. 4.

226 Siehe etwa *Bitter/Rauhut,* KSI 2007, 258, 260; *Vallender,* in: Henckel/Kreft, Insolvenzrecht 1998, S. 84; auch *Marotzke,* Das Unternehmen, Rn. 105 lehnt die Gläubigerbeteiligung über einen vorläufigen Gläubigerausschuss ab, fordert aber gleichwohl in Rn. 92 für den Fall, dass ein solcher – wenn auch unzulässigerweise – bestellt wurde, dessen Zustimmung.

227 *Böhm,* in: Braun, § 22a Rn. 8.

vorliegt, ist ein vorläufiger Gläubigerausschuss jedoch nach Abs. 3 der Vorschrift nicht zu bestellen, wenn der Geschäftsbetrieb bereits stillgelegt ist, die Einsetzung unverhältnismäßig wäre oder die mit der Einsetzung verbundene Verzögerung zu einer nachteiligen Veränderung der Vermögenslage des Schuldners führen würde.

Als die wesentlichen Aufgaben eines vorläufigen Gläubigerausschusses im Eröffnungsverfahren sieht der Gesetzgeber die frühzeitige Einflussnahme eines Gläubigerorgans auf die Auswahl des (vorläufigen) Insolvenzverwalters, auf die Anordnung der Eigenverwaltung und auf die Bestellung des (vorläufigen) Sachwalters an.[228] Der vorläufige Gläubigerausschuss ist jedoch keineswegs auf die Wahrnehmung dieser Aufgaben beschränkt.[229] Durch den Verweis in § 21 Abs. 2 S. 1 Nr. 1a InsO auf die §§ 69–73 InsO weist die InsO dem vorläufigen Gläubigerausschuss vielmehr schon sämtliche Aufgaben und Pflichten eines im eröffneten Verfahren gemäß § 67 Abs. 1 InsO eingesetzten Gläubigerausschusses zu.[230] Insbesondere wird durch die Bezugnahme auf § 69 S. 1 InsO geregelt, dass der vorläufige Gläubigerausschuss den vorläufigen Insolvenzverwalter bei seiner Geschäftsführung zu überwachen und zu unterstützen hat. Innerhalb der durch § 69 S. 1 InsO geregelten Überwachungs- und Unterstützungsaufgabe wiederum nimmt die Zustimmung zu verfahrensbedeutsamen Handlungen im Sinne der §§ 158, 160 InsO eine zentrale Rolle ein.[231]

Regelungstechnisch wird durch die Einfügung des § 21 Abs. 2 S. 1 Nr. 1a InsO und der dort vorgenommenen Verweisung auf § 69 InsO mithin der Weg dafür bereitet, dass ein vorläufiger Gläubigerausschuss im Eröffnungsverfahren über Maßnahmen im Sinne der §§ 158, 160 InsO und damit auch über eine Unternehmensveräußerung zu befinden vermag.[232]

(bbb) Legitimationswirkung der Veräußerungszustimmung eines vorläufigen Gläubigerausschusses

Durch die Zustimmung eines solchen nach § 21 Abs. 2 S. 1 Nr. 1a InsO eingesetzten vorläufigen Gläubigerausschusses müsste aber auch das selbe Maß an

228 BT-Drucks. 17/5712, S. 24.

229 *Frind*, ZIP 2012, 1380, 1381; *derselbe*, BB 2013, 265.

230 *Böhm*, in: Braun, § 21 Rn. 23; *Haarmeyer*, in: MüKo-InsO, § 22a Rn. 123; *Hölzle*, in: K. Schmidt, InsO, § 22a Rn. 48.

231 *Schmid-Burgk*, in: MüKo-InsO, § 69 Rn. 20.

232 *Frind*, in: HamKo-InsO, § 67 Rn. 2b; *derselbe*, ZIP 2012, 1380, 1382; *Fuhst*, DStR 2012, 418, 420 mit Fn. 13; *Wroblewski*, AuR 2012, 188, 193; offen gelassen von *Marotzke*, DB 2012, 560, 562.

Legitimation der Unternehmensveräußerung gegenüber der Gläubigerschaft zu erreichen sein, wie es durch die Zustimmung eines gemäß § 67 InsO im eröffneten Verfahren eingesetzten Gläubigerausschusses gewährleistet wird.

Dagegen könnte sprechen, dass es im Eröffnungsverfahren möglicherweise noch nicht möglich ist, einen ausreichend repräsentativen, die Gläubigergemeinschaft abbildenden Gläubigerausschuss zu besetzen, da zu diesem frühen Zeitpunkt noch nicht alle Gläubiger bekannt sind.[233]

Allein aus diesem Grund ein ausreichendes Legitimationsniveau durch einen vorläufigen Gläubigerausschuss im Eröffnungsverfahren zu verneinen, vermag jedoch nicht zu überzeugen. Denn dieselbe Schwierigkeit besteht bei einer Veräußerung nach § 158 Abs. 1 InsO mit Zustimmung eines (unmittelbar) nach Verfahrenseröffnung gemäß § 67 InsO eingesetzten Gläubigerausschusses: Hier stellt sich vor Ablauf der Frist zur Forderungsanmeldung (§ 28 Abs. 1 InsO) ebenfalls die Frage nach der Möglichkeit der repräsentativen Besetzung und dennoch macht § 67 InsO die Befugnis des Insolvenzgerichts zur Einsetzung eines Gläubigerausschusses vor der ersten Gläubigerversammlung nicht etwa davon abhängig, dass wenigstens die im Eröffnungsbeschluss bestimmte Frist zur Forderungsanmeldung verstrichen ist.[234]

Zudem ist im Zuge des ESUG gemäß § 13 Abs. 1 S. 3 InsO dem Eröffnungsantrag des Schuldners nunmehr zwingend ein Verzeichnis der Gläubiger und ihrer Forderungen beizufügen. Dieses Verzeichnis soll es dem Insolvenzgericht erleichtern, die Gläubiger bereits im Eröffnungsverfahren einzubeziehen, was insbesondere bei der Bestellung eines vorläufigen Gläubigerausschusses nach § 21 Abs. 2 S. 1 Nr. 1a InsO zum Tragen kommen soll.[235]

Nicht zuletzt spricht schlicht das Anliegen des Gesetzgebers, den Gläubigern frühzeitig im Verfahren eine effektive Mitwirkung zu ermöglichen, dafür, dass der Gesetzgeber den Beschlussfassungen eines vorläufigen Gläubigerausschusses im Eröffnungsverfahren keine mindere Qualität zusprechen wollte, als denen eines nach Verfahrenseröffnung eingesetzten Gläubigerausschusses. Die Möglichkeit zur repräsentativen Besetzung eines nach § 21 Abs. 2 S. 1 Nr. 1a InsO eingesetzten Gläubigerausschusses und die von seiner Zustimmung ausgehende Legitimationswirkung gegenüber der Gesamtgläubigerschaft ist folglich als nicht geringer einzuschätzen als die eines erst im eröffneten Verfahren nach § 67 InsO bestellten Gläubigerausschusses.

---

233 *He*, S. 214; *Pohlmann*, Rn. 306; *Vallender*, in: Henckel/Kreft, Insolvenzrecht 1998, S. 96.

234 *Marotzke*, Das Unternehmen, Rn. 76.

235 BT-Drucks. 17/5712, S. 22 f.

(ccc) Materielle Veräußerungs- bzw. Zustimmungskriterien

Bei der Bestimmung, anhand welcher materieller Kriterien der vorläufige Insolvenzverwalter seine Veräußerungs- bzw. der vorläufige Gläubigerausschuss seine Zustimmungsentscheidung zu treffen hat, muss der Umstand Berücksichtigung finden, dass eine Veräußerung im Eröffnungsverfahren die grundsätzlich erst im Berichtstermin durch die Gläubigerversammlung zu treffende Entscheidung über das weitere Schicksal des Unternehmens vorwegnimmt.

In der Vorschrift des § 158 Abs. 1 InsO, die ebenfalls eine Veräußerungsmöglichkeit im Vorgriff auf den Berichtstermin regelt, werden besondere Gründe für die Zulässigkeit einer Veräußerung nicht ausdrücklich genannt. Anerkanntermaßen ist es zum Schutze der Entscheidungskompetenz der Gläubigerversammlung im Berichtstermin jedoch erforderlich, dass eine Veräußerung nach § 158 Abs. 1 InsO nur dann erfolgen darf, wenn hierfür zwingende wirtschaftliche oder rechtliche Gründe vorliegen.[236] Ein zwingender rechtlicher Grund ist etwa dann gegeben, wenn es an den notwendigen Gewerbeerlaubnissen, Zulassungen oder Betriebserlaubnissen für eine Fortführung des Unternehmens fehlt.[237] Für die Frage nach dem Vorliegen eines wirtschaftlichen Veräußerungsgrundes wird auf den in § 158 Abs. 2 S. 2 InsO normierten Maßstab abgestellt, ein wirtschaftlicher Veräußerungsgrund also bei einer durch die Fortführung des Unternehmens drohenden erheblichen Vermögensminderung bejaht.[238]

Gelten diese Kriterien nun für eine Veräußerungsentscheidung gemäß § 158 Abs. 1 InsO, also im Zeitraum zwischen Verfahrenseröffnung und Berichtstermin, müssen sie wegen der weiteren zeitlichen Vorverlagerung *erst recht* bei einer Veräußerung im Eröffnungsverfahren gelten. Der vorläufige Insolvenzverwalter ist demnach nur dann zur Unternehmensveräußerung und der vorläufige Gläubigerausschuss nur dann zur Zustimmung zu selbiger befugt, wenn einer Fortführung entweder rechtliche Gründe entgegenstehen oder die Fortführung zu einer erheblichen Minderung des Schuldnervermögens führen würde.

---

236 *Görg/Janssen,* in: MüKo-InsO, § 158 Rn. 13; für die unter den gleichen Voraussetzungen zulässige Unternehmensstilllegung *Andres,* in: Andres/Leithaus, § 158 Rn. 3; *Balthasar,* in: Nerlich/Römermann, § 158 Rn. 12 f.; *Onusseit,* in: Kübler/Prütting/Bork, § 158 Rn. 6 f.

237 *Andres,* in: Andres/Leithaus, § 158 Rn. 3.

238 *Görg/Janssen,* in: MüKo-InsO, § 158 Rn. 16, 18; für die unter den gleichen Voraussetzungen zulässige Unternehmensstilllegung *Andres,* in: Andres/Leithaus, § 158 Rn. 3; *Balthasar,* in: Nerlich/Römermann, § 158 Rn. 14; *Uhlenbruck,* in: Uhlenbruck, InsO, § 158 Rn. 5.

Bei der Auslegung des somit zu fordernden Kriteriums der „erheblichen Vermögensminderung“ ist mit *Marotzke* auch die „hier und jetzt bestehende Veräußerungsmöglichkeit“ für das Unternehmen als Bestandteil des verwalteten Vermögens anzusehen.[239] Die Möglichkeit zur Vergrößerung des Vermögens stellt mit anderen Worten nur einen Unterfall der Abwendung von Vermögensminderungen dar.[240] Denn wenn die wertmäßige Berücksichtigung der bestehenden Veräußerungsmöglichkeit zu einer erheblichen Erhöhung des Vermögenswertes führt, würde die Nichtwahrnehmung derselben zugleich eine erhebliche Verminderung des schuldnerischen Vermögens bedeuten. Einer erheblichen Verminderung des Schuldnervermögens steht also der Verlust einer außerordentlich günstigen Veräußerungsmöglichkeit gleich.[241]

Bei Anlegung dieser Sichtweise verliert auch das Argument an Bedeutung, dass eine nur bei drohender erheblicher Vermögensminderung befürwortete zulässige Veräußerungsmöglichkeit im Eröffnungsverfahren an den praktischen Bedürfnissen vorbeilaufe, da sich für ein defizitäres Unternehmen ohnehin kein Erwerbsinteressent finden lasse.[242] Denn auch wenn das Unternehmen „an sich“ ohne erhebliche Vermögensminderung fortgeführt werden könnte, sich aber eine außerordentlich günstige Veräußerungsmöglichkeit bietet, ist der vorläufige Insolvenzverwalter nach der hier befürworteten Auslegung des Tatbestandsmerkmals der „erheblichen Vermögensminderung“ berechtigt, die Veräußerung vorzunehmen. Potenziellen Erwerbern können damit nicht nur vollkommen herabgewirtschaftete, sondern auch noch fortführungsfähige Unternehmen angeboten werden.

Zur Beachtung des materiellen Kriteriums der „erheblichen Vermögensminderung“ werden der vorläufige Insolvenzverwalter und der vorläufige Gläubigerausschuss dabei durch die „regulatorische Wirkung“[243] der Haftungsandrohung des § 21 Abs. 2 Nr. 1 i.V.m. § 60 InsO bzw. des § 21 Abs. 2 S. 1 Nr. 1a i.V.m. § 71 InsO angehalten. Gleichzeitig ist aber auch nicht zu befürchten, dass sie angesichts dessen übervorsichtig bei der Veräußerungs- bzw. Zustimmungsentscheidung handeln und damit womöglich außerordentlich günstige Veräußerungsgelegenheit verstreichen lassen. Denn allein eine Kompetenzüberschreitung führt

239 *Marotzke,* Das Unternehmen, Rn. 95, 117 mit Fn. 256.

240 *Marotzke,* Das Unternehmen, Rn. 117 mit Fn. 257.

241 So auch *Kammel,* NZI 2000, 102, 104; *Onusseit,* in: Kübler/Prütting/Bork, § 158 Rn. 13; **a.A.** *Dimassi,* S. 24 ff.; *Koblitz,* S. 32 f.

242 Gravenbrucher Kreis, Stellungnahme DiskE InsVerfVereinfG.

243 Schon zur Haftung des Sequesters unter Geltung der KO *Göpfert,* DB 1992, 1727, 1728 mit Fn. 10; *Lohkemper,* S. 262.

nicht zu einem für die haftungsrechtliche Inanspruchnahme notwendigen Vermögensschaden, so dass selbst bei einer Fehleinschätzung der materiellen Zulässigkeitsvoraussetzungen eine gewisse haftungsrechtliche „Knautschzone“[244] besteht, als für die erfolgreiche Geltendmachung eines Schadensersatzanspruchs gegen den vorläufigen Insolvenzverwalter und den vorläufigen Gläubigerausschuss erst einmal die Möglichkeit einer günstigeren Veräußerungsmöglichkeit zu einem späteren Zeitpunkt im Verfahren nachgewiesen werden müsste.[245]

(ddd) Zwischenergebnis

Nimmt es das Gesetz in § 158 Abs. 1 InsO also in Kauf, dass im Zeitraum zwischen Verfahrenseröffnung und Berichtstermin mit einem nach § 67 InsO eingesetzten Gläubigerausschuss nur ein Ausschnitt der Gläubigerschaft über eine Unternehmensveräußerung befindet, ist es gerechtfertigt, auch schon die Zustimmung eines im Eröffnungsverfahren gemäß §§ 21 Abs. 2 S. 1 Nr. 1a, 22a InsO eingesetzten vorläufigen Gläubigerausschusses zur Wahrung der Gläubigerautonomie für ausreichend zu erachten.

(dd) Veräußerungsmöglichkeit auch bei Nichtbestellung eines vorläufigen Gläubigerausschusses

Wurde damit vorstehend die Rechtfertigung einer Unternehmensveräußerung im Eröffnungsverfahren den Gläubigern gegenüber aus der Zustimmung eines Gläubigersausschusses abgeleitet, stellt sich weiter die Frage, ob der vorläufige Insolvenzverwalter das Unternehmen unter Umständen auch dann veräußern darf, wenn kein Gläubigerausschuss bestellt wurde.

Eine solche „einsame“ Veräußerungsentscheidung des vorläufigen Insolvenzverwalters wäre der unmittelbaren Kontrolle durch die Gläubiger entzogen, womit es auf den ersten Blick an einer Rechtfertigung ihnen gegenüber fehlen würde, um diese Maßnahme schon im Vorgriff auf den Berichtstermin zulassen zu können.

Ein Blick auf die Vorschrift des § 158 Abs. 1 InsO zeigt jedoch, dass darin die Zulässigkeit einer Unternehmensveräußerung im Vorgriff auf den Berichtstermin ebenfalls nicht an eine *zwingende* Gläubigerbeteiligung geknüpft wird: Der Zustimmung eines Gläubigerausschusses bedarf es danach nur für den Fall, dass ein solcher bestellt ist. Ist hingegen kein Gläubigerausschuss bestellt, ist

244 *Marotzke,* Das Unternehmen, Rn. 96 mit Fn. 212.

245 *Dimassi,* S. 36; *Gerhardt,* in: Jaeger, § 22 Rn. 91; *Marotzke,* Das Unternehmen, Rn. 96 mit Fn. 212.

dem Insolvenzverwalter eine Veräußerung nicht etwa versagt; er darf über ihre Vornahme vielmehr alleine im pflichtgemäßen Ermessen entscheiden.[246]

Anhand dessen wird deutlich, dass in der Regelung des § 158 Abs. 1 InsO nicht etwa die tatsächliche Zustimmung, sondern schon die bloße *Möglichkeit* der Zustimmung durch einen Gläubigerausschuss für ausreichend erachtet wird, um eine Unternehmensveräußerung vor dem Berichtstermin gegenüber der Gläubigerschaft rechtfertigen zu können.[247]

Eben diese *Möglichkeit* der Zustimmung durch einen Gläubigerausschuss besteht seit der Änderung der InsO durch das ESUG aber nicht mehr erst ab Verfahrenseröffnung, sondern gemäß § 21 Abs. 2 S. 1 Nr. 1a InsO bereits ab Stellung eines Insolvenzantrages. Bezüglich der Möglichkeit zur Wahrnehmung der Gläubigerautonomie steht das Eröffnungsverfahren dem Verfahrensabschnitt zwischen Verfahrenseröffnung und Berichtstermin damit in nichts mehr nach. Den Aspekt der Gläubigerautonomie betrachtet ist es demnach gerechtfertigt, eine Unternehmensveräußerung durch den vorläufigen Insolvenzverwalter auch dann zuzulassen, wenn das Insolvenzgericht von der Möglichkeit zur Bestellung eines Gläubigerausschusses keinen Gebrauch gemacht hat.

Dabei ist der vorläufige Insolvenzverwalter auch nicht für verpflichtet zu erachten, im Falle der Nichtbestellung eines vorläufigen Gläubigerausschusses als Ersatz für die fehlende unmittelbare Gläubigerbeteiligung eine Veräußerungszustimmung des Insolvenzgerichts einzuholen. Denn auch der hier in Bezug genommene § 158 Abs. 1 InsO weist die Entscheidung über die Veräußerung bei Absenz eines Gläubigerausschusses nicht etwa dem Insolvenzgericht, sondern dem Insolvenzverwalter in alleiniger Verantwortung zu. Aufgrund der hinsichtlich der Möglichkeit zur Gläubigerbeteiligung durch das ESUG erfolgten Angleichung des Eröffnungsverfahrens an den Zeitraum zwischen Verfahrenseröffnung und Berichtstermin fehlt es an der Rechtfertigung dafür, bei einer Veräußerung im Eröffnungsverfahren zu einem abweichenden Ergebnis zu gelangen. Zudem ist zu befürchten, dass die Forderung eines insolvenzgerichtlichen Zustimmungserfordernisses in seiner praktischen Umsetzung dem Ausschluss

---

246 *Ehlers*, ZInsO 2010, 257, 260; *Onusseit*, in: Kübler/Prütting/Pape, § 158 Rn. 6; *Uhlenbruck*, in: Uhlenbruck, InsO, § 158 Rn. 9.

247 Siehe die Regierungsbegründung zum InsVerfVereinfG, BT-Drucks. 16/3227, S. 20: „Zudem besteht für das Gericht die *Möglichkeit*, nach § 67 InsO einen Gläubigerausschuss einzusetzen, der überwacht, ob im Rahmen der geplanten übertragenden Sanierung die Interessen der Gläubigergesamtheit angemessen gewahrt werden.“

von Unternehmensveräußerungen im Eröffnungsverfahren gleichkäme.[248] Denn in diese Richtung geht die Aussage *Vallenders*, der vorläufige Insolvenzverwalter könne zwar ein Gespräch mit dem Insolvenzrichter suchen, das Gericht würde zu diesem Zeitpunkt jedoch keine Zustimmung zu der geplanten Veräußerung erteilen.[249]

Klargestellt sei an dieser Stelle noch, dass auch im Falle einer solchen „einsamen" Veräußerung ohne unmittelbare Gläubigerbeteiligung der vorläufige Insolvenzverwalter nicht etwa von seiner Pflicht entbunden ist, die zur Wahrung der Schuldnerinteressen *stets* erforderliche Veräußerungszustimmung des Schuldners einzuholen. Neben der oben vorgenommenen Herleitung dieses Erfordernisses aus dem schuldnerischen Bestandserhaltungsinteresse[250] bedarf es dafür keines Rückgriffs auf die Vorschrift des § 158 Abs. 2 InsO, zumal die darin normierte Unterrichtungspflicht ein geringeres Schutzniveau für die Schuldnerinteressen bietet als die nach dem hiesigen Konzept geforderte Zustimmung des Schuldners.

hh) Zwischenergebnis

Es lässt sich somit zusammenfassend festhalten, dass die Veräußerung des schuldnerischen Unternehmens durch den vorläufigen Insolvenzverwalter weder eine Verwaltungsmaßnahme im Rahmen der Unternehmensfortführung darstellt, noch als ausnahmsweise erlaubte (Not)Verwertungshandlung einzustufen ist. Auch kann eine Veräußerungsbefugnis mangels vergleichbarer Interessenlage und wegen eines entgegenstehenden gesetzgeberischen Willens nicht analog § 22 Abs. 1 S. 2 Nr. 2 InsO alternativ zur Stilllegung bei drohender erheblicher Vermögensminderung mit Zustimmung des Insolvenzgerichts und ohne Schuldnerzustimmung begründet werden.

Jedoch lässt sich die rechtliche Legitimation einer übertragenden Sanierung im Eröffnungsverfahren durch die Aufstellung von Zustimmungsvorbehalten und materiellen Zulässigkeitskriterien erreichen.[251]

Danach ist für eine zulässige Veräußerung zum einen *zwingend* die Zustimmung des Schuldners erforderlich. Das damit verbundene erhebliche Verhinderungspotenzial des Schuldners selbst gegenüber im offensichtlichen

---

248 *Ampferl*, Rn. 529.

249 *Vallender*, in: Henckel/Kreft, Insolvenzrecht 1998, S. 93.

250 Siehe Teil 2 II. 2. a) gg) (1).

251 Mitbestimmungsrechte eines etwaig bestehenden Betriebsrates bleiben von den hier entwickelten Zustimmungserfordernissen freilich unberührt.

Gläubigerinteresse liegenden Veräußerungsgelegenheiten lässt sich mit der Ergebnisoffenheit des Eröffnungsverfahrens rechtfertigen.

Zur Wahrung der Gläubigerinteressen bei einer Veräußerung im Eröffnungsverfahren kann auf die Regelung des § 158 Abs. 1 InsO zurückgegriffen werden, nach der eine Unternehmensveräußerung im eröffneten Verfahren schon vor dem grundsätzlich für die Ausübung der Gläubigerautonomie vorgesehenen Berichtstermin zulässig ist. Aus Sicht der Gläubiger ist eine Unternehmensveräußerung auch schon vor Verfahrenseröffnung zu rechtfertigen, wenn dann schon derjenige Schutz ihrer Interessen gewährleistet werden kann, den § 158 Abs. 1 InsO für die Zeit nach Verfahrenseröffnung vorsieht. Dies ist spätestens seit Inkrafttreten des ESUG mit der dadurch geregelten Möglichkeit der Einsetzung eines vorläufigen Gläubigerausschusses im Eröffnungsverfahren der Fall. Vor einer Unternehmensveräußerung im Eröffnungsverfahren ist demnach, wenn ein vorläufiger Gläubigerausschuss eingesetzt ist, dessen Zustimmung einzuholen. Aber auch dann, wenn kein vorläufiger Gläubigerausschuss im Eröffnungsverfahren bestellt ist, ist es den Gläubigern gegenüber bei einer durch die Fortführung des Unternehmens drohenden erheblichen Vermögensminderung zu rechtfertigen, dem vorläufigen Insolvenzverwalter eine Veräußerung des Unternehmens in alleiniger Verantwortung zuzulassen.

Das hier gefundene Ergebnis steht schließlich nicht im Konflikt mit den Erwägungen des Gesetzgebers, aufgrund derer er die Normierung einer Veräußerungsbefugnis des vorläufigen Insolvenzverwalters im InsVerfVereinfG abgelehnt hatte. Im Regierungsentwurf zum InsVerfVereinfG wurde die im Diskussionsentwurf zuvor vorgeschlagene Unternehmensveräußerung nämlich maßgeblich mit der Begründung abgelehnt, dass sie nach dem Diskussionsentwurf auch *gegen* den Willen des Schuldners möglich sein sollte.[252] Dem wird durch die hier geforderte *zwingende* Zustimmung des Schuldners zu der Maßnahme Rechnung getragen.

„Im Übrigen", wird in der Begründung zum Regierungsentwurf zum InsVerfVereinfG ausgeführt, sei eine Unternehmensveräußerung im Eröffnungsverfahren für den Erwerber ohnehin wenig attraktiv, da eine Haftung nach § 613a BGB und nach § 75 AO eingreifen könne.[253] Auch dieses Argument lässt sich schwerlich gegen die Begründung einer ausnahmsweisen Zulässigkeit der übertragenden Sanierung durch den vorläufigen Insolvenzverwalter anführen. Denn die Frage nach der Vereinbarkeit einer übertragenden Sanierung im

252 BT-Drucks. 16/3227, S. 11.
253 BT-Drucks. 16/3227, S. 11.

Eröffnungsverfahren mit dem Regelungsgefüge der InsO muss streng von der Frage getrennt werden, welches Risiko der Unternehmenserwerber bereit ist dabei einzugehen.[254]

b) Befugnis des schwachen vorläufigen Insolvenzverwalters zur übertragenden Sanierung

Wie Eingangs der Stellungnahme dargestellt, ist mit der Bestellung eines vorläufigen Insolvenzverwalters nicht zwangsläufig der Übergang der Verwaltungs- und Verfügungsbefugnis auf diesen verbunden. Vielmehr sehen die Insolvenzgerichte in der überwiegenden Anzahl der Verfahren von der Bestellung eines starken vorläufigen Insolvenzverwalters ab, um zusätzliche Liquidität für die Masse zu schaffen und eine Haftung des vorläufigen Insolvenzverwalters wegen der Begründung von Masseverbindlichkeiten (§ 55 Abs. 2 InsO) gemäß § 61 S. 1 InsO zu vermeiden.[255] Zudem stellt die Anordnung der vorläufigen Verwaltung mit gleichzeitigem Erlass eines allgemeinen Verwaltungs- und Verfügungsverbots den intensivsten Eingriff in die Rechtsstellung des Schuldners dar.[256] Eine Rechtfertigung für die Einsetzung eines starken vorläufigen Insolvenzverwalters *im Regelfall* erscheint daher aus Gesichtspunkten der Verhältnismäßigkeit fraglich.[257]

Nachfolgend gilt es daher zu untersuchen, in wieweit sich die für den starken vorläufigen Insolvenzverwalter gefundenen Ergebnisse auf den in praxi überwiegend bestellten schwachen vorläufigen Insolvenzverwalter übertragen lassen. Dabei ist wiederum zu unterscheiden zwischen dem schwachen vorläufigen Insolvenzverwalter mit Zustimmungsvorbehalt und dem durch Einzelanordnung „gestärkten" vorläufigen Insolvenzverwalter.

aa) Der schwache vorläufige Insolvenzverwalter mit Zustimmungsvorbehalt

Die Anordnung eines allgemeinen Zustimmungsvorbehalts gemäß § 21 Abs. 2 S. 2 Nr. 2 Var. 2 InsO hat sich seit 1999 zu der am häufigsten angeordneten Sicherungsmaßnahme entwickelt, weil sie – insbesondere in Verbindung mit konkreten Einzelermächtigungen – eine auf die jeweilige Situation angepasste Differenzierung ermöglicht, zugleich aber auch die haftungsrechtlichen Risiken

254 Treffend *Thiemann*, in: Leonhardt/Smid/Zeuner, § 22 Rn. 153.

255 *Kubis,* KTS 2007, 237; *Menke,* BB 2003, 1133, 1134; *Pape,* in: Kübler/Prütting/Bork, § 22 Rn. 11 f.; *Undritz,* NZI 2003, 136, 137.

256 *Dimassi,* S. 39.

257 BGHZ 151, 353, 363 f.

des vorläufigen Insolvenzverwalters kalkulierbar macht.[258] In dieser Konstellation behält der Schuldner uneingeschränkt die Verwaltungs- und Verfügungsbefugnis über sein Vermögen, bedarf für dinglich wirkende Verfügungen aber der Zustimmung des vorläufigen Insolvenzverwalters. Der vorläufige Insolvenzverwalter kann seinerseits mangels eigener Verfügungsbefugnis die Unternehmensveräußerung nicht in Eigenregie wirksam vornehmen und ist darauf beschränkt, seine Zustimmung zu dieser Maßnahme zu erteilen oder zu verweigern.

Für den Abschluss des schuldrechtlichen Unternehmenskaufvertrages kommt es hingegen nicht auf den Kompetenzrahmen des schwachen vorläufigen Insolvenzverwalters an, da es hierbei zwangsläufig der Schuldner selbst (gegebenenfalls vertreten durch den vorläufigen Insolvenzverwalter) ist, der das Verpflichtungsgeschäft abschließt.[259] Dabei gilt, dass vom Schuldner begründete Verbindlichkeiten im späteren Insolvenzverfahren keine Masseverbindlichkeiten nach § 55 Abs. 2 InsO, sondern Insolvenzforderungen nach § 38 InsO darstellen.[260] Dies ändert sich wegen § 55 Abs. 1 Nr. 2 Alt. 1 InsO erst, wenn der (endgültige) Insolvenzverwalter gemäß § 103 InsO die Erfüllung des Vertrages verlangt.[261] Mit dem Abschluss des schuldrechtlichen Unternehmenskaufvertrages hat der schwache vorläufige Insolvenzverwalter also rein rechtlich nichts zu tun, weshalb sich auf dieser Ebene auch nicht die Frage nach seiner Befugnis hierzu stellt.

Die sich für den Zustimmungsverwalter stellende befugnisrechtliche Frage im Zusammenhang mit der Unternehmensveräußerung ist aber die, unter welchen Umständen er seine zur dinglichen Wirksamkeit der übertragenden Sanierung erforderliche Zustimmung erteilen darf.[262] Bei ihrer Beantwortung steht nicht die dem vorläufigen Insolvenzverwalter verliehene Rechtsmacht im Vordergrund, sondern es handelt sich um eine Frage der Aufgabenerfüllung. Insoweit gilt, dass die Aufgaben eines schwachen zwar nicht wie die eines starken vorläufigen Insolvenzverwalters ausdrücklich in § 22 Abs. 1 InsO geregelt sind. Aus der eindeutigen Systematik der §§ 21, 22 InsO ergibt sich jedoch, dass die Bestellung eines jeden vorläufigen Insolvenzverwalters eine Sicherungsmaßnahme darstellt, die dem Wert- und Bestandserhalt der künftigen Masse zu dienen

258 *Haarmeyer*, in: MüKo-InsO, § 22 Rn. 32.

259 *Laroche*, NZI 2010, 965, 966; *Vallender*, GmbHR 2004, 543, 545.

260 BGHZ 151, 353, 361; *Laroche*, NZI 2010, 965, 966; *Marotzke*, Das Unternehmen, Rn. 117 mit Fn. 259; *Morshäuser/Falkner*, NZG 2010, 881, 882.

261 *Marotzke*, Das Unternehmen, Rn. 117 mit Fn. 259.

262 *Koblitz*, S. 38.

bestimmt ist.[263] Unabhängig von seiner Rechtsmacht hat der Zustimmungsverwalter daher die zur Erreichung des Sicherungszwecks rechtlich und tatsächlich möglichen Aufgaben wahrzunehmen, auch wenn diese ihm nicht ausdrücklich vom Gesetz zugewiesen sind.[264]

Da sich die Aufgaben eines Zustimmungsverwalters bezogen auf den Zweck der vorläufigen Insolvenzverwaltung also nicht grundsätzlich von denen eines starken vorläufigen Insolvenzverwalters unterscheiden, hat sich die Reichweite der Zustimmungsbefugnis daran zu orientieren, inwieweit ein vorläufiger Insolvenzverwalter mit Verwaltungs- und Verfügungsbefugnis selbst befugt wäre, die fragliche Maßnahme vorzunehmen.[265] Dementsprechend ist der vorläufige Insolvenzverwalter mit Zustimmungsvorbehalt nur dann als berechtigt anzusehen, seine Zustimmung zur Veräußerung des Unternehmens zu erteilen, wenn in materieller Hinsicht durch die weitere Fortführung des Unternehmens eine erhebliche Minderung des Schuldnervermögens drohen würde, der Schuldner der Veräußerung seinerseits zugestimmt hat und bei Bestellung eines vorläufigen Gläubigerausschusses auch dessen Zustimmung vorliegt. Hinsichtlich des Erfordernisses der schuldnerischen Zustimmung gilt, dass – da das Initiativrecht bezüglich der Veräußerung bei Bestellung eines Zustimmungsverwalters beim Schuldner verbleibt – diese ohnehin schon in dem Abschluss der entsprechenden Rechtsgeschäfte durch den Schuldner zu erblicken ist.

bb) Der durch Einzelanordnung „gestärkte" vorläufige Insolvenzverwalter

In seiner viel beachteten Entscheidung vom 18.7.2002 stellte der BGH klar, dass auch ein schwacher vorläufiger Insolvenzverwalter im Rahmen des § 22 Abs. 2 InsO durch eine gerichtliche Anordnung im Einzelfall ermächtigt werden kann, Verbindlichkeiten als Masseschulden zu begründen, soweit dies für eine erfolgreiche Verwaltung nötig ist.[266] Nach dieser Rechtsprechung gilt, dass das Insolvenzgericht die Befugnisse des schwachen vorläufigen Insolvenzverwalters zur Begründung von Masseverbindlichkeiten einzeln festzulegen hat und sie nicht pauschal in das Ermessen des schwachen vorläufigen Insolvenzverwalters stellen darf.[267] Nur bestimmte notwendige Geschäftspartner kann der schwache

---

263 *Meyer*, S. 192.

264 BGHZ 161, 49, 55 f.; *Vallender*, in: Uhlenbruck, § 22 Rn. 13.

265 *Dimassi*, S. 43; *Koblitz*, S. 39; *Marotzke*, Das Unternehmen, Rn. 117; *Spieker*, S. 59.

266 BGHZ 151, 353, 365 f.

267 BGHZ 151, 353, 366.

vorläufige Insolvenzverwalter bei einer entsprechenden insolvenzgerichtlichen Anordnung also in den Stand von Massegläubigern „erheben".[268]

Von dieser Ermächtigungsbefugnis kann das Insolvenzgericht auch in der Weise Gebrauch machen, dass es den schwachen vorläufigen Insolvenzverwalter für die Veräußerung des schuldnerischen Unternehmens in seiner Rechtsstellung „stärkt".[269] Der schwache vorläufige Insolvenzverwalter wird dadurch in die Lage versetzt, den Anspruch des Erwerbers auf Übertragung des Unternehmens mit dem Rang des § 55 Abs. 2 InsO zu begründen.

Die Anordnung einer solchen Einzelermächtigung durch das Insolvenzgericht bedeutet gleichwohl nicht, dass der vorläufige Insolvenzverwalter von der Beachtung der zugunsten der Schuldner- und Gläubigerinteressen aufgestellten Zulässigkeitskriterien entbunden ist. Denn die Entscheidung über die Möglichkeit zur Unternehmensveräußerung im Eröffnungsverfahren verlagert sich nur insoweit auf das Insolvenzgericht, als es den vorläufigen Insolvenzverwalter dazu ermächtigt, *im Außenverhältnis* einen Übertragungsanspruch zu Lasten der späteren Insolvenzmasse zu begründen. Darüber, ob die Maßnahme auch im Innenverhältnis gegenüber dem Schuldner und den Gläubigern vertretbar ist, befindet nicht das Insolvenzgericht durch den Ermächtigungsbeschluss, sondern hat der vorläufige Insolvenzverwalter eigenverantwortlich zu entscheiden. Bestätigung findet diese Sichtweise in dem Umstand, dass die Erweiterung einer schwachen vorläufigen Insolvenzverwaltung durch eine Einzelermächtigung ein Minus gegenüber der Anordnung einer starken vorläufigen Insolvenzverwaltung darstellt.[270] Muss aber schon der starke vorläufige Insolvenzverwalter die Vereinbarkeit seiner Maßnahmen mit dem Sicherungszweck in eigener Verantwortung überprüfen, muss dies erst recht für den lediglich durch eine Einzelanordnung gestärkten vorläufigen Insolvenzverwalter gelten.

Bezeichnenderweise äußerte sich auch das AG Duisburg in seinem den schwachen vorläufigen Insolvenzverwalter zu einer Unternehmens(teil)veräußerung ermächtigenden Beschluss nicht etwa zur Zulässigkeit der Maßnahme selbst, sondern ausschließlich zur im Einzelfall gegebenen Möglichkeit der Begründung von Masseverbindlichkeiten durch einen schwachen vorläufigen Insolvenzverwalter.[271]

Auch der gestärkte vorläufige Insolvenzverwalter muss nach alledem das Vorliegen der Zulässigkeitsvoraussetzungen in eigener Verantwortung prüfen und

268 *Frind,* in: Borchardt/Frind, Rn. 324.

269 AG Duisburg, NZI 2002, 614; *Dimassi,* S. 42; *Spieker,* S. 58 f.

270 *Horstkotte/Martini,* ZInsO 2010, 750, 752.

271 AG Duisburg, NZI 2002, 614.

kann sich insoweit nicht etwa auf eine Entlastungswirkung des gerichtlichen Einzelermächtigungsbeschlusses im Innenverhältnis berufen.[272]

III. Wirksamkeit der übertragenden Sanierung im Eröffnungsverfahren

Die vorstehend behandelte Frage nach der Zulässigkeit der Veräußerung des schuldnerischen Unternehmens betrifft zunächst einmal nur die Vereinbarkeit dieser Maßnahme mit dem im Eröffnungsverfahren vorherrschenden Sicherungszweck. Durch diesen Zweck ist lediglich das rechtliche Dürfen des vorläufigen Insolvenzverwalters im Innenverhältnis begrenzt. Im Außenverhältnis sind zum Schutze des Rechtsverkehrs auch die gegen ihn verstoßenden Maßnahmen grundsätzlich wirksam.

Allerdings gilt dieser Grundsatz nicht ohne Ausnahme: Es ist anerkannt, dass der Verstoß eines (vorläufigen) Insolvenzverwalters gegen seine Befugnisse im Innenverhältnis im Einzelfall auf die Wirksamkeit der Maßnahme im Außenverhältnis durchschlagen kann. Unter welchen Voraussetzungen dies der Fall ist und inwieweit eine im Innenverhältnis unzulässige übertragende Sanierung im Eröffnungsverfahren die Unwirksamkeit der Maßnahme im Außenverhältnis zur Folge haben kann, ist im Folgenden zu untersuchen.

1. Übertragende Sanierung durch starken vorläufigen Insolvenzverwalter

a) *Außenverhältnis: Übergang der vollen Verwaltungs- und Verfügungsbefugnis auf den starken vorläufigen Insolvenzverwalter*

§ 22 Abs. 1 S. 1 InsO ordnet für den Fall, dass ein vorläufiger Insolvenzverwalter bestellt und dem Schuldner ein allgemeines Verfügungsverbot auferlegt wird, den Übergang der Verwaltungs- und Verfügungsbefugnis über das Vermögen des Schuldners auf den vorläufigen Insolvenzverwalter an. Damit erhält nach dem Willen des Gesetzgebers bereits der vorläufige Insolvenzverwalter die „volle Verwaltungs- und Verfügungsbefugnis über das Vermögen des Schuldners“[273], womit seine Rechtsstellung über die des Sequesters nach der KO hinausgeht, auf den die Verwaltungs- und Verfügungsbefugnis nur „insoweit“ überging, als dies zur Erhaltung und Sicherung des schuldnerischen Vermögens und zur

---

272 So im Ergebnis auch *Koblitz*, S. 39; *Spieker*, S. 58.

273 BT-Drucks. 12/2443, S. 116 f.

ordnungsgemäßen Geschäftsführung erforderlich war.[274] Ungeachtet der grundsätzlich unterschiedlichen Zielrichtungen von Maßnahmen im Eröffnungsverfahren (Sicherung des Schuldnervermögens) und denjenigen im eröffneten Verfahren (Verwertung und Verteilung des Vermögens) ordnet § 22 Abs. 1 S. 1 InsO also dieselben verfügungsrechtlichen Wirkungen an, die auch die Verfahrenseröffnung gemäß § 80 Abs. 1 S. 1 auslöst, so dass die danach vorgesehene Rechtsfolge kraft gesetzlicher Anordnung bereits im Eröffnungsverfahren eintritt.[275]

b) Innenverhältnis: Begrenzung durch den Sicherungszweck

Eine Einschränkung des Umfangs dieser im Außenverhältnis umfassenden Verfügungsbefugnis regelt die InsO nicht. Stattdessen sieht das Gesetz mit § 21 Abs. 2 S. 1 Nr. 1 iVm § 60 InsO eine haftungsbewehrte befugnisrechtliche Begrenzung im Innenverhältnis vor, wonach der vorläufige Insolvenzverwalter seine Verfügungsbefugnis nur insoweit ausüben *darf*, als es der Zweck der Vermögenssicherung bis zur Entscheidung über die Verfahrenseröffnung erfordert.[276] Die aus dem Sicherungszweck des Eröffnungsverfahrens folgende Beschränkung der Befugnisse des starken vorläufigen Insolvenzverwalters berührt also nach der Konzeption der InsO lediglich das rechtliche Dürfen, nicht aber das rechtliche Können des vorläufigen Insolvenzverwalters[277], womit dem zentralen Anliegen der reformierten InsO, das Vertrauen in die Person des vorläufigen Insolvenzverwalters und die Rechtsbeständigkeit seiner Handlungen herzustellen, Rechnung getragen werden sollte.[278]

Als Zwischenfazit lässt sich bis hier festhalten, dass die Verfügungsbefugnis des starken vorläufigen Insolvenzverwalters im Außenverhältnis unumgrenzt ist und mithin grundsätzlich alle seine Verfügungen wirksam sind. Unter Zugrundelegung dieser Prämisse ändert die pflichtwidrige Überschreitung des Sicherungszwecks im Innenverhältnis durch eine unzulässige Unternehmensveräußerung im Eröffnungsverfahren also grundsätzlich nichts an der Wirksamkeit der damit verbundenen Rechtsgeschäfte.

---

274 BGHZ 104, 151, 155; BGHZ 118, 374, 379; *Haarmeyer,* in: MüKo-InsO, § 22 Rn. 23.

275 *Haarmeyer,* in: MüKo-InsO, § 22 Rn. 23.

276 BT-Drucks. 12/2443, S. 117.

277 BAG NZI 2006, 310, 311; *Gerhardt,* in: Jaeger, § 22 Rn. 24; *Menke,* BB 2003, 1133, 1138.

278 *Haarmeyer,* in: MüKo-InsO, § 22 Rn. 27.

c) *Unwirksamkeit im Außenverhältnis wegen Überschreitung der internen Bindung an den Sicherungszweck?*

Eine Durchbrechung der Abstraktion von Befugnis im Innenverhältnis und Wirksamkeit im Außenverhältnis kann sich jedoch aus ungeschriebenen Grundsätzen des (Insolvenz)Rechts ergeben. Dabei sind die Grenzen der Rechtsmacht des starken vorläufigen Insolvenzverwalters entsprechend den Ausnahmen von der Unbeschränkbarkeit der Verfügungsbefugnis zu bestimmen, die für den Insolvenzverwalter im eröffneten Verfahren (§ 80 InsO) aufgestellt wurden.[279] Denn da der starke vorläufige Insolvenzverwalter dieselbe verfügungsrechtliche Stellung wie der endgültige Insolvenzverwalter einnimmt, muss bei seinen Rechtshandlungen die gleiche Abwägung stattfinden zwischen dem Vertrauen des Rechtsverkehrs in deren Wirksamkeit und dem Interesse der Masse, an für sie nachteilige Handlungen des vorläufigen Insolvenzverwalters nicht gebunden zu sein.

Zu der Frage, unter welchen Voraussetzungen und nach welchen Grundsätzen Handlungen eines Insolvenzverwalters im Außenverhältnis als unwirksam einzustufen sind, haben sich in Literatur und Rechtsprechung unterschiedliche Ansichten herausgebildet.

aa) Unwirksamkeit bei offensichtlicher Insolvenzzweckwidrigkeit

Die früher überwiegende Auffassung vertrat die Ansicht, die Verwaltungs- und Verfügungsbefugnis des Insolvenzverwalters im Sinne seines rechtlichen Könnens sei inhaltlich durch den Insolvenzzweck begrenzt; zum Schutze des Rechtsverkehrs sollte einer Handlung des Insolvenzverwalters die Wirksamkeit im Außenverhältnis jedoch nicht schon bei ihrer Unzweckmäßigkeit, sondern nur dann versagt werden, wenn sie „offensichtlich insolvenzzweckwidrig" ist.[280] Das unscharfe Kriterium der „Offensichtlichkeit" der Insolvenzzweckwidrigkeit wurde dahingehend konkretisiert, dass solche Handlungen des Insolvenzverwalters offensichtlich gegen den Insolvenzzweck verstoßen, die unter allen in Betracht kommenden Gesichtspunkten für einen verständigen Menschen offensichtlich zweckwidrig sind.[281]

Auf die Sichtweise des mit dem vorläufigen Insolvenzverwalter kontrahierenden Geschäftspartners kommt es bei Anlegung dieses objektivierenden Maßstabes also nicht an. Damit wird von dieser Auffassung dem Schutz der

---

279 *Gerhardt,* in: Jaeger, § 22 Rn. 25; *Spieker,* S. 231.

280 Siehe etwa BGH NJW 1971, 701, 702 f.; BGH NJW 1974, 2000, 2002; heute etwa auch noch vertreten von *Wittkowski,* in: Nerlich/Römermann, § 80 Rn. 132 f.

281 BGH NJW 1983, 2018, 2019; *Wittkowski,* in: Nerlich/Römermann, § 80 Rn. 134.

Gläubigergemeinschaft vor nachteiligen Verpflichtungen der Masse der Vorrang gegenüber dem Interesse des Rechtsverkehrs an der Wirksamkeit insolvenzzweckwidriger Handlungen eingeräumt.[282]

bb) Anwendung der Grundsätze über den Missbrauch der Vertretungsmacht

Eine neuere Ansicht, die seit seiner Entscheidung vom 25.4.2002[283] auch vom BGH vertreten wird, zieht demgegenüber für die Begrenzung der Rechtsmacht des Insolvenzverwalters die zum Missbrauch der Vertretungsmacht entwickelten Grundsätze heran.[284] Danach wird für die Unwirksamkeit der Handlung des Insolvenzverwalters außer der Evidenz der Insolvenzzweckwidrigkeit gefordert, dass sich dem Geschäftspartner des Insolvenzverwalters auf Grund der Umstände des Einzelfalls ohne weiteres begründete Zweifel an der Vereinbarkeit der Handlung mit dem Zweck des Insolvenzverfahrens aufdrängen mussten, womit dem Geschäftspartner der Sache nach grobe Fahrlässigkeit vorgeworfen werden können muss.[285] Das evident insolvenzzweckwidrige Handeln des Insolvenzverwalters als Missbrauchstatbestand ist bei der Lösung über die Regeln des Missbrauchs der Vertretungsmacht mithin notwendige, nicht aber auch hinreichende Voraussetzung für die Unwirksamkeit der Handlung. Letztlich heißt das, dass nach dieser nunmehr auch vom BGH vertretenen Ansicht allein die Insolvenzzweckwidrigkeit nicht das rechtliche Können, sondern lediglich das rechtliche Dürfen des Insolvenzverwalters zu beschränken vermag und das Verwalterhandeln nur dann nicht wirksam ist, wenn der Geschäftspartner keinen Schutz verdient.[286] Anders als von der früher überwiegenden Auffassung wird also dem Gesichtspunkt des Vertrauensschutzes prinzipiell Vorrang vor den Interessen der Gläubigergemeinschaft eingeräumt.[287]

cc) Offensichtliche bzw. evidente Insolvenzzweckwidrigkeit einer unzulässigen übertragenden Sanierung im Eröffnungsverfahren?

Wie sich zeigt, wird ungeachtet eventuell zu fordernder subjektiver Elemente auf Seiten des Geschäftspartners von beiden dargestellten Ansichten ein Verhalten

---

282 *Preuß,* NZI 2003, 625 f., 628.

283 BGHZ 150, 353, 361.

284 *Ott/Vuia,* in: MüKo-InsO, § 80 Rn. 61; *Preuß,* NZI 2003, 625 ff.; *Spickhoff,* KTS 2000, 15 ff.

285 BGHZ 150, 353, 361; BGH NZI 2008, 365.

286 *Preuß,* NZI 2003, 625, 627.

287 *Preuß,* NZI 2003, 625, 628.

des Insolvenzverwalters gefordert, das in objektiver Hinsicht als „offensichtlich" bzw. „evident" insolvenzzweckwidrig einzustufen ist. Sollte das notwendige Kriterium der Offensichtlichkeit bzw. Evidenz der Insolvenzzweckwidrigkeit bei einer unzulässigen übertragenden Sanierung im Eröffnungsverfahren also schon nicht erfüllt sein, bedürfte es keiner Entscheidung in der Frage, ob darüber hinaus auch ein subjektives Element im Sinne eines Erkennenmüssens der Insolvenzzweckwidrigkeit auf Seiten des Geschäftspartners des vorläufigen Insolvenzverwalters zu fordern ist.

Zunächst bedarf es der Bestimmung, wann überhaupt ein *vorläufiger* Insolvenzverwalter „dem Insolvenzzweck entsprechend" handelt. An prominenter Stelle in § 1 S. 1 InsO wird diesbezüglich für das gesamte Insolvenzverfahren das Ziel ausgegeben, die Gläubiger des Insolvenzschuldners gemeinschaftlich und bestmöglich durch eine Verwertung des schuldnerischen Vermögens oder die Aufstellung eines Insolvenzplans zu befriedigen. Der Erreichung dieses Ziels ist mittelbar auch das Eröffnungsverfahren zu dienen bestimmt. Dessen individueller Zweck innerhalb des gesamten Insolvenzverfahrens wird wegen der im Eröffnungsverfahren vorherrschenden besonderen Interessenlage allerdings durch die §§ 21, 22 InsO mit der Sicherung und Erhaltung des Schuldnervermögens gesondert bestimmt. Handlungen eines vorläufigen Insolvenzverwalters müssen demnach kumulativ sowohl mit dem in § 1 S. 1 InsO ausgegebenen Zweck des gesamten Insolvenzverfahrens, als auch dem speziellen Sicherungszweck des Eröffnungsverfahrens in Einklang stehen.[288]

Nach hier vertretener Ansicht ist die Zulässigkeit einer übertragenden Sanierung im Eröffnungsverfahren an die Beachtung bestimmter Zustimmungsvorbehalte geknüpft. Werden diese Voraussetzungen vom vorläufigen Insolvenzverwalter beachtet, liegt kein Verstoß gegen den Sicherungszweck vor. Nimmt der vorläufige Insolvenzverwalter hingegen eine Unternehmensveräußerung unter Missachtung dieser Voraussetzungen vor, handelt er dem Sicherungszweck zuwider.

Wollte man sich nun im letztgenannten Fall allein aufgrund der Nichtbeachtung der Zulässigkeitsvoraussetzungen für die Unwirksamkeit der Maßnahme aussprechen, würde dies auf eine Begründung der Unwirksamkeit mit der schlichten Überschreitung des dann nicht gewahrten Sicherungszwecks ohne die nach beiden vorgenannten Ansichten erforderliche Prüfung hinauslaufen, ob es sich

---

288 So wohl auch vertreten vom BAG in BAG NZI 2006, 310, 311, das zur Wirksamkeit einer Maßnahme eines vorläufigen Insolvenzverwalters ausführte, diese verstoße „nicht offensichtlich gegen den Insolvenzzweck des § 1 S. 1 InsO *oder* gegen den Zweck des Eröffnungsverfahrens".

gerade um einen offensichtlichen bzw. evidenten Verstoß gegen den Sicherungszweck handelt.

Um ein Durchschlagen der Kompetenzüberschreitung auf das Außenverhältnis begründen zu können, müsste also das Kriterium der „Offensichtlichkeit" bzw. „Evidenz" der Zweckwidrigkeit erfüllt sein. Zu fragen ist demnach konkret, ob der Widerspruch zum Sicherungszweck des Eröffnungsverfahrens, der sich aus einer Unternehmensveräußerung unter Missachtung der für das Innenverhältnis maßgeblichen Zulässigkeitsvoraussetzungen ergibt, unter allen in Betracht kommenden Gesichtspunkten für jeden verständigen Beobachter ohne weiteres ersichtlich ist.

Gegen die Bejahung einer solchen „offensichtlichen" bzw. „evidenten" Zweckwidrigkeit spricht zunächst schlicht die Grundwertung des § 22 Abs. 1 S. 1 InsO, wonach der Rechtsverkehr im Regelfall davon ausgehen darf, dass Handlungen des starken vorläufigen Insolvenzverwalters ungeachtet seiner Bindung an den internen Kompetenzrahmen im Außenverhältnis stets wirksam sind. Denn trotz der grundsätzlich unterschiedlichen Zielrichtung von Eröffnungsverfahren und eröffnetem Verfahren erhält der vorläufige Insolvenzverwalter im Außenverhältnis dieselbe Rechtsmacht, wie sie dem endgültigen Insolvenzverwalter nach § 80 Abs. 1 S. 1 InsO zukommt.[289]

Diese umfassende Rechtsmacht des Insolvenzverwalters im eröffneten Verfahren wird zudem nicht etwa im Außenverhältnis eingeschränkt, wenn der Insolvenzverwalter eine Unternehmensveräußerung ohne die nach den §§ 160–163 InsO erforderliche Zustimmung von Gläubigerausschuss oder Gläubigerversammlung vornimmt. § 164 InsO bestimmt stattdessen ausdrücklich, dass durch einen Verstoß gegen die §§ 160–163 InsO die Wirksamkeit der Handlungen des Insolvenzverwalters im Außenverhältnis nicht berührt wird. Gilt dies schon im eröffneten Verfahren, welches nach der Grundkonzeption der InsO die „Blütezeit der Gläubigerautonomie"[290] darstellt, muss dies *erst recht* im Eröffnungsverfahren gelten, in dem die Möglichkeit gläubigerautonomer Entscheidungen für den Berichtstermin im eröffneten Verfahren grundsätzlich erst gesichert werden soll. Die Gläubigerbeteiligung im Eröffnungsverfahren sollte also nicht stärker durch die Aufstellung von Wirksamkeitsschranken geschützt werden, als dies im eröffneten Verfahren der Fall ist, wo die Pflicht zur Beteiligung der

289 *Meyer*, S. 41.

290 *Marotzke*, Das Unternehmen, Rn. 112.

Gläubiger an Unternehmensveräußerungen in den §§ 158, 160 ff. InsO sogar ausdrücklich geregelt ist. Vermag die Missachtung der Gläubigerautonomie bei einer Unternehmensveräußerung im eröffneten Verfahren nicht deren Unwirksamkeit zu begründen (§ 164 InsO), lässt sich der Aspekt fehlender Gläubigerbeteiligung bei einer Unternehmensveräußerung im Eröffnungsverfahren mithin schwerlich gegen die Wirksamkeit der Maßnahme anführen.

Hinzu kommt bei der Vornahme einer Verwertung durch einen vorläufigen Insolvenzverwalter, dass es im konkreten Fall oftmals schwierig ist, zwischen ohnehin vom Zweck des Eröffnungsverfahrens gedeckten Verwaltungs- und diesen überschreitenden Verwertungsmaßnahmen zu unterscheiden.[291]

Schließlich streitet gegen eine ohne weiteres ersichtliche und damit „evidente" Überschreitung des Sicherungszwecks durch eine unzulässige übertragende Sanierung im Eröffnungsverfahren, dass die Frage nach der Befugnis des vorläufigen Insolvenzverwalters zur Unternehmensveräußerung nach wie vor höchstrichterlich nicht entschieden und in der Literatur äußerst umstritten ist.

Selbst dann, wenn der vorläufige Insolvenzverwalter eine Unternehmensveräußerung im Eröffnungsverfahren unter Missachtung der für das Innenverhältnis geltenden Zulässigkeitskriterien vornimmt, fehlt es also an einer „evidenten" bzw. „offensichtlichen" Überschreitung des Insolvenzzwecks.

d) Zwischenergebnis

Nach alledem ist selbst eine in unzulässiger Weise im Eröffnungsverfahren vorgenommene Unternehmensveräußerung im Außenverhältnis als wirksam einzustufen.[292]

---

291 Diesen Aspekt nennt auch *Gerhardt,* in: Jaeger, § 22 Rn. 27.

292 So ohne nähere Begründung im Ergebnis auch *Berscheid,* NZI 2000, 1, 5; *Dimassi,* S. 8; *Marotzke,* Das Unternehmen, Rn. 47; *Menke,* BB 2003, 1133, 1138; wohl auch *Strümpell,* S. 106 mit Fn. 520; offen gelassen von *Morshäuser/Falkner,* NZG 2010, 881, 882; **a. A.** wohl *Spieker,* S. 231 f.; noch für die Unternehmensveräußerung durch einen Sequester BGHZ 104, 151, 156; tendenziell auch *Windhöfel/Ziegenhagen/Denkhaus,* Rn. 96, die aber offenbar nicht zwischen Zulässigkeit und Wirksamkeit des Erwerbs differenzieren; offen gelassen von *Fisseler,* in: Rotthege/Wassermann, Kap. 12 Rn. 168.

2. Übertragende Sanierung durch schwachen vorläufigen Insolvenzverwalter

Wird lediglich ein schwacher vorläufiger Insolvenzverwalter mit Zustimmungsvorbehalt bestellt, geht die Verwaltungs- und Verfügungsbefugnis nicht gemäß § 22 Abs. 1 S. 1 InsO auf diesen über, sondern verbleibt beim Schuldner. Verfügt der Schuldner jedoch trotz des Zustimmungsvorbehalts ohne Zustimmung des vorläufigen Insolvenzverwalters über Gegenstände des Haftungsvermögens, so finden über § 24 Abs. 1 InsO die Vorschriften der §§ 81, 82 InsO entsprechende Anwendung. Verfügungen ohne Zustimmung des vorläufigen Insolvenzverwalters sind nach § 81 Abs. 1 S. 1 InsO absolut unwirksam.[293]

Dabei gilt, dass der vorläufige Insolvenzverwalter sein Zustimmungsverhalten, also die Frage, wann er einer Verfügung zur Wirksamkeit verhilft, am Sicherungszweck des Insolvenzverfahrens auszurichten hat.[294] Die Sanktion für ein diesem Grundsatz widersprechendes Zustimmungsverhalten ist auch hier zunächst in einer möglichen Haftung des vorläufigen Insolvenzverwalters gemäß § 21 Abs. 2 S. 1 Nr. 1 iVm § 60 InsO zu suchen. Allerdings kann eine Zustimmung des vorläufigen Insolvenzverwalters und damit auch die Verfügung im Außenverhältnis unwirksam sein, wenn sie den Aufgaben des vorläufigen Insolvenzverwalters eklatant widerspricht.[295]

Wann diese Grenze zur Unwirksamkeit der Zustimmungserteilung erreicht ist, ist danach zu bestimmen, ob die Verfügung, würde sie von einem starken vorläufigen Insolvenzverwalter vorgenommen, als unwirksam einzustufen wäre. Denn durch die Erteilung seiner Zustimmung zu einer Verfügung des Schuldners bewirkt der schwache vorläufige Insolvenzverwalter mit Zustimmungsvorbehalt *im Ergebnis* gleich einem starken vorläufigen Insolvenzverwalter, der die Verfügung aus seiner eigenen Befugnis vornimmt, dass der von der Verfügung betroffene Vermögensgegenstand mit dinglicher Wirkung aus dem Schuldnervermögen ausscheidet. Faktisch haben damit sowohl der starke als auch der schwache vorläufige Insolvenzverwalter mit Zustimmungsvorbehalt die Rechtsmacht, einer Verfügung über das Schuldnervermögen zur Wirksamkeit zu verhelfen. In welcher Form diese Rechtsmacht jeweils ausgeübt wird, sei es durch eine eigene Verfügung, sei es durch eine Zustimmung zu einer Verfügung des Schuldners selbst, ist für die Frage, in welchen Fällen sie zu beschränken ist, unerheblich.

---

293 *Vallender*, in: Uhlenbruck, § 22 Rn. 13.

294 BGHZ 161, 49, 55 f.; *Vallender*, in: Uhlenbruck, § 22 Rn. 13.

295 *Ganter*, FS Gerhardt, 237, 248.

Zur Unternehmensveräußerung durch einen starken vorläufigen Insolvenzverwalter wurde vorstehend herausgearbeitet, dass diese selbst bei einer damit verbundenen Überschreitung des Sicherungszwecks im Außenverhältnis wirksam ist. Übertragen auf den schwachen vorläufigen Insolvenzverwalter bedeutet das, dass seine Zustimmung zur Erfüllung des Unternehmenskaufvertrages nach diesen Grundsätzen auch bei einer Missachtung der Zulässigkeitsvoraussetzungen nicht als evident insolvenzzweckwidrig und damit nicht als unwirksam einzustufen ist.

Teil 3: Erwerberrisiken bei übertragender Sanierung im Eröffnungsverfahren

Erkennt man mit der hiesig vertretenen Ansicht die Zulässigkeit der übertragenden Sanierung durch einen vorläufigen Insolvenzverwalter im Einzelfall an, stellt sich weiter die Frage, ob sich im Verfahrensstadium des Eröffnungsverfahrens überhaupt ein Erwerbsinteressent finden wird oder ob den oben dargestellten möglichen tatsächlichen Vorzügen eines frühzeitigen Erwerbs unvertretbare rechtliche Risiken für den Erwerber gegenüberstehen.

Die für den Erwerber insoweit bestehenden Risiken lassen sich in zwei Kategorien zusammenfassen.

Zum einen stellt sich in insolvenzrechtlicher Hinsicht die Frage nach der Insolvenzfestigkeit des Erwerbs wegen der anfechtungsrechtlichen Risiken nach den §§ 129 ff. InsO, sowie dem Risiko einer Erfüllungsablehnung gemäß § 103 InsO bei noch nicht (vollständig) erfülltem Unternehmenskaufvertrag im Zeitpunkt der Verfahrenseröffnung.

Zum anderen ergibt sich für den Erwerber aufgrund nicht insolvenzspezifischer Regelungen das Risiko, für bestimmte Altverbindlichkeiten des übertragenden Rechtsträgers haften zu müssen. Zu nennen ist insoweit das Risiko einer Haftung des Erwerbers nach den §§ 25 HGB, 75 AO und § 613a BGB.

I. Insolvenzrechtliche Risiken

1. Anfechtung der Unternehmensveräußerung durch den endgültigen Insolvenzverwalter gemäß § 129 ff. InsO

Schon für den Fall einer außergerichtlichen übertragenden Sanierung besteht für den Erwerber das Risiko einer Insolvenzanfechtung, obwohl bei einer solchen „freien Sanierung“ noch völlig ungewiss ist, ob es überhaupt zu einer für die Möglichkeit der Anfechtung notwendigen Eröffnung eines Insolvenzverfahrens über das Vermögen des übertragenden Rechtsträgers kommen wird. Dieses Risiko setzt sich für den Fall der übertragenden Sanierung im Eröffnungsverfahren nicht nur fort, sondern ist sogar noch deutlich präsenter, da der Erwerber sich bewusst sein muss, dass es im Anschluss an das Eröffnungsverfahren regelmäßig zu einer Verfahrenseröffnung kommen wird. Erschwerend kommt hinzu, dass die Stellung eines Insolvenzantrages in Bezug auf die Anfechtungsfristen insoweit eine zeitliche Zäsur markiert, als von diesem Zeitpunkt an im Rahmen der §§ 130, 132 InsO der Nachweis der relevanten Kenntnis des Gläubigers erleichtert wird: Der Gläubiger braucht ab Stellung des Eröffnungsantrags nicht mehr zwingend um die Zahlungsunfähigkeit des Schuldners zu wissen, ausreichend ist schon sein Wissen um das Vorliegen eines Eröffnungsantrages.[296] Für eine Anfechtung nach § 131 InsO bedarf es in subjektiver Hinsicht ab Stellung des Eröffnungsantrages nicht einmal mehr der Kenntnis des Gläubigers von dem Eröffnungsantrag.

Angesichts dieser Risiken wurde im Rahmen der Berichterstattung zu dem an anderer Stelle bereits erwähnten prominenten Fall des Erwerbs der Kühlturmsparte der Babcock-Borsig AG aus dem Eröffnungsverfahren dann auch berichtet, „Kopfschmerzen bereite den Beratern [...] vor allem die Frage, ob der vorläufige Insolvenzverwalter nach Eröffnung des Insolvenzverfahrens das Geschäft hätte wieder anfechten können“.[297]

Dass diese Sorge nicht unbegründet ist, erklärt sich aus den möglichen Rechtsfolgen der Anfechtung eines Unternehmenskaufs: Dem Erwerber droht bei einer isolierten Anfechtung der dinglichen Unternehmensübertragung ein wirtschaftlicher Totalverlust aufgrund der Asymmetrie zwischen seiner Pflicht zur Herausgabe des Unternehmens und dem lediglich im Range einer Insolvenzforderung wiederauflebenden Anspruch auf Übertragung des Unternehmens, § 144 Abs. 1 InsO.[298] Einen Masseanspruch auf Rückzahlung des Kaufpreises hat der Erwerber nur dann, wenn der kausale Unternehmenskaufvertrag angefochten wird und sich der geleistete Kaufpreis noch unterscheidbar in der Insolvenzmasse befindet oder diese um den Wert des Kaufpreises bereichert ist, § 144 Abs. 2 InsO. Insoweit besteht allerdings wiederum die Gefahr, dass die mit der Kaufpreiszahlung zunächst eintretende Bereicherung des Schuldners bis zum maßgeblichen Rückgewährzeitpunkt weggefallen ist, weil der Schuldner bzw. der vorläufige Insolvenzverwalter das erhaltene Geld zur Finanzierung des schuldnerischen Unternehmens verbraucht hat.[299] Hinzu kommt, dass etwaige Wertminderungen des Unternehmens zwischen der Übertragung auf den Erwerber und der Rückerstattung in die Masse, sofern sie Folge der Unternehmensfortführung durch den Erwerber sind und bei einer Fortführung durch den vorläufigen Insolvenzverwalter nicht aufgetreten wären, beim Anspruch des Insolvenzverwalters gegen den Erwerber nach § 143 Abs. 1 InsO zu berücksichtigen sind und diesen um einen entsprechenden Wertersatzanspruch erhöhen (§ 818 Abs. 2 BGB).[300]

---

296 *Hirte,* in: Uhlenbruck, § 130 Rn. 43.
297 Siehe Handelsblatt vom 21.8.2002, S. 2.
298 *Wessels,* ZIP 2004, 1237 f.
299 *Wessels,* ZIP 2004, 1237 f.
300 *Windhöfel/Ziegenhagen/Denkhaus,* Rn. 65.

Bevor jedoch im Einzelnen auf diese möglichen Rechtsfolgen der Anfechtung eines Unternehmenskaufs eingegangen wird, sollen zunächst die Anfechtungstatbestände dargestellt werden, nach denen die Anfechtung eines im Eröffnungsverfahren vorgenommenen Unternehmenskaufs droht. Dabei wird zugrunde gelegt, dass sowohl der Abschluss des schuldrechtlichen Unternehmenskaufvertrages als auch das dingliche Erfüllungsgeschäft in Form der Unternehmensübertragung in den Zeitraum des Eröffnungsverfahrens fallen.

Im Anschluss daran ist der Frage nachzugehen, welche Auswirkungen es auf die Anfechtbarkeit einer im Eröffnungsverfahren vorgenommenen Unternehmensveräußerung hat, wenn ein vorläufiger Insolvenzverwalter an ihr mitgewirkt hat.

a) Anfechtbarkeit des schuldrechtlichen Unternehmenskaufvertrages

Hinsichtlich der Anfechtbarkeit einer Unternehmensveräußerung ist aufgrund des auch im Rahmen des Insolvenzrechts zu beachtenden Abstraktionsprinzips[301] zu unterscheiden zwischen dem Kausalgeschäft, dem Unternehmenskaufvertrag, und dem Erfüllungsgeschäft, der dinglichen Übertragung des Unternehmens. Untersucht wird zunächst das anfechtungsrechtliche Schicksal des schuldrechtlichen Unternehmenskaufvertrages.

Der Abschluss desselben ist keine den Erwerber im Sinne von §§ 130, 131 InsO befriedigende oder ihm Sicherung gewährende Rechtshandlung, da die Ansprüche des Erwerbers durch den Vertragsschluss überhaupt erst begründet werden.[302] Dementsprechend ist für die Anfechtung des Kaufvertrages als das die schuldrechtlichen Verpflichtungen begründende Rechtsgeschäft auf den gegenüber §§ 130, 131 InsO subsidiären Anfechtungstatbestand des § 132 Abs. 1 Nr. 2 InsO zurückzugreifen.

Nach dieser Vorschrift ist ein Rechtsgeschäft des Schuldners anfechtbar, wenn es nach dem Eröffnungsantrag vorgenommen worden ist und wenn der andere Teil zur Zeit des Rechtsgeschäfts die Zahlungsunfähigkeit oder den Eröffnungsantrag kannte. Zudem ist eine unmittelbare Benachteiligung der Insolvenzgläubiger durch den Abschluss des Rechtsgeschäfts gefordert.

---

301 *de Bra,* in: Braun, § 129 Rn. 16; *Hirte,* in: Uhlenbruck, § 129 Rn. 70; *Kayser,* in: MüKo-InsO, § 129 Rn. 57.

302 *Windhöfel/Ziegenhagen/Denkhaus,* Rn. 48.

Eine solche unmittelbare Benachteiligung lässt sich nur aus dem Verhältnis zwischen Leistung und Gegenleistung ermitteln.[303] Sie liegt vor, wenn die dem Schuldner versprochene Gegenleistung der Leistung des Schuldners nicht gleichwertig ist, also bei einer fiktiven wirtschaftlichen ex-post-Betrachtung nach Erfüllung des Kausalgeschäfts weniger Masse zur Verteilung zur Verfügung stünde als davor.[304] Der Abschluss eines Unternehmenskaufvertrages kann demnach insbesondere dann eine unmittelbare Gläubigerbenachteiligung darstellen, wenn Veräußerer und Erwerber im Unternehmenskaufvertrag keine objektiv gleichwertige Gegenleistung für den Verkauf des Unternehmens vereinbaren, da dann dem Erwerber ein Anspruch auf Übertragung des Unternehmens zusteht, diesem jedoch kein objektiv gleichwertiger Kaufpreiszahlungsanspruch im Vermögen des Schuldners gegenübersteht.[305]

In subjektiver Hinsicht ist gemäß § 132 Abs. 1 Nr. 2 InsO für die Anfechtbarkeit des Kaufvertrags erforderlich, dass der Erwerber zur Zeit der Handlung die Zahlungsunfähigkeit oder den Eröffnungsantrag kannte. Nach der Verweisung in § 132 Abs. 3 InsO auf § 130 Abs. 2 InsO steht dieser Kenntnis die Kenntnis von Umständen gleich, die zwingend auf die Zahlungsunfähigkeit oder den Eröffnungsantrag schließen lassen. Dabei gilt, dass derjenige, der Kenntnis von der Anordnung von Sicherungsmaßnahmen durch das Insolvenzgericht hat, zwingend damit rechnen muss, dass dies nicht ohne Vorliegen eines Eröffnungsantrags geschehen ist.[306] Es ist realistischerweise davon auszugehen, dass ein potenzieller Erwerber wegen der großen wirtschaftlichen Tragweite eines Unternehmenskaufs darüber informiert sein wird, wenn ein Antrag auf Eröffnung des Insolvenzverfahrens über das Vermögen des Veräußerers vorliegt. Jedenfalls aber dann, wenn am Vertragsschluss ein vorläufiger Insolvenzverwalter mitwirkt, kann sich der Erwerber der Kenntnis vom Vorliegen des Eröffnungsantrags nicht versperren.

---

303 BGHZ 154, 190, 195; *Henckel,* in: Henckel, § 132 Rn. 12; *Kayser,* in: MüKo-InsO, § 132 Rn. 12.

304 *de Bra,* in: Braun, § 132 Rn. 5; *Henckel,* in: Henckel, § 132 Rn. 13; *Schoppmeyer,* in: Kübler/Prütting/Bork, § 132 Rn. 29; *Windhöfel/Ziegenhagen/Denkhaus,* Rn. 46.

305 *Aleth/Böhle,* DStR 2010, 1186, 1192.

306 *Kayser,* in: MüKo-InsO, § 130 Rn. 56.

b) *Anfechtbarkeit der dinglichen Unternehmensübertragung*

aa) Kongruente Deckung, § 130 InsO

Die Erfüllungshandlung in Form der Unternehmensübertragung ist potenziell als kongruente Deckung im Sinne des § 130 Abs. 1 S. 1 Nr. 2 InsO anfechtbar. Eine Rechtshandlung stellt im Umkehrschluss zu § 131 InsO dann eine kongruente Deckung dar, wenn sie eine dem Gläubiger in zeitlicher und inhaltlicher Hinsicht zustehende Sicherung oder Befriedigung zur Folge hat.[307]

Im Gegensatz zum Fall der Anfechtbarkeit des Kaufvertragsabschlusses kommt es bei der Anfechtbarkeit der Übertragung also auf den Zeitpunkt an, in dem die Erfüllung des Geschuldeten eintritt.[308] Diese Unterscheidung ist insbesondere dann von Relevanz, wenn etwa das Kausalgeschäft außerhalb und das Erfüllungsgeschäft innerhalb eines anfechtungsrelevanten Zeitraumes abgeschlossen wurde. In dem vorliegend untersuchten Szenario wird allerdings davon ausgegangen, dass sowohl der Abschluss des Kaufvertrages als auch die Erfüllung desselben im Eröffnungsverfahren erfolgen. Das Eröffnungsverfahren wird von den §§ 130–132 InsO einheitlich als tauglicher Anfechtungszeitraum behandelt, weshalb die vorgenannte zeitliche Differenzierung hier obsolet ist.

Dass aber für die Anfechtung des dinglichen Geschäfts nicht wie für den schuldrechtlichen Unternehmenskaufvertrag auf den Anfechtungstatbestand des § 132 Abs. 1 Nr. 2 InsO zurückgegriffen werden kann, erklärt sich daraus, dass es sich bei § 132 InsO um einen Auffangtatbestand zu den §§ 130, 131 InsO handelt[309], eine Anfechtbarkeit nach den letztgenannten Vorschriften also vorrangig zu prüfen ist.

Im Fall der übertragenden Sanierung hat der Erwerber aus dem Unternehmenskaufvertrag einen Anspruch auf Erfüllung des Vertrages und damit auf die Übertragung des Unternehmens. Dieser Anspruch besteht unabhängig davon, ob die Parteien im Unternehmenskaufvertrag einen objektiv „richtigen“ Kaufpreis vereinbart haben. Ab dem gesetzlichen (§ 271 BGB) oder dem vertraglich vereinbarten Übergangsstichtag stellt eine Übertragung des Unternehmens auf den Erwerber mithin eine kongruente Deckung dar.[310]

---

307 *de Bra,* in: Braun, § 130 Rn. 8; *Hallermann,* S. 53; *Leithaus,* in: Andres/Leithaus, § 130 Rn. 3.

308 *Strümpell,* S. 160 m.w.N.

309 *Leithaus,* in: Andres/Leithaus, § 132 Rn. 1; *Nerlich,* in: Nerlich/Römermann, § 132 Rn. 3.

310 *Hallermann,* S. 53.

Bezüglich der in subjektiver Hinsicht gemäß § 130 Abs. 1 S. 1 Nr. 2 InsO zu fordernden Kenntnis des Erwerbers von dem Eröffnungsantrag ergeben sich keine Besonderheiten gegenüber § 132 InsO. Insofern kann auf die dortigen Ausführungen verwiesen werden.[311]

bb) Ausschluss der Anfechtbarkeit bei Vorliegen eines Bargeschäfts

Gegen die Kongruenzanfechtung der Unternehmensübertragung kann sich der Erwerber jedoch durch die Vornahme eines Bargeschäfts im Sinne des § 142 InsO schützen. Ein Bargeschäft liegt vor, wenn der Schuldner in engem zeitlichem Zusammenhang mit seiner Leistung auf Grund einer Vereinbarung mit dem Anfechtungsgegner eine gleichwertige Gegenleistung erhalten hat.[312] Der Rechtsgrund für die anfechtungsrechtliche Begünstigung von Bargeschäften liegt darin, dass wegen des ausgleichenden Vermögenswertes keine Vermögensverschiebung zu Lasten des Schuldners, sondern eine Vermögensumschichtung stattfindet.[313] Diese Grundsätze finden auch bei Unternehmensveräußerungen Anwendung.[314]

Voraussetzung für ein Bargeschäft ist zunächst, dass die Leistung des Schuldners (Unternehmensübertragung) und die Gegenleistung des Vertragspartners (Kaufpreiszahlung) gleichwertig sind. Entscheidend dabei ist die objektive Gleichwertigkeit; es ist also unerheblich, ob sich die Parteien das geleistete Entgelt als rechtlich gleichwertig vorgestellt haben.[315] Um das Kriterium der Gleichwertigkeit der Gegenleistung beim Unternehmenskauf zu erfüllen, kommt es mithin darauf an, dass die Parteien einen objektiv marktangemessenen Kaufpreis vereinbart haben. Dessen sollte sich der Erwerber bewusst sein, der erwartet, wegen der angeschlagenen Situation des Schuldners und dem raschen Wertverfall seines Unternehmens ein „Schnäppchen“ weit unter dem Marktpreis machen zu können. Allerdings sind aber auch keine überspannten Anforderungen an die objektive Gleichwertigkeit von Leistung und Gegenleistung zu stellen.[316] Abweichungen im Rahmen des Üblichen, z. B. ein „Drücken“ des Kaufpreises aufgrund

---

311 Teil 3 I. 1. a).

312 BGH NZI 2005, 497, 498; *Hirte,* in: Uhlenbruck, § 142 Rn. 5.

313 BGH NZI 2005, 497, 498; BGHZ 123, 320, 323.

314 *Fisseler,* in: Rotthege/Wassermann, Kap. 12 Rn. 136; *Vallender,* in: Schmidt/Uhlenbruck, Rn. 5.418.

315 *Hirte,* in: Uhlenbruck, § 142 Rn. 7; *Riggert,* in: Braun, § 142 Rn. 3; *Zeuner,* in: Leonhardt/Smid/Zeuner, § 142 Rn. 2.

316 *Fisseler,* in: Rotthege/Wassermann, Kap. 12 Rn. 140.

der Marktsituation, sind hinzunehmen.[317] Der Erwerber wird bei der Kaufpreisfindung also durchaus einpreisen können, dass es sich im Rahmen einer übertragenden Sanierung nicht um den Erwerb eines prosperierenden, sondern eines solchen Unternehmens handelt, dessen Träger sich in wirtschaftlicher Schieflage befindet.

Nach alledem sollte ein Erwerber, der die Privilegierung durch § 142 InsO in Anspruch nehmen will und insoweit beweispflichtig ist[318], ein starkes Interesse daran haben, die Gleichwertigkeit von Leistung und Gegenleistung sorgfältig zu dokumentieren.[319] Dazu bietet es sich beispielsweise an, ein Bewertungsgutachten („Fairness Opinion") einer Investmentbank oder eines Wirtschaftsprüfers einzuholen, welches die Marktangemessenheit des vorgesehenen Kaufpreises unterlegt.[320] Gleichwohl schließt auch diese Vorgehensweise nicht das Restrisiko aus, dass letztendlich jede Bewertung – unabhängig vom Renommee des Prüfers – in einem möglichen Prozess zu Fall gebracht werden kann, zumal bei einer retrospektiv wirkenden Betrachtung vermutlich eine größere Transparenz über die Situation des Zielunternehmens gegeben ist als im Zeitpunkt der Kaufentscheidung des Erwerbers.[321]

Ist eine Gleichwertigkeit von Leistung und Gegenleistung nun aber gegeben, müssen für ein Bargeschäft Leistung und Gegenleistung zudem durch eine Parteivereinbarung miteinander verknüpft sein, was durch die Worte „für die" in § 142 InsO zum Ausdruck kommt.[322] Dieser sachliche Zusammenhang ist anzunehmen, wenn Leistung und Gegenleistung dem Verpflichtungsgeschäft entsprechen, womit eine inkongruente Deckung als Bargeschäft ausscheidet.[323]

Schließlich muss zwischen Leistung und Gegenleistung ein enger zeitlicher Zusammenhang bestehen, was aus dem Tatbestandsmerkmal „unmittelbar" folgt.[324] Ein gewisser zeitlicher Abstand zwischen den einzelnen Akten des

---

317 *Becker,* Rn. 656; *Fisseler,* in: Rotthege/Wassermann, Kap. 12 Rn. 140; *Riggert,* in: Braun, § 142 Rn. 3; *Zeuner,* in: Leonhardt/Smid/Zeuner, § 142 Rn. 2.

318 *Ehricke,* in: Kübler/Prütting/Bork, § 142 Rn. 20; *Hirte,* in: Uhlenbruck, § 142 Rn. 16; *Kirchhof,* in: MüKo-InsO, § 142 Rn. 25; *Riggert,* in: Braun, § 142 Rn. 21.

319 *Fisseler,* in: Rotthege/Wassermann, Kap. 12 Rn. 139.

320 *Aleth/Böhle,* DStR 2010, 1186, 1192.

321 *Rhein,* in: Eilers/Koffka/Mackensen, Kapitel III 1. Rn. 37; *Undritz,* ZGR 2010, 201, 207.

322 BT-Drucks. 12/2443, S. 167; *Hirte,* in: Uhlenbruck, § 142 Rn. 6.

323 *Kirchhof,* in: MüKo-InsO, § 142 Rn. 7; *Nerlich,* in: Nerlich/Römermann, § 142 Rn. 10; *Riggert,* in: Braun, § 142 Rn. 12.

324 *Ehricke,* in: Kübler/Prütting/Bork, § 142 Rn. 13; *Hirte,* in: Uhlenbruck, § 142 Rn. 13.

Leistungsaustauschs steht der Annahme eines Bargeschäfts noch nicht entgegen; der für ein Bargeschäft insoweit noch unschädliche Zeitraum lässt sich allerdings nicht allgemein festlegen.[325] Er hängt wesentlich von der Art der ausgetauschten Leistungen und davon ab, in welcher Zeitspanne sich der Austausch nach den Gepflogenheiten des Geschäftsverkehrs vollzieht.[326] Jedenfalls aber kann der Erwerber das Risiko der fehlenden Unmittelbarkeit dadurch umgehen, dass er sich nur auf einen Leistungsaustausch Zug um Zug einlässt, da ein solcher stets dem Unmittelbarkeitskriterium genügt.[327]

cc) Inkongruente Deckung, § 131 InsO

Fraglich ist, ob eine Anfechtbarkeit der dinglichen Unternehmensübertragung auch gemäß § 131 Abs. 1 Nr. 1 InsO wegen inkongruenter Deckung in Betracht kommt.

Als inkongruente Deckung ist eine Rechtshandlung gemäß § 131 Abs. 1 Nr. 1 InsO anfechtbar, die einem Insolvenzgläubiger eine Sicherung oder Befriedigung gewährt oder ermöglicht hat, die er nicht oder nicht in der Art oder nicht in der Zeit zu beanspruchen hatte, wenn die Handlung im letzten Monat vor dem Antrag auf Eröffnung des Insolvenzverfahrens oder nach diesem Antrag vorgenommen worden ist.

Im Vergleich zum Anfechtungstatbestand des § 130 Abs. 1 S. 1 Nr. 2 InsO ist die Anfechtung in § 131 Abs. 1 Nr. 1 InsO durch den Verzicht auf subjektive Anfechtungsvoraussetzungen erleichtert. Hintergrund dieser Erleichterung ist, dass ein Insolvenzgläubiger, der sich eine ihm nicht gebührende Sicherung oder Befriedigung gewähren lässt, weniger schutzwürdig ist, weil bereits die tatsächlichen Umstände der Deckung einen Vertrauensschutz nicht mehr gerechtfertigt erscheinen lassen.[328]

Wie gesehen handelt es sich bei der Erfüllung eines Unternehmenskaufvertrages allerdings um eine kongruente Deckung im Sinne des § 130 InsO, da der

---

325 BGH NZI 2008, 482, 483; *Hirte,* in: Uhlenbruck, § 142 Rn. 14.

326 BGHZ 167, 190, 199; BGH NZI 2008, 482, 483; *Ehricke,* in: Kübler/Prütting/Bork, § 142 Rn. 16.

327 Inzident BGHZ 167, 190, 199; BGH NZI 2008, 482, 483: „Leistung und Gegenleistung müssen beim Bargeschäft nicht Zug um Zug erbracht werden."; *Hallermann,* S. 159; *Henckel,* in: Jaeger, § 142 Rn. 13; *Rhein,* in: Eilers/Koffka/Mackensen, Kapitel III 1. Rn. 39; *Wessels,* ZIP 2004, 1237, 1245.

328 *Kayser,* in: MüKo-InsO, § 131 Rn. 1; *Schoppmeyer,* in: Kübler/Prütting/Bork, § 131 Rn. 5.

Erwerber mit der Übertragung des Unternehmens das erhält, was er nach dem Kaufvertrag beanspruchen kann.

Das ändert sich jedoch dann, wenn der Insolvenzverwalter schon den schuldrechtlichen Unternehmenskaufvertrag gemäß § 132 Abs. 1 Nr. 2 InsO erfolgreich angefochten hat.[329] Denn „nicht zu beanspruchen" im Sinne des § 131 Abs. 1 Nr. 1 InsO ist auch eine Leistung, wenn das eine Kongruenz begründende Kausalgeschäft erfolgreich nach den §§ 130 ff. InsO angefochten wurde.[330] Durch die Anfechtung des Unternehmenskaufvertrages wird also die Inkongruenz der darauf basierenden Erfüllungshandlungen im Sinne von § 131 Abs. 1 Nr. 1 InsO und damit die gegenüber § 130 Abs. 1 S. 1 Nr. 2 InsO hinsichtlich der subjektiven Voraussetzungen erleichterte Anfechtbarkeit begründet. Auch ist im Falle der Anfechtung wegen inkongruenter Deckung ein Ausschluss der Anfechtung wegen des Vorliegens eines Bargeschäfts im Sinne des § 142 InsO nicht möglich, da nach ständiger Rechtsprechung die Privilegierung des § 142 InsO nur bei kongruenten Deckungen eingreifen kann.[331]

Ficht der Insolvenzverwalter den Unternehmenskaufvertrag trotz dessen Anfechtbarkeit allerdings nicht an, sorgt dieser weiterhin für Kongruenz und es bleibt dabei, dass die Übertragung des Unternehmens eine kongruente Deckung darstellt.

dd) Zwischenergebnis

Die Tatsache, dass die gläubigerbenachteiligende Rechtshandlung im Eröffnungsverfahren vorgenommen wurde, steht ihrer späteren Anfechtbarkeit nach den §§ 129 ff. InsO nicht entgegen. Vielmehr stellt das Gesetz die Anfechtbarkeit in den § 130 Abs. 1 S. 1 Nr. 2, § 131 Abs. 1 Nr. 1, § 132 Abs. 1 Nr. 2 InsO sogar explizit unter die Voraussetzung, dass die anfechtbare Rechtshandlung nach dem Eröffnungsantrag vorgenommen worden ist.

c) Die Rechtsfolgen der Anfechtung der Unternehmensveräußerung

Ist es dem Insolvenzverwalter gelungen, den Unternehmenskauf nach einem der vorgenannten Tatbestände anzufechten, stellt sich für den Erwerber die schicksalhafte Frage nach den damit verbundenen Rechtsfolgen.

---

329 Siehe dazu Teil 3 I. 1. a).

330 BGH NJW 1995, 1668, 1671 (zur KO); *Hirte,* in: Uhlenbruck, § 131 Rn. 4; *Schoppmeyer,* in: Kübler/Prütting/Bork, § 131 Rn. 51; *Windhöfel/Ziegenhagen/Denkhaus,* Rn. 48.

331 BGHZ 167, 190, 199; BGH NJW 2007, 2324, 2325; BGH NZI 2008, 184, 185.

aa) Der Rückgewähranspruch des Insolvenzverwalters

Die primäre Rechtsfolge der Insolvenzanfechtung ist gemäß § 143 Abs. 1 InsO die, dass der Anfechtungsgegner das, was durch die anfechtbare Handlung aus dem Vermögen des Schuldners veräußert, weggegeben oder aufgegeben ist, zur Insolvenzmasse zurückzugewähren hat.

Infolge des Abstraktionsprinzips ist zwischen den Rechtsfolgen der Anfechtung des schuldrechtlichen Unternehmenskaufvertrages und des darauf basierenden Erfüllungsgeschäfts zu unterscheiden.

Durch das Erfüllungsgeschäft wird dem Erwerber das Unternehmen als Verfügungsobjekt übertragen. Eben diese Übertragung ist es dann spiegelbildlich, die bei einer Anfechtung des Erfüllungsgeschäfts gemäß §§ 130, 131 InsO durch eine Rückgewähr in die Masse rückgängig zu machen ist.

Durch das der Erfüllung zugrunde liegende Kausalgeschäft in Form des Unternehmenskaufvertrages wird dem Erwerber hingegen nur ein schuldrechtlicher Anspruch auf Übertragung des Unternehmens aus dem Schuldnervermögen zugewandt. Die isolierte Anfechtung des Unternehmenskaufvertrages kann daher nicht über § 143 Abs. 1 InsO zu einer Verpflichtung des Erwerbers zur Rückgewähr des Unternehmens als das Verfügungsobjekt führen. Die aus § 143 Abs. 1 InsO folgende Konsequenz der Anfechtung des Kausalgeschäfts besteht vielmehr darin, dass die „Belastung" der Masse mit der Verpflichtung des Schuldners (zur Übertragung des Unternehmens) aufgehoben wird.[332] Dadurch verliert das angefochtene Kausalgeschäft seine rechtfertigende Wirkung für die darauf basierende Erfüllung (die Unternehmensübertragung) und die Rückabwicklung dieses Erfüllungsgeschäfts erfolgt nach den Grundsätzen des Bereicherungsrechts gemäß §§ 812 ff. BGB.[333]

Letztlich hat also sowohl die Anfechtung der dinglichen Übertragung, als auch die isolierte Anfechtung nur des schuldrechtlichen Unternehmenskaufvertrages die Pflicht zur Rückgewähr des Unternehmens in die Masse zur Folge.

(1) Gegenstand der Rückgewährpflicht

Einer näheren Untersuchung bedarf die Frage, worauf das Rückgewährverlangen des Insolvenzverwalters bei einer Unternehmensveräußerung zu richten ist.

---

332 *Henckel,* in: Jaeger, § 143 Rn. 37.

333 *Ehricke,* in: Kübler/Prütting/Bork, § 129 Rn. 38; *Henckel,* in: Jaeger, § 129 Rn. 110; *Hirte,* in: Uhlenbruck, § 129 Rn. 71; *Kayser,* in: MüKO-InsO, § 129 Rn. 57.

Richtigerweise ist bei ihrer Beantwortung davon auszugehen, dass der Insolvenzverwalter nicht nur die Rückgewähr der einzelnen, der Zwangsvollstreckung zugänglichen Unternehmensbestandteile verlangen kann[334], sondern dass das Unternehmen als organisierte Funktionseinheit Gegenstand des Rückgewähranspruchs ist.[335] Für ein solches auf „das Unternehmen" gerichtete Rückgewährverlangen des Insolvenzverwalters spricht, dass bei Anfechtbarkeit der Veräußerung einer Sachgesamtheit[336] es eben auch diese Sachgesamtheit ist, die aufgrund der Anfechtung haftungsrechtlich in der Masse verbleiben muss.[337] Auch der Zweck der Insolvenzanfechtung, die durch masseverkürzende Rechtshandlungen betroffene Sollmasse zusammenzubringen, spricht dafür, dass die Anfechtung nicht im Zusammenbringen pfändbarer Einzelgegenstände, sondern im Zusammenbringen des Unternehmensvermögens, welches Gegenstand der Liquidation oder Reorganisation sein kann, besteht.[338]

Von dieser Frage nach dem sachlichen Umfang des Anfechtungsanspruchs zu unterscheiden ist die Frage, *wie* die Rückgewähr des Unternehmens technisch stattzufinden hat.[339] Wegen des im Sachenrecht geltenden Bestimmtheitsgrundsatzes muss die Rückgewähr – da das Unternehmen als solches nicht Gegenstand eines Verfügungsgeschäfts sein kann – durch Einzelübertragung jedes Bestandteils erfolgen.[340] Der Insolvenzverwalter muss folglich in einer auf Rückgewähr gerichteten Klage seinen Klageantrag entsprechend aufschlüsseln.[341]

(2) Unmöglichkeit der Unternehmensrückgewähr

Ist die Erfüllung der Rückgewährpflicht aus § 143 Abs. 1 S. 1 InsO allerdings unmöglich, muss gemäß § 143 Abs. 1 S. 2 InsO, der auf die Vorschriften über die Rechtsfolgen einer ungerechtfertigten Bereicherung verweist, Wertersatz in die Masse geleistet werden.

---

334 So aber RGZ 70, 226 ff; BGH WM 1962, 1316; BGH WM 1964, 114; *Jacoby,* in: Kübler/Prütting/Bork, § 143 Rn. 38.

335 *Dauernheim,* in: FK-InsO, § 143 Rn. 7; *Hallermann,* S. 97; *Henckel,* in: Jaeger, § 129 Rn. 71; *Hirte,* in: Uhlenbruck, § 143 Rn. 9; *Kreft,* in: HK-InsO, § 129 Rn. 16; *Nerlich,* in: Nerlich/Römermann, § 143 Rn. 44; *Rogge/Leptien,* in: HamKo-InsO, § 129 Rn. 50, § 143 Rn. 31; *K. Schmidt,* BB 1988, 5, 6 f.

336 *Nerlich,* in: Nerlich/Römermann, § 129 Rn. 95; *K. Schmidt,* BB 1988, 5 ff.

337 *Strümpell,* S. 163.

338 *K. Schmidt,* BB 1988, 5, 7.

339 *Henckel,* in: Jaeger, § 129 Rn. 71; *K. Schmidt,* BB 1988, 5, 6 f.

340 *Henckel,* in: Jaeger, § 129 Rn. 71; *Rogge/Leptien,* in: HamKo-InsO, § 143 Rn. 31; *K. Schmidt,* BB 1988, 5, 6.

341 BGH WM 1962, 1316.

Bei der Frage, unter welchen Voraussetzungen die Rückgewähr eines Unternehmens nach übertragender Sanierung als unmöglich zu betrachten ist, ist zu berücksichtigen, dass Gegenstand einer übertragenden Sanierungen zumeist Unternehmen sind, die in ihrer Struktur und ihrer wirtschaftlichen Situation nicht lebensfähig sind; der Erwerber muss daher, um mit dem Unternehmen einen Ertrag zu erwirtschaften, Kapital zuführen und die Organisation, die Arbeitsabläufe und oft auch die Produkte ändern, so dass das Unternehmen sehr bald durch den neuen Inhaber umgeprägt sein wird.[342] Ist es zu einer solchen Umprägung des Unternehmens durch den Anfechtungsgegner gekommen, wird kaum noch von der Möglichkeit der Rückgewähr des Unternehmens, so wie es vom Schuldner weggegebenen wurde, auszugehen sein. Denn schon für den Fall einer bereicherungsrechtlichen Rückabwicklung eines Unternehmenskaufs ist anerkannt, dass ein Unternehmen nur solange in natura an den Bereicherungsgläubiger zurückzuerstatten ist, wie noch Identität mit dem ursprünglichen Unternehmen besteht.[343] Dies muss erst recht bei einer Rückabwicklung aufgrund Anfechtung des Unternehmenskaufs nach den §§ 129 ff. InsO gelten, bei der auch insolvenzrechtliche Erwägungen in die Beurteilung der Unmöglichkeit der Unternehmensrückgewähr einzubeziehen sind: Wollte man den Erwerber bei einer erfolgreichen Anfechtung der Unternehmensveräußerung als verpflichtet ansehen, das Unternehmen gegen Ersatz seiner darauf getätigten Aufwendungen gegenständlich zurückzugewähren, müsste einerseits der Sanierungsaufwand aus der ohnehin illiquiden Masse an den Erwerber geleistet werden und die Masse würde im Gegenzug ein fremdgeprägtes Unternehmen zurückerhalten, für das der Insolvenzverwalter erneut einen Erwerbsinteressenten suchen müsste.[344] Eine solche Vorgehensweise würde dem in § 1 S. 1 InsO normierten Primat der bestmöglichen Gläubigerbefriedigung, dem auch die Insolvenzanfechtung zu dienen bestimmt ist, regelmäßig entgegenlaufen und zudem mit einer erheblichen Verunsicherung für die Mitarbeiter des Unternehmens verbunden sein. Statt dieser wirtschaftlich sinnlosen Verpflichtung des Erwerbers zur gegenständlichen Rückgewähr des von ihm umgeprägten Unternehmens bietet es sich daher vielmehr an, das Unternehmen bei dem Erwerber zu belassen und ihn

342 *Henckel,* in: Jaeger, § 129 Rn. 72.

343 BGHZ 168, 220, 230; *Lorenz,* in: Staudinger, § 818 Rn. 21.

344 *Henckel,* in: Jaeger, § 129 Rn. 72; auch *Fisseler,* in: Rotthege/Wassermann, Kap. 12 Rn. 148 äußert aufgrund dieses Umstands Bedenken gegen eine Rückgewährpflicht in natura.

zum Wertersatz zu verpflichten, sobald er Änderungen an dem Unternehmen vorgenommen hat.[345]

Mit diesem Ansatz lässt sich zudem die Frage nach der Pflicht des Erwerbers zur Herausgabe des aus dem Unternehmen gezogenen Gewinnes schlüssig beantworten. Der Anfechtungsgegner hat nämlich nur den tatsächlichen Wert zu erstatten, den der Anfechtungsgegenstand bei Unterbleiben der anfechtbaren Handlung für die Masse gehabt hätte.[346] Ein Wertersatz kann daher nur den Gewinn umfassen, den der Schuldner selbst auch aus dem Unternehmen hätte ziehen können, wenn er es behalten hätte; ein Gewinn, den der Erwerber mit dem Unternehmen erzielt, wird jedoch meist nur aus seinen Sanierungsmaßnahmen resultieren, die dem Schuldner wegen seiner wirtschaftlichen Situation gerade nicht mehr möglich waren.[347] In der Folge ist die Wertersatzpflicht des Anfechtungsgegners auf den Wert zu beschränken, den das Unternehmen im Zeitpunkt der Übertragung hatte.

bb) Die Rechtsfolgen der Anfechtung für die Gegenleistung, § 144 InsO

Mit den Rechten des Anfechtungsgegners bei dessen Rückgewährpflicht nach § 143 Abs. 1 InsO befasst sich die Vorschrift des § 144 InsO. Bringt schon die Pflicht zur Rückgewähr des Unternehmens bzw. der insoweit zu leistende Wertersatz für den Erwerber zahlreiche Unannehmlichkeiten wirtschaftlicher (Kosten für Vertragsschluss etc.), organisatorischer (z. B. die Notwendigkeit, geplante Umstrukturierungen rückgängig zu machen) als auch psychologischer Natur (Enttäuschung, Demotivierung von Management und Arbeitnehmern) mit sich, wird es für ihn oftmals von existentieller Bedeutung sein, zumindest den bereits gezahlten Kaufpreis aus der Masse zurückerstattet zu bekommen. Andernfalls wäre sowohl das Übernahmeprojekt gescheitert, als auch in der Regel ein nicht unerhebliches Loch in die Kasse insbesondere kleiner und mittlerer Erwerberunternehmen gerissen. *Worst case* wäre eine durch die Folgen der Anfechtung bedingte Anschlussinsolvenz des Erwerbers.

Von entscheidender Bedeutung für die Frage, welche Rechte dem Erwerber hinsichtlich des für das Unternehmen gezahlten Kaufpreises zustehen, ist dabei die diffizile Unterscheidung zwischen Abs. 1 und Abs. 2 des § 144 InsO.

---

345 *Henckel,* in: Jaeger, § 129 Rn. 72.

346 *Kirchhof,* in: MüKo-InsO, § 143 Rn. 83; *Rogge/Leptien,* in: HamKo-InsO, § 143 Rn. 67.

347 *Henckel,* in: Jaeger, § 129 Rn. 72; *Windhöfel/Ziegenhagen/Denkhaus,* Rn. 57.

(1) § 144 Abs. 1 InsO

§ 144 Abs. 1 InsO regelt, dass die durch eine anfechtbare Tilgungsleistung des Schuldners erloschene Forderung wieder auflebt, sobald der Anfechtungsgegner das durch die Tilgungsleistung Erlangte zur Insolvenzmasse zurückgewährt hat. Nach ihrem Wiederaufleben kann der Gläubiger die Forderung als Insolvenzforderung anmelden, wenn sie ohne ihr Erlöschen als Insolvenzforderung anmeldbar gewesen wäre.[348]

Dabei wird eine Anwendbarkeit des § 144 Abs. 1 InsO teilweise nur in den Fällen angenommen, in denen das obligatorische Geschäft unanfechtbar ist, der Insolvenzverwalter also ausschließlich den Vollzug der Leistungspflicht anzufechten vermag.[349] Die Forderungsbegründung selbst dürfe nicht anfechtbar sein, da es sonst an einer durchsetzbaren Forderung fehle, die wieder aufleben könnte.[350]

Teilweise wird der Anwendungsbereich des § 144 Abs. 1 InsO darüber hinaus auch dann als eröffnet angesehen, wenn nicht nur das Erfüllungs- sondern auch das Verpflichtungsgeschäft anfechtbar ist, der Insolvenzverwalter sich aber auf die Anfechtung der Erfüllung beschränkt.[351] Begründet wird diese Ansicht damit, dass die Anfechtbarkeit eines Geschäfts noch nicht bedeute, dass der Insolvenzverwalter es auch wirklich zerstören muss.[352]

Der letztgenannten Ansicht ist zu folgen. Zwar stellt ein Anfechtungsrecht kein Gestaltungsrecht dar; gleichwohl bedeutet aber erst seine Ausübung die Geltendmachung der Rechtsfolgen, die sich im Einzelfall aus der originär bestehenden Anfechtbarkeit ergeben.[353] Entscheidet sich der Insolvenzverwalter trotz dessen Anfechtbarkeit gegen die Anfechtung des Verpflichtungsgeschäfts, fehlt es also gerade nicht an einer Forderung im Sinne des § 144 Abs. 1 InsO, die wieder aufleben kann. An ihr fehlt es nur, wenn der Insolvenzverwalter das Verpflichtungsgeschäft tatsächlich anficht.

Das bedeutet für den Fall der Anfechtung einer Unternehmensveräußerung, dass die Regelung des § 144 Abs. 1 InsO zum einen dann eingreift, wenn der Unternehmenskaufvertrag unanfechtbar war, die dingliche Übertragung aber

---

348 *Hirte*, in: Uhlenbruck, § 144 Rn. 3.

349 *Dauernheim*, in: FK-InsO, § 144 Rn. 2; *Hallermann*, S. 107 f.; *Hirte*, in: Uhlenbruck, § 144 Rn. 1; *Jacoby*, in: Kübler/Prütting/Bork, § 144 Rn. 5; *Nerlich*, in: Nerlich/Römermann, § 144 Rn. 2.

350 *Jacoby*, in: Kübler/Prütting/Bork, § 144 Rn. 5.

351 *Becker*, Rn. 1037.

352 *Becker*, Rn. 1037.

353 *Kirchhof*, in: MüKo-InsO, § 129 Rn. 194.

erfolgreich angefochten wurde. Zum anderen hat der Insolvenzverwalter bei der gleichzeitigen Anfechtbarkeit des Unternehmenskaufvertrages und der Unternehmensübertragung die Wahl, welches der Rechtsgeschäfte er anficht.

Entscheidet er sich dann für die isolierte Anfechtung des Erfüllungsgeschäfts, lebt die auf Übertragung des Unternehmens gerichtete Forderung des Erwerbers gemäß § 144 Abs. 1 InsO wieder auf.

Der so wieder auflebende Anspruch auf Übertragung des Unternehmens ist, da er keine Geldforderung darstellt, gemäß § 45 S. 1 InsO mit dem Wert geltend zu machen, der für die Zeit der Eröffnung des Insolvenzverfahrens geschätzt werden kann. Er nimmt demnach in Höhe des nach § 45 S. 1 InsO ermittelten objektiven Wertes der zu übertragenden Vermögensgegenstände als Insolvenzforderung im Sinne des § 38 InsO an der quotalen Verteilung des Schuldnervermögens teil.[354] Nicht selten bleibt der für die Vermögensgegenstände ermittelte Wert dabei sogar noch hinter dem vom Erwerber bezahlten Kaufpreis zurück, was in Zusammenschau mit der Tatsache, dass der Erwerber nur eine quotale Befriedigung seiner Forderung im Insolvenzverfahren des Verkäufers erfährt, einen erheblichen Verlust bis zur Höhe des vollen von ihm gezahlten Kaufpreises für den Erwerber bedeuten kann.[355]

(2) § 144 Abs. 2 InsO

Kommt hingegen § 144 Abs. 2 S. 1 InsO zur Anwendung, ist dem Anfechtungsgegner eine in die Masse geleistete Gegenleistung aus der Insolvenzmasse zu erstatten, soweit sie in dieser noch unterscheidbar vorhanden ist oder soweit die Masse um ihren Wert bereichert ist. Der Erstattungsanspruch nach dieser Vorschrift stellt eine Masseforderung dar.[356] Dadurch besteht – anders als bei Anwendung des § 144 Abs. 1 InsO – sogar die Möglichkeit, dass der Anfechtungsgegner seine Gegenleistung in voller Höhe erstattet bekommt. Lediglich dann, wenn sich die Gegenleistung im Zeitpunkt des Angebots auf Rückgewähr des anfechtbar Erlangten weder in natura, noch als Surrogat, noch ihrem zu ersetzenden Werte nach in der Insolvenzmasse befindet, steht dem Anfechtungsgegner ein Erstattungsanspruch nur im Range einer einfachen Insolvenzforderung zu.[357]

---

354 *Windhöfel/Ziegenhagen/Denkhaus*, Rn. 68.

355 *Windhöfel/Ziegenhagen/Denkhaus*, Rn. 69.

356 *Hirte*, in: Uhlenbruck, § 144 Rn. 11; *Leithaus*, in: Andres/Leithaus, § 144 Rn. 4; *Nerlich*, in: Nerlich/Römermann, § 144 Rn. 10; *Riggert*, in: Braun, § 144 Rn. 12.

357 *Kirchhof*, in: MüKo-InsO, § 144 Rn. 19.

In welchen Fällen § 144 Abs. 2 InsO zur Anwendung kommt, ist im Einzelnen umstritten.

Nach der herrschenden Ansicht soll § 144 Abs. 2 InsO nur dann einschlägig sein, wenn das einem Leistungsaustausch zwischen Schuldner und Anfechtungsgegner zugrunde liegende Kausalgeschäft angefochten wird, Leistung und Gegenleistung also zur Erfüllung eines angefochtenen schuldrechtlichen gegenseitigen Vertrages erbracht worden sind.[358] Eine Anwendung des § 144 Abs. 2 InsO bei isolierter Anfechtung des Erfüllungsgeschäfts soll hingegen ausgeschlossen sein. In diesem Fall bestehe die Gegenleistung des Gläubigers lediglich in der mit der Erfüllungshandlung verbundenen Befreiung des Schuldners von einer Verbindlichkeit; für die „Erstattung" dieser Schuldbefreiung aber treffe § 144 Abs. 1 InsO eine abschließende Regelung.[359]

Teilweise wird vertreten, § 144 Abs. 2 InsO könne darüber hinaus auch bei der isolierten Anfechtung des Erfüllungsgeschäfts Anwendung finden.[360]

Nach einem Begründungsansatz innerhalb dieser Ansicht bestimmt sich der Anwendungsbereich des § 144 Abs. 2 danach, inwieweit der Gläubiger das Insolvenzrisiko des Schuldners übernommen hat: Besteht zwischen der Leistung des Schuldners und der Gegenleistung des Gläubigers der von § 142 InsO geforderte zeitliche Unmittelbarkeitszusammenhang, soll § 144 Abs. 2 InsO unabhängig davon greifen, ob das Verpflichtungs- oder das Erfüllungsgeschäft angefochten wurde.[361] Dann nämlich, wenn zwischen der Leistung des Schuldners und der des Gläubigers ein Unmittelbarkeitszusammenhang bestehe, mache der Gläubiger seine Leistung von der des Schuldners abhängig, übernehme damit nicht dessen Insolvenzrisiko und müsse dementsprechend seine Leistung zurückverlangen können.[362]

Ein anderer Begründungsansatz stellt maßgeblich auf Gerechtigkeitserwägungen ab: Würde man die isolierte Anfechtung des Erfüllungsgeschäfts aus dem Tatbestand des § 144 Abs. 2 InsO ausschließen, stünde derjenige

358 *Haas*, in: BerlKo-InsO, § 144 Rn. 26; *Henckel*, in: Jaeger, § 144 Rn. 4; *Hirte*, in: Uhlenbruck, § 144 Rn. 9; *Kirchhof*, in: MüKo-InsO, § 144 Rn. 13; *Kreft*, in: HK-InsO, § 144 Rn. 4; *Leithaus*, in: Andres/Leithaus, § 144 Rn. 4; *Nerlich*, in: Nerlich/Römermann, § 144 Rn. 3; *Riggert*, in: Braun, § 144 Rn. 6.

359 *Hirte*, in: Uhlenbruck, § 144 Rn. 9.

360 *Becker*, Rn. 1044; *Jacoby*, in: Kübler/Prütting/Bork, § 144 Rn. 22; tendenziell auch *Foerste*, Rn. 343 a.E.

361 *Jacoby*, in: Kübler/Prütting/Bork, § 144 Rn. 21 f.

362 *Jacoby*, in: Kübler/Prütting/Bork, § 144 Rn. 21; in diese Richtung auch *Foerste*, Rn. 343 a.E.

Anfechtungsgegner, welcher aufgrund eines anfechtbaren und tatsächlich angefochtenen Verpflichtungsgeschäfts etwas aus dem Schuldnervermögen empfing, wegen der grundsätzlichen Möglichkeit vollkommener Erstattung der eigenen Leistung (§ 144 Abs. 2 S. 1 InsO) besser da als derjenige, dessen Anspruch auf die anfechtbar empfangene Leistung unanfechtbar war oder zumindest nicht angefochten wurde und der allein die nach § 144 Abs. 1 InsO wiederauflebende Forderung als Insolvenzgläubiger genieße; diese Besserstellung sei nicht nachvollziehbar.[363]

Der herrschenden Ansicht ist der Vorzug zu geben. Wollte man nämlich den Anwendungsbereich des § 144 Abs. 2 InsO auch bei einer isolierten Anfechtung des Erfüllungsgeschäfts als eröffnet ansehen, wäre dem Anfechtungsgegner einerseits seine Gegenleistung zurückzugewähren und andererseits könnte er, da auch der Tatbestand des § 144 Abs. 1 InsO erfüllt wäre, seine wiederauflebende Forderung als Insolvenzforderung geltend machen. Damit würde die Masse durch die Anfechtung schlechter gestellt als ohne sie, was ersichtlich nicht Sinn der Regelung des § 144 Abs. 2 sein kann.

Auch kann die Privilegierung des Anfechtungsgegners für den Fall, dass er seine Gegenleistung unmittelbar im Zusammenhang mit der Leistung des Schuldners erbracht hat, nicht überzeugen. Zum einen finden sich in § 144 Abs. 2 InsO keine Anhaltspunkte dafür, dass diese Vorschrift – wie § 142 InsO – nur die strikte Durchführung des vertraglich vereinbarten Synallagmas schützen soll.[364] Zum anderen versagt diese Wertung, wenn § 144 Abs. 2 S. 2 InsO einschlägig ist, da dann die Stellung des Anfechtungsgegners als Insolvenzgläubiger wieder nicht günstiger ist als bei Anwendung des § 144 Abs. 1 InsO.[365]

Schließlich ist der Anwendungsbereich des § 144 Abs. 2 S. 1 InsO auch nicht aus Gerechtigkeitsgesichtspunkten zu erweitern. Zwar mag es auf den ersten Blick irritieren, dass der Insolvenzverwalter bei gleichzeitiger Anfechtbarkeit von Verpflichtungs- und Erfüllungsgeschäft den Anfechtungsgegner um den Schutz des § 144 Abs. 2 S. 1 InsO bringen kann, indem er nur das Erfüllungs- nicht aber das Verpflichtungsgeschäft anficht. Dieses Ergebnis lässt sich aber damit begründen, dass es an einer Schutzwürdigkeit des Anfechtungsgegners bei gleichzeitiger Anfechtbarkeit von Erfüllungs- und Verpflichtungsgeschäft gerade fehlt.

363 *Becker*, Rn. 1044.

364 *Kirchhof*, in: MüKo-InsO, § 144 Rn. 13 a.E.

365 So auch *Becker*, Rn. 1043 als Vertreter der Gegenansicht.

Die Regelung des § 144 Abs. 2 InsO kommt im Rahmen der Anfechtung eines Unternehmenskaufs also nur dann zur Anwendung, wenn der Insolvenzverwalter (auch) den schuldrechtlichen Unternehmenskaufvertrag anficht.

Für den Erwerber stellt sich in diesem Fall die Schicksalsfrage, ob der von ihm als Gegenleistung im Sinne des § 144 Abs. 2 InsO gezahlte Kaufpreis noch in der Masse unterscheidbar vorhanden oder die Masse noch um seinen Wert bereichert ist. Die Unterscheidbarkeit in der Masse ist beim für den Unternehmenskauf relevanten bargeldlosen Zahlungsverkehr jedenfalls dann gegeben, wenn der Kaufpreis auf ein gesondertes Konto des Schuldners im Wege der Überweisung gezahlt wurde[366], weshalb der Erwerber ein enormes Interesse an dieser Vorgehensweise haben wird. Andernfalls trägt der Erwerber das Entreicherungsrisiko, wenn der Kaufpreis bis zum Zeitpunkt der Rückgewähr des Unternehmens verbraucht wurde.

d) *Zwischenergebnis*

Bei einer von den Rechtsfolgen ausgehenden Betrachtung der Anfechtungsrisiken für den Erwerber ergibt sich zusammenfassend folgendes Ergebnis: Ficht der Insolvenzverwalter nur die dingliche Unternehmensübertragung an, muss der Erwerber das Eigentum an dem Unternehmen gemäß § 143 InsO in die Masse zurückübertragen bzw. insoweit Wertersatz leisten. Im Gegenzug verbleibt dem Erwerber nur die Möglichkeit, den Wert (§ 45 S. 1 InsO) seiner wiederauflebenden Forderung auf Übertragung des Unternehmens (§ 144 Abs. 1 InsO) zur Tabelle anzumelden.

Allerdings vermag der Insolvenzverwalter den Übertragungsakt nur dann isoliert anzufechten, wenn es sich dabei um eine kongruente Deckung im Sinne des § 130 Abs. 1 InsO handelt und kein Bargeschäft gemäß § 142 InsO vorliegt. Will er die Anfechtung des dinglichen Geschäfts nämlich auf eine inkongruente Deckung im Sinne des § 131 Abs. 1 InsO stützen, muss er auch den Kaufvertrag anfechten, da dieser, solange er unangefochten bleibt, für Kongruenz der Deckung sorgt. Die für die Herbeiführung der Inkongruenz notwendige Anfechtung auch des Kaufvertrages hätte die für den Erwerber günstigere Folge, dass § 144 Abs. 2 InsO greifen würde und er damit die Chance erhielte, den geleisteten Kaufpreis bzw. Wertersatz aus der Masse zu bekommen.

Anhand dessen zeigt sich vor allem die enorme Bedeutung, die der Vereinbarung eines objektiv angemessenen Unternehmenskaufpreises zur Vermeidung von Anfechtungsrisiken zukommt. Dadurch ist nämlich das Tatbestandsmerkmal

---

366 *Windhöfel/Ziegenhagen/Denkhaus*, Rn. 62.

der „gleichwertigen Gegenleistung“ im Rahmen des § 142 InsO erfüllt, wodurch dem Insolvenzverwalter bei Vorliegen der übrigen Voraussetzungen eines Bargeschäfts die einzige Möglichkeit genommen wird, das dingliche Geschäft isoliert anzufechten und damit die für den Erwerber in aller Regel ruinöse Rechtsfolge des § 144 Abs. 1 InsO herbeizuführen. Da aber die Frage nach der „Richtigkeit“ der Unternehmensbewertung letztlich dem mit der Anfechtungsklage befassten Gericht obliegt, ist die Gefahr einer Anfechtung des Unternehmenserwerbs in der kritischen Phase des Eröffnungsverfahrens für den Erwerber nach alledem äußerst präsent.

e) Einschränkung der Anfechtbarkeit bei Mitwirkung eines vorläufigen Insolvenzverwalters

Fraglich ist nun, ob sich an dieser Risikolage für den Erwerber dadurch etwas ändert, dass an der Unternehmensveräußerung ein vorläufiger Insolvenzverwalter mitgewirkt hat.

Zwar sucht man sowohl im Tatbestand der Anfechtungsvorschriften (§§ 129 ff. InsO) als auch in den Regelungen der vorläufigen Insolvenzverwaltung in den §§ 21, 22 InsO vergeblich nach Anhaltspunkten für eine Einschränkung der Anfechtbarkeit von im Eröffnungsverfahren unter Mitwirkung eines vorläufigen Insolvenzverwalters vorgenommenen Rechtshandlungen; in tatbestandlicher Hinsicht besteht vielmehr Gleichlauf mit der Rechtslage im Falle masseschädigender Rechtshandlungen des Schuldners in dem Zeitraum vor Stellung des Insolvenzantrages.[367]

Gleichwohl wird in Literatur und Rechtsprechung mit im Einzelnen unterschiedlicher Begründung dafür plädiert, unter bestimmten Voraussetzungen Rechtshandlungen eines vorläufigen Insolvenzverwalters von der Anfechtbarkeit auszunehmen. Bei den dazu angestellten Erwägungen wird zwischen der Anfechtbarkeit masseschädigender Rechtshandlungen eines starken und denen unter Mitwirkung eines schwachen vorläufigen Insolvenzverwalters differenziert.

aa) Rechtshandlungen des starken vorläufigen Insolvenzverwalters

Für den Fall, dass das Insolvenzgericht einen starken vorläufigen Insolvenzverwalter bestellt, spricht sich die einhellige Literaturmeinung dafür aus, dessen Rechtshandlungen jedenfalls insoweit nicht der Anfechtbarkeit zu unterwerfen, als er gemäß § 55 Abs. 2 InsO Masseverbindlichkeiten begründet, sichert

367 *Binder*, KTS 2006, 1, 13 ff.

oder tilgt.[368] Zur Begründung dieser Ansicht wird ausgeführt, ratio legis des § 55 Abs. 2 InsO sei es gerade, das Vertrauen des Rechtsverkehrs in die Tätigkeit des vorläufigen Insolvenzverwalters zu stärken und ihn „kreditfähig" zu machen; eine nachträgliche Beseitigung der von ihm getroffenen Maßnahmen im Wege der Insolvenzanfechtung sei vor diesem Hintergrund als sinnwidrig auszuschließen.[369] *Pape* meint sogar, bei den Masseverbindlichkeiten begründenden Rechtshandlungen eines starken vorläufigen Insolvenzverwalters handele es sich wegen der „Vorverlegung der Verfahrenseröffnung auf den Zeitraum der vorläufigen Insolvenzverwaltung" nicht mehr um Rechtshandlungen, die vor der Eröffnung des Insolvenzverfahrens vorgenommen worden sind; die Rechtshandlungen des vorläufigen Insolvenzverwalters würden vielmehr Bestandteil des eröffneten Insolvenzverfahrens.[370]

Nichts anderes soll für Rechtshandlungen eines vorläufigen Insolvenzverwalters ohne begleitendes allgemeines Verfügungsverbot gelten, der durch wirksame Einzelermächtigung ermächtigt wurde, Masseverbindlichkeiten zu begründen: Eine solche Ermächtigung, die das Vertrauen des Rechtsverkehrs stärken soll, sei sinnlos, würden die Masseverbindlichkeiten im Wege der Anfechtung im eröffneten Verfahren wieder beseitigt werden können.[371]

Auch der BGH erkennt seit seiner Entscheidung vom 13.3.2003 implizit die Insolvenzfestigkeit der durch einen starken vorläufigen Insolvenzverwalter begründeten Masseverbindlichkeiten an.[372] In dem dort entschiedenen Fall verneinte er das Vorliegen einer durch den vorläufigen Insolvenzverwalter begründeten Masseverbindlichkeit, was der Anfechtbarkeit der Rechtshandlung entgegengestanden hätte.[373] Auch in einer späteren Entscheidung führte der BGH aus, dass dann, wenn die Mitwirkung des vorläufigen Insolvenzverwalters nicht zu einer Masseschuld führt, seine Stellung der des Insolvenzverwalters

368 *Ehricke*, in: Kübler/Prütting/Bork, § 129 Rn. 24; *Haarmeyer*, in: MüKo-InsO, § 22 Rn. 191; *Hirte*, in: Uhlenbruck, § 129 Rn. 17; *Nerlich*, in: Nerlich/Römermann, § 129 Rn. 47; *Vallender*, in: Uhlenbruck, § 22 Rn. 240.

369 *Binder*, KTS 2006, 1, 23; *Haarmeyer*, in: MüKo-InsO, § 22 Rn. 191.

370 *Pape*, ZIP 1994, 89, 95 schon vor Einführung der InsO angesichts des § 64 Abs. 2 RegE-InsO 1992, auf den § 55 Abs. 2 InsO zurückgeht.

371 AG Duisburg, NZI 2002, 614; *Binder*, KTS 2006, 1, 23; *Louven/Böckmann*, NZI 2004, 128, 130; *Nerlich*, in: Nerlich/Römermann, § 129 Rn. 47; *Vallender*, in: Uhlenbruck, § 22 Rn. 240.

372 BGHZ 154, 190, 193.

373 BGHZ 154, 190, 193.

nicht derart angenähert sei, dass eine Anfechtung seiner Rechtshandlungen von vornherein ausscheide.[374]

Offen lässt das Gericht hingegen, wie in Bezug auf Masseverbindlichkeiten zu verfahren ist, die durch einen schwachen vorläufigen Insolvenzverwalter auf der Grundlage einer Einzelermächtigung eingegangen wurden.

bb) Rechtshandlungen unter Mitwirkung des schwachen vorläufigen Insolvenzverwalters mit Zustimmungsvorbehalt

Mit der Frage nach der Anfechtbarkeit von unter Mitwirkung eines schwachen vorläufigen Insolvenzverwalters mit Zustimmungsvorbehalt vorgenommenen Rechtshandlungen hatten sich Rechtsprechung und Literatur vor allem im Zusammenhang mit der Anfechtbarkeit der Erfüllung von Altverbindlichkeiten zu befassen.

(1) Rechtsprechung des BGH

Anders als bei Rechtshandlungen, die ein starker vorläufiger Insolvenzverwalter begründet oder erfüllt, wird von der Rechtsprechung die potenzielle Anfechtbarkeit von unter Mitwirkung eines schwachen vorläufigen Insolvenzverwalters mit Zustimmungsvorbehalt vorgenommenen Rechtshandlungen – wie schon unter Geltung der KO[375] – nicht schon von vornherein ausgeschlossen und zwar auch dann nicht, wenn der vorläufige mit dem späteren Insolvenzverwalter personengleich ist.[376]

Schon früh deutete der BGH allerdings an, dass unter Mitwirkung eines vorläufigen Insolvenzverwalters mit Zustimmungsvorbehalt vorgenommene Rechtshandlungen einen Vertrauenstatbestand beim Vertragspartner begründen können, wodurch ihre spätere Anfechtung ausgeschlossen sein kann.[377] Dies begründete das Gericht damit, der Gesetzgeber habe gewollt, dass der Schuldner unter bestimmten Voraussetzungen weiter am Rechtsverkehr teilnehmen und dass insbesondere ein erhaltungswürdiges Schuldnerunternehmen fortgeführt werden kann; nicht zuletzt zu diesen Zwecken habe der Gesetzgeber die Einrichtung des vorläufigen Insolvenzverwalters mit Zustimmungsvorbehalt in § 21 Abs. 2 S. 1 Nr. 2 Var. 2 InsO geschaffen.[378] Der Zustimmungsvorbehalt solle zwar die künftige Insolvenzmasse schützen, aber nicht zugleich das Vertrauen des

374 BGHZ 161, 315, 318.

375 BGHZ 86, 190, 195; BGHZ 97, 87, 91; BGHZ 118, 374, 380.

376 BGHZ 161, 315, 318; BGHZ 165, 283, 286.

377 BGHZ 154, 190, 193.

378 BGHZ 154, 190, 193.

Rechtsverkehrs in die Insolvenzbeständigkeit von Zustimmungen eines derart ausgestatteten vorläufigen Insolvenzverwalters erschüttern.[379] Mangels Entscheidungserheblichkeit ließ der BGH aber zunächst offen, ob bzw. wann er aufgrund dieser Erwägungen tatsächlich die Anfechtbarkeit von mit Zustimmung eines vorläufigen Insolvenzverwalters vorgenommenen Erfüllungshandlungen für ausgeschlossen erachtet. Stattdessen bejahte er in dem zu entscheidenden Fall eine Pflicht des Anfechtungsgegners zur Rückgewähr der an ihn im Eröffnungsverfahren geleisteten Zahlung mit der Begründung, dass jedenfalls die der Zahlung zugrunde liegende schuldrechtliche Abrede nach § 132 Abs. 1 Nr. 2 InsO anfechtbar sei; denn auf diese beziehe sich der vertrauensbildende Zustimmungsvorbehalt nach § 21 Abs. 2 Nr. 2 Var. 2 InsO nicht.[380]

In einer späteren Entscheidung fehlte es an einer der Zahlung zu Grunde liegenden schuldrechtlichen Abrede, die als unmittelbar nachteilige Rechtshandlung nach § 132 InsO hätte anfechtbar sein können, weshalb die Streitfrage entscheidungserheblich wurde, ob die Tilgung einer Altverbindlichkeit allein deshalb unanfechtbar sein soll, weil ihr ein vorläufiger Insolvenzverwalter zugestimmt hat.[381] Im Wesentlichen wiederholte und ergänzte der BGH seine in dem vorangehenden Urteil noch nicht entscheidungserheblichen Ausführungen. So führte er aus, dass dann, wenn ein mit Zustimmungsvorbehalt ausgestatteter vorläufiger Insolvenzverwalter nach der Insolvenzeröffnung und seiner Bestellung zum Insolvenzverwalter die mit seiner Zustimmung zuvor erbrachte Leistung anfechten könnte, die Zustimmung des vorläufigen Insolvenzverwalters für den Empfänger der Leistung letztlich wertlos sei.[382] Ließe man in solchen Fällen die tatbestandlich regelmäßig erfüllte Deckungsanfechtung zu, würde allein hierdurch die Fortführung des Schuldnerunternehmens erschwert, vielfach sogar unmöglich gemacht, wodurch in Fällen wirtschaftlich sinnvoller Unternehmensfortführungen mittelbar die gemeinschaftliche Befriedigung der Insolvenzgläubiger gefährdet werde und sich damit ein Widerspruch zu den Zielen des Insolvenzverfahrens ergebe.[383] Einschränkend führt das Gericht allerdings aus, dass diese nach Sinn und Zweck der Zustimmungsverwaltung notwendige Einschränkung der Anfechtbarkeit es nicht erfordere, Handlungen zur Schuldtilgung *generell* der Deckungsanfechtung zu entziehen, wenn ihnen der vorläufige, mit Zustimmungsvorbehalt ausgestattete Insolvenzverwalter

379 BGHZ 154, 190, 193.
380 BGHZ 154, 190, 194.
381 BGHZ 161, 315, 319.
382 BGHZ 161, 315, 321.
383 BGHZ 161, 315, 321.

zugestimmt hat; der Vertrauensschutz stehe der Anfechtbarkeit vielmehr *nur* entgegen, wenn der Leistungsempfänger auf die Rechtsbeständigkeit des Verhaltens des vorläufigen Insolvenzverwalters tatsächlich vertraut hat und dieses Vertrauen schutzwürdig ist.[384] Dabei gelte, dass das von dem vorläufigen Insolvenzverwalter gesetzte Vertrauen typischerweise nicht an die bestellte Person, sondern an dessen Funktion anknüpfe.[385]

In einer weiteren Entscheidung kam es wiederum zu einer Zahlung von Altverbindlichkeiten auf Grundlage einer vertraglichen Abrede, wobei der BGH jedoch nicht in die Verlegenheit kam, über die Anfechtbarkeit der schuldrechtlichen Abrede nach § 132 InsO befinden zu müssen, da eine unmittelbare Gläubigerbenachteiligung nicht hinreichend dargetan war.[386] Bemerkenswert ist diese Entscheidung insoweit, als sich darin erstmalig andeutet, dass der BGH seine zuvor noch vorgenommene[387] Trennung zwischen der Anfechtbarkeit der schuldrechtlichen Abrede und der darauf basierenden dinglichen Erfüllung aufgibt und er stattdessen die Frage nach dem Vertrauensschutz des Vertragspartners für das schuldrechtliche und das dingliche Geschäft gleich entscheidet.[388] So führt er nämlich aus, wegen der Einbindung des vorläufigen Insolvenzverwalters *in den Vertragsschluss* dürfe der Gläubiger davon ausgehen, die als Erfüllung geleisteten Zahlungen endgültig behalten zu dürfen; das Vertrauen des Gläubigers in den Bestand der ihm nach Einsetzung eines vorläufigen Insolvenzverwalters vertraglich zuerkannten Rechte sei in gleicher Weise schutzwürdig wie bei einer Einbeziehung des vorläufigen Insolvenzverwalters in die vertragliche Vereinbarung selbst.[389] Mit wortgleicher Begründung bestätigte der BGH diese Linie auch in einer späteren Entscheidung.[390]

(2) Literaturansicht

Diese Ansicht des BGH, wonach die Grenzen der Anfechtbarkeit unter Mitwirkung eines Zustimmungsverwalters vorgenommener Rechtshandlungen aus

384 BGHZ 161, 315, 320.
385 BGHZ 161, 315, 321.
386 BGHZ 165, 283, 289.
387 So noch in der zuvor zitierten Entscheidung BGHZ 154, 190.
388 So auch *Kesseler*, ZInsO 2006, 530, 532.
389 BGHZ 165, 283, 287.
390 BGH NZI 2013, 298, 300.

Vertrauensschutzerwägungen abgeleitet werden sollen, wird auch ganz überwiegend in der Literatur geteilt.[391]

Henckel hingegen bezeichnet diesen Ansatz als „wenig konkret“ und plädiert dafür, die Einschränkungen der Anfechtbarkeit aus Funktion und Verantwortung des vorläufigen Insolvenzverwalters herzuleiten.[392] So schließt er die Anfechtbarkeit unter Mitwirkung des vorläufigen Insolvenzverwalters in pflichtwidriger Weise vorgenommener Rechtshandlungen grundsätzlich aus, da der Vertragspartner davon ausgehen könne, dass der vorläufige Insolvenzverwalter stets pflichtgemäß handelt.[393] Davon könne der Anfechtungsgegner jedoch nicht ausgehen, wenn die Leistung des vorläufigen Insolvenzverwalters der Abwehr einer vom Anfechtungsgegner geschaffenen oder ausgenutzten Zwangslage gedient habe.[394] Bei näherer Betrachtung geht es also auch bei *Henckels* Ansatz um Vertrauensschutzgesichtspunkte, lediglich insoweit konkretisiert, als dass Bezugspunkt des Vertrauens die funktionsgerechte und verantwortungsvolle Amtsausübung durch den vorläufigen Insolvenzverwalters und entscheidendes Kriterium für die Anfechtbarkeit das Bestehen oder Ausnutzen einer Zwangslage beim vorläufigen Insolvenzverwalter wegen der dann fehlenden Schutzwürdigkeit auf Seiten des Anfechtungsgegners sein soll.[395]

Auch *Binder* ist der Ansicht, allein der Vertrauensschutz könne die Unanfechtbarkeit unter Mitwirkung eines Zustimmungsverwalters vorgenommener Rechtshandlungen nicht legitimieren, da sich das Argument des Vertrauensschutzes

---

391 *Haarmeyer*, in: MüKo-InsO, § 22 Rn. 192; *Huber*, in: Graf-Schlicker, § 129 Rn. 15; *Kayser*, in: MüKo-InsO, § 129 Rn. 46 ff.; *Kreft*, in: HK-InsO, § 129 Rn. 31; *Rogge/ Leptien*, in: HamKo-InsO, § 129 Rn. 20; *Vallender*, in: Uhlenbruck, § 22 Rn. 241; im Ergebnis auch schon *Marotzke*, Gegenseitige Verträge, Rn. 14.96 ff.

392 *Henckel*, in: Jaeger, § 129 Rn. 38.

393 *Henckel*, in: Jaeger, § 129 Rn. 39.

394 *Henckel*, in: Jaeger, § 129 Rn. 40.

395 Einen ähnlichen Ansatz verfolgt *Kesseler*, ZInsO 2006, 530, 532 und stellt richtigerweise fest, dass der praktische Unterschied zur Ansicht des BGH darin liegt, dass beim Regel (Anfechtbarkeit) – Ausnahme (Vertrauensschutz) – Verhältnis des BGH der Anfechtungsgegner an sich die Beweislast dafür tragen müsste, dass durch den vorläufigen Insolvenzverwalter ein Vertrauenstatbestand gesetzt wurde, in den er tatsächlich vertraut hat; im umgekehrten Fall sei der Insolvenzverwalter beweispflichtig dafür, dass der Gläubiger gerade nicht berechtigterweise auf die Nichtbeeinträchtigung der Gläubigerinteressen habe vertrauen dürfen. Da aber der BGH in BGHZ 165, 283, 288 letztlich von der Beweislast des Insolvenzverwalters für das fehlende berechtigte Vertrauen des Leistungsempfängers ausgeht, erübrigt sich auch diese Unterscheidung.

durchaus variabel einsetzen lasse und trennscharfe Leitlinien für die Reichweite eines solcherart geschützten Vertrauens nicht ersichtlich seien.[396] So ließe sich nämlich einerseits gegen die Schutzwürdigkeit anführen, dass es sich bei den vom schwachen vorläufigen Insolvenzverwalter zu erfüllenden Verbindlichkeiten um Insolvenzforderungen handele, auf deren vollständige Erfüllung der Gläubiger sich gerade nicht verlassen könne; für die Schutzwürdigkeit spreche andererseits das Faktum, dass dem Vertragspartner die Insolvenzfestigkeit der erhaltenen Befriedigung durch den vorläufigen Insolvenzverwalter als eine gerichtlich bestellte und dadurch mit besonderer Autorität ausgestattete Sicherungsperson zumindest implizit bestätigt werde.[397]

Um konkretere Regeln für die Insolvenzbeständigkeit der unter Mitwirkung eines vorläufigen Insolvenzverwalters im Eröffnungsverfahren vorgenommenen Rechtshandlungen aufzustellen, sei nach Ansicht *Binders* stattdessen auf Funktion und Ausgestaltung der vorläufigen Verwaltung im Koordinatensystem der Verfahrensziele und -leitlinien zu rekurrieren. Dabei gehe es dann insbesondere darum, sich für eine Betonung des für eine weitreichende Anfechtbarkeit streitenden Sicherungszwecks oder des gegen die Anfechtbarkeit sprechenden Ziels eines dynamischen, sanierungsorientierten Eröffnungsverfahrens zu entscheiden.[398]

Schließlich steht auch *Ganter* der Vorgehensweise, die Anfechtbarkeit der Zahlung von Altverbindlichkeiten von Vertrauensschutzgesichtspunkten abhängig zu machen, skeptisch gegenüber.[399] Denn § 242 BGB als Generalklausel verpflichte zu einer sozial angemessenen Rechtsausübung im Einzelfall, enthalte jedoch keinen Rechtssatz mit deskriptiven Tatbestandsmerkmalen, aus dem durch Subsumtion bestimmte Rechtsfolgen abgeleitet werden können; dementsprechend werde ein Geschäftspartner vor einem Geschäft mit dem Schuldner, dessen Erfüllung die Zustimmung des vorläufigen Insolvenzverwalters voraussetzt, zurückschrecken, wenn er sich bewusst mache, dass die Anfechtbarkeit der Erfüllung allein eine Frage von Treu und Glauben ist.[400] Stattdessen wird von *Ganter* befürwortet, die zum Erfüllungsgeschäft erteilte Zustimmung des vorläufigen Insolvenzverwalters auf ihre evidente Insolvenzzweckwidrigkeit und somit auf ihre Wirksamkeit zu untersuchen.[401]

---

396 *Binder*, KTS 2006, 1, 25 ff.
397 *Binder*, KTS 2006, 1, 26.
398 *Binder*, KTS 2006, 1, 28 ff.
399 *Ganter*, FS Gerhardt, 237, 244.
400 *Ganter*, FS Gerhardt, 237, 244.
401 *Ganter*, FS Gerhardt, 237, 248 ff.

cc) Stellungnahme/Konsequenzen für die Anfechtbarkeit der Unternehmensveräußerung im Eröffnungsverfahren

(1) Veräußerung durch starken vorläufigen Insolvenzverwalter

Wird der schuldrechtliche Unternehmenskaufvertrag von einem starken vorläufigen Insolvenzverwalter geschlossen, stellt sich der dadurch begründete Erwerberanspruch auf Übertragung des Unternehmens im eröffneten Verfahren als Masseverbindlichkeit im Sinne des § 55 Abs. 2 S. 1 InsO dar. Nach den obenstehenden Erwägungen der einhelligen Ansicht in Literatur und Rechtsprechung scheidet eine Anfechtung dieses Rechtsgeschäfts durch den Insolvenzverwalter im eröffneten Verfahren nach dem tatbestandlich möglicherweise erfüllten § 132 Abs. 1 Nr. 2 InsO aus, da andernfalls die vom Gesetzgeber bezweckte Privilegierung von Masseverbindlichkeiten durch ihre nachträgliche Anfechtbarkeit konterkariert würde.

Gleiches gilt, wenn der starke vorläufige Insolvenzverwalter den von ihm abgeschlossenen Unternehmenskaufvertrag im Eröffnungsverfahren erfüllt. Dies ergibt sich auch schon daraus, dass der Erwerber hinsichtlich der Unternehmensübertragung Massegläubiger und nicht wie vom Tatbestand der §§ 130, 131 InsO gefordert, Insolvenzgläubiger ist.[402]

Auch dann, wenn das Insolvenzgericht zwar nur einen schwachen vorläufigen Insolvenzverwalter bestellt, diesen aber in wirksamer Weise zur Eingehung von Masseverbindlichkeiten ermächtigt hat, ist ein von diesem abgeschlossener Unternehmenskaufvertrag sowie dessen Erfüllung vom Anwendungsbereich der §§ 129 ff. InsO auszunehmen.[403] Sinn und Zweck der Erteilung einer Einzelermächtigung zur Unternehmensveräußerung für den schwachen vorläufigen Verwalter ist nämlich, diesem die Möglichkeit an die Hand zu geben, den notwendigerweise auf die Kaufpreiszahlung in Anspruch zu nehmenden Erwerber wie einen solchen, der mit einem starken vorläufigen Insolvenzverwalter kontrahiert, hinsichtlich seines Übertragungsanspruchs in den Stand eines Massegläubigers zu erheben.[404] Diese für bestimmte Verbindlichkeiten vorgesehene Privilegierung gegenüber den Insolvenzgläubigern wäre wertlos und könnte damit gleich unterbleiben, wenn die mittels Einzelermächtigung begründeten Masseverbindlichkeiten und ihre Erfüllung der Anfechtung im eröffneten Verfahren unterworfen würden.

---

402 *Henckel*, in: Jaeger, § 129 Rn. 46; *Marotzke*, Das Unternehmen, Rn. 136 mit Fn. 296.

403 AG Duisburg, NZI 2002, 614; *Kirchhof*, ZInsO 2000, 297, 300; *Marotzke*, Das Unternehmen, Rn. 136.

404 So geschehen im Fall Babcock-Borsig für das Kühlturmgeschäft, siehe dazu *Louven/Böckmann*, NZI 2004, 128.

(2) *Veräußerung mit Zustimmung eines schwachen vorläufigen Insolvenzverwalters*

Komplizierter gestaltet sich die Frage nach der Anfechtbarkeit einer unter Mitwirkung eines schwachen vorläufigen Insolvenzverwalters mit Zustimmungsvorbehalt vorgenommenen Unternehmensveräußerung.

(a) Anfechtbarkeit der (dinglichen) Unternehmensübertragung

Fraglich ist zunächst, ob der Erwerber auf die Insolvenzfestigkeit der mit Zustimmung des vorläufigen Insolvenzverwalters vorgenommenen *Erfüllung* des Unternehmenskaufvertrages im Eröffnungsverfahren vertrauen darf.

Als Ausgangspunkt soll dabei die Feststellung dienen, dass sowohl die Sicherungsmaßnahme der Bestellung eines vorläufigen Insolvenzverwalters als auch das Rechtsinstitut der Insolvenzanfechtung nach den §§ 129 ff. InsO den Schutz der Gläubigergemeinschaft vor einer nachteiligen Veränderung des schuldnerischen Vermögens während des Eröffnungsverfahrens bezwecken.[405] Während die Bestellung eines vorläufigen Insolvenzverwalters Schmälerungen des schuldnerischen Vermögens im Eröffnungsverfahren von vornherein verhindern soll, hat der Insolvenzverwalter im eröffneten Verfahren die Aufgabe, solche gläubigerbenachteiligenden Rechtshandlungen rückgängig zu machen, deren Vornahme trotz der Bestellung eines vorläufigen Insolvenzverwalters nicht verhindert werden konnte.[406]

Dieser zeitlich abgestufte Anwendungsbereich der Anordnung von Sicherungsmaßnahmen und der Insolvenzanfechtung drängt dann auch zu der Annahme, dass die beiden Rechtsinstitute unabhängig voneinander zu betrachten sind, der Insolvenzverwalter im Eröffnungsverfahren vorgenommene masseschädigende Rechtshandlungen also ungeachtet einer Mitwirkung des vorläufigen Insolvenzverwalters anfechten können muss. Dem Sicherungszweck könnte so *prima facie* auch am besten Rechnung getragen werden, könnte der vorläufige Insolvenzverwalter dann doch im Prinzip „nichts falsch machen“, da die von ihm vorgenommenen masseschädigenden Handlungen im eröffneten Verfahren ohnehin angefochten werden könnten.

Allerdings ließe eine solche isolierte Betrachtungsweise der vorläufigen Insolvenzverwaltung und der Anfechtungsvorschriften außer Acht, dass sich die Sicherungsfunktion des vorläufigen Insolvenzverwalters nicht in der statischen Fixierung des Schuldnervermögens erschöpft, sondern ein vom Schuldner

---

405 *Pohlmann*, Rn. 507.

406 *Pohlmann*, Rn. 507.

betriebenes Unternehmen im Eröffnungsverfahren grundsätzlich fortzuführen ist. Dies gilt gemäß § 22 Abs. 1 S. 1 Nr. 2 InsO ausdrücklich für den starken vorläufigen Insolvenzverwalter, wird – um das gesetzgeberische Ziel in § 1 InsO nicht leer laufen zu lassen – aber auch für den schwachen vorläufigen Insolvenzverwalter mit Zustimmungsvorbehalt angenommen.[407] Notwendige Voraussetzung einer solchen Unternehmensfortführung ist, dass sich die Geschäftspartner des Schuldners auch noch im Eröffnungsverfahren dazu bereit erklären, Leistungen an ihn zu erbringen. Diese Bereitschaft besteht realistischerweise nur dann, wenn die Geschäftspartner darauf vertrauen können, die für ihre Leistung vom Schuldner erlangte Gegenleistung im eröffneten Verfahren nicht wieder in die Masse zurückgewähren zu müssen.[408]

Im Falle der Bestellung eines starken vorläufigen Insolvenzverwalters wird dem Geschäftspartner dieses notwendige Vertrauen in den Bestand des Erlangten dadurch vermittelt, dass der starke vorläufige Insolvenzverwalter Masseverbindlichkeiten gemäß § 55 Abs. 2 InsO begründen kann und er gemäß §§ 22 Abs. 1 S. 1, 80 Abs. 1 InsO die umfassende Verfügungsbefugnis über das Schuldnervermögen innehat.[409] Damit steht er dem endgültigen Insolvenzverwalter in genau den Punkten gleich, die für die Vertrauensbildung im Geschäftsverkehr von entscheidender Bedeutung sind.[410] Um dieses Vertrauen nicht sinnwidrig wieder zunichte zu machen, wird konsequenterweise von der einhelligen Meinung die Anfechtung von Rechtshandlungen eines starken vorläufigen Insolvenzverwalters ausgeschlossen.[411]

Die Möglichkeit der Begründung von Masseverbindlichkeiten gemäß § 55 Abs. 2 InsO und der alleinigen Verfügung über das Schuldnervermögen gemäß §§ 22 Abs. 1 S. 1, 80 InsO besteht für einen schwachen vorläufigen Insolvenzverwalter mit Zustimmungsvorbehalt hingegen nicht und scheidet damit als Anknüpfungspunkt für ein Vertrauen auf Seiten des Geschäftspartners in die Beständigkeit der Rechtshandlung aus. Die Anordnung eines Zustimmungsvorbehalts gemäß § 21 Abs. 2 S. 1 Nr. 2 Var. 2 InsO hat jedoch zur Folge, dass der Schuldner in Eigenregie nicht mehr wirksam über sein Vermögen zu verfügen vermag, § 24 Abs. 1 iVm § 81 InsO. Erst der schwache vorläufige Insolvenzverwalter ist es in diesem Fall, der einer Verfügung des Schuldners durch die Erteilung seiner Zustimmung zur Wirksamkeit verhelfen kann.

---

407 Siehe etwa *Beck*, FS Runkel, 3; *Stapper/Jacobi*, NJ 2009, 270.

408 BGHZ 161, 315, 320; *Ganter*, FS Gerhardt, 237, 243.

409 *Kubis*, KTS 2007, 237.

410 *Pohlmann*, Rn. 516.

411 Siehe dazu unter Teil 3 I. 1. e) aa).

Nun ließe sich argumentieren, von der *Zustimmungs*macht eines schwachen vorläufigen Insolvenzverwalters gehe ein geringeres Maß an Vertrauensbildung bei dem Vertragspartner aus als von der uneingeschränkten *Verfügungs*macht eines starken vorläufigen Insolvenzverwalters.[412] Eine Grundlage hat diese Argumentation jedoch nicht. Zwar kann nicht bestritten werden, dass sich starker und schwacher vorläufiger Insolvenzverwalter in der ihnen vom Insolvenzgericht verliehenen Rechtsmacht unterscheiden. Dieser Unterschied wirkt sich im Hinblick auf die hier interessierende Möglichkeit zur Verfügung über schuldnerische Vermögensgegenstände aber nur insoweit aus, als der starke vorläufige Insolvenzverwalter Verfügungen aus eigener Initiative vornehmen und der schwache vorläufige Insolvenzverwalter nur seine Zustimmung zu Verfügungen des Schuldners erteilen kann. Entscheidend aber ist, dass es sowohl bei der Bestellung eines starken, als auch der eines schwachen vorläufigen Insolvenzverwalters jeweils erst die Handlung des vorläufigen Insolvenzverwalters ist, die die Wirksamkeit der Verfügung im Außenverhältnis für den Rechtsverkehr erkennbar begründet. Eine qualitative Abstufung zwischen der durch einen schwachen und der durch einen starken vorläufigen Insolvenzverwalter herbeigeführten Wirksamkeitsfolge kann es dabei nicht geben. Der Vertragspartner hat insofern keinen Grund, an der Endgültigkeit seines Erwerbs nur deshalb zu zweifeln, weil der vorläufige Insolvenzverwalter keine volle Verfügungsmacht, sondern „nur" Zustimmungsmacht hatte.[413]

Allenfalls könnte das von der Wirksamkeit der Verfügung kraft Zustimmungsmacht ausgehende Vertrauen als weniger schutzwürdig als dasjenige von der Wirksamkeit kraft voller Verfügungsmacht ausgehende Vertrauen einzustufen sein, wenn der Verfügungsempfänger annehmen müsste, dass ein Zustimmungsverwalter nicht mit gleicher treuhänderischer Sorgfalt wie ein vollberechtigter vorläufiger Insolvenzverwalter auf die Nützlichkeit der Verfügung, der er zur Wirksamkeit verhelfen kann, zu achten hätte; dies ist allerdings gerade nicht der Fall.[414] Denn wie der starke vorläufige Insolvenzverwalter muss auch der nur mit Zustimmungsmacht ausgestattete vorläufige Insolvenzverwalter die Entscheidung, ob er einer schwebend unwirksamen Verfügung des Schuldners zur Wirksamkeit verhilft, davon abhängig machen, ob die Verfügung die Vermögenslage des Schuldners nachteilig verändern würde.[415]

412 So *Franke/Böhme*, DZWIR 2003, 494, 495.

413 BGHZ 161, 315, 321.

414 *Marotzke*, Das Unternehmen, Rn. 143; *derselbe*, Gegenseitige Verträge, Rn. 14.98.

415 BGHZ 161, 49, 55 f.; *Marotzke*, Das Unternehmen, Rn. 145; *derselbe*, Gegenseitige Verträge, Rn. 14.99; *Vallender*, in: Uhlenbruck, § 22 Rn. 13.

Dabei gilt zudem, dass er diese Entscheidung als hoheitlich bestellte Amtsperson autonom und eigenverantwortlich trifft. Deshalb ist es auch nur interessengerecht, das Interesse der Gläubigergemeinschaft am Masseerhalt in dem Fall, dass der vorläufige Insolvenzverwalter durch seine Zustimmung eine Gläubigerbenachteiligung herbeiführt, über das Institut der persönlichen Verwalterhaftung nach §§ 21 Abs. 2 S. 1 Nr. 1, 60 InsO zu schützen.[416] Um den vorläufigen Insolvenzverwalter wegen eines zu hohen Haftungsrisikos aber nicht seinerseits faktisch handlungsunfähig zu machen[417], kann im subjektiven Haftungstatbestand der Tatsache Rechnung getragen werden, dass er kaufmännische Entscheidungen zu treffen hat.[418]

Den Verfügungsempfänger hingegen für die masseverkürzende Zustimmung des vorläufigen Insolvenzverwalters durch eine anfechtungsrechtliche Rückgewährpflicht „haften“ zu lassen, würde letztlich zu Lasten der Funktionsfähigkeit des gesamten Geschäftsverkehrs im Eröffnungsverfahren gehen und daher die dort vorgesehene Unternehmensfortführung faktisch unmöglich machen.

Bis hierhin lässt sich also konstatieren, dass den entscheidenden Anknüpfungspunkt für das Vertrauen des Erwerbers in den Bestand unter Zustimmung eines schwachen vorläufigen Insolvenzverwalters vorgenommener Verfügungen die Zustimmungsmacht des vorläufigen Insolvenzverwalters darstellt.

Dem BGH folgend ist der Vertragspartner dementsprechend für berechtigt zu erachten, sich wegen des durch die Zustimmung des vorläufigen Insolvenzverwalters gesetzten Vertrauens gegen eine Anfechtung durch den Insolvenzverwalter auf Treu und Glauben (§ 242 BGB) zu berufen.

Zwar ist *Ganter* zuzugeben, dass die Berufung auf die Generalklausel des § 242 BGB mangels darin enthaltener deskriptiver Tatbestandsmerkmale auf den ersten Blick gewisse Unsicherheiten für den Erwerber bei der Frage mit sich bringt, wann dem Insolvenzverwalter eine Anfechtung möglich ist und wann nicht.[419] Auf den zweiten Blick wird diese Problematik jedoch dadurch deutlich entschärft, dass der BGH die Beweislast für das fehlende berechtigte Vertrauen des Erwerbers nunmehr ausdrücklich dem Insolvenzverwalter aufbürdet: Da der vorläufige Insolvenzverwalter durch seine Zustimmung *regelmäßig* einen Vertrauenstatbestand begründe, liege es am Insolvenzverwalter, die Umstände

416 So auch *Pohlmann*, Rn. 530 für den starken vorläufigen Insolvenzverwalter.

417 Diese Befürchtung äußert etwa *Kubis*, KTS 2007, 237, 240.

418 *Binder*, KTS 2006, 1, 35.

419 *Ganter*, FS Gerhardt, 237, 244.

vorzutragen, die dem Vertragspartner *im Einzelfall* eine Berufung auf Treu und Glauben verwehren.[420]

Auch sind die von *Binder* vermissten „trennscharfen Leitlinien“[421] für die Reichweite des Vertrauensschutzes zu erkennen, wenn im Regelfall von einem durch die Zustimmungsmacht des vorläufigen Insolvenzverwalters vermittelten Vertrauen auszugehen ist, das nur in Ausnahmefällen versagt werden kann.

(b) Anfechtbarkeit des (schuldrechtlichen) Unternehmenskaufvertrages

Die Erfüllung des Tatbestands des § 132 InsO vorausgesetzt, ist weiter die Anfechtbarkeit des im Eröffnungsverfahren bei gleichzeitiger Bestellung eines schwachen vorläufigen Insolvenzverwalters abgeschlossenen schuldrechtlichen Unternehmenskaufvertrages zu untersuchen. Sollte man diesen für anfechtbar erachten, könnte der Insolvenzverwalter das zu dessen Erfüllung Geleistete trotz der Unanfechtbarkeit des Erfüllungsgeschäfts zurückfordern. Denn mit der Anfechtung verliert der Unternehmenskaufvertrag seine rechtfertigende Wirkung für die darauf basierende Übertragung des Unternehmens, womit es zu einer Rückabwicklung nach den Grundsätzen des Bereicherungsrechts kommt.[422]

Dieser Weg einer Rückgewährpflicht des vom Anfechtungsgegner Erlangten über die Anfechtbarkeit „jedenfalls“ des im Eröffnungsverfahren geschlossenen Kausalgeschäfts wurde in einer frühen Entscheidung vom BGH eingeschlagen.[423] Darin ließ der BGH die Frage offen, ob ein unter Zustimmung eines vorläufigen Insolvenzverwalters vorgenommenes Erfüllungsgeschäft aus Vertrauensschutzgesichtspunkten für unanfechtbar zu erachten ist; denn jedenfalls sei, da sich darauf der vertrauensbildende Zustimmungsvorbehalt nach § 21 Abs. 2 Nr. 2 Alt. 2 InsO nicht beziehe, die der Erfüllung zugrunde liegende kausale Abrede anfechtbar.[424]

Bei einer strikt dogmatischen Betrachtungsweise ist es auch durchaus nachvollziehbar, die für die Erfüllungsebene entwickelten Vertrauensschutzerwägungen nicht zwangsläufig auch auf die Kausalebene zu erstrecken.[425] Denn die vertrauensbildende Autorität eines mit Zustimmungsvorbehalt bestellten vorläufigen Insolvenzverwalters gründet sich entscheidend darauf, dass

---

420 BGHZ 165, 283, 288; BGH NZI 2013, 298, 300.

421 *Binder*, KTS 2006, 1, 25.

422 Siehe Teil 3 I. 1. c) aa).

423 BGHZ 154, 190.

424 BGHZ 154, 190, 194.

425 **A.A.** *Franke/Böhme*, DZWIR 2003, 494, 495; im Ansatz auch *de Bra*, LMK 2003, 135.

Verfügungen des Schuldners ohne sein Einverständnis gemäß §§ 24 Abs. 1, 81 Abs. 1 S. 1 InsO nicht wirksam werden.[426] Der Zustimmungsvorbehalt bezieht sich nach dem klaren Wortlaut des § 21 Abs. 2 S. 1 Nr. 2 Var. 2 InsO hingegen nicht auf den Abschluss von *Verpflichtungs*geschäften.[427] Diese kann der Schuldner auch ohne die Zustimmung des vorläufigen Insolvenzverwalters eingehen.[428] Bei Abschluss eines Verpflichtungsgeschäfts mit dem Schuldner fehlt es mangels eines Zustimmungserfordernisses also an dem entscheidenden Anknüpfungspunkt für ein Vertrauen in den Bestand dieses Rechtsgeschäfts bei dem Vertragspartner des Schuldners.[429]

Allerdings wäre es nicht sachgerecht, die Anfechtbarkeit des Kausalgeschäfts allein mit diesen strikt dogmatischen Erwägungen zu bejahen. Tatsächlich kann die zur abstrakten Wirksamkeit der Verfügung führende Zustimmung des vorläufigen Insolvenzverwalters nämlich nicht isoliert von dem der Verfügung zugrunde liegenden Kausalgeschäft betrachtet werden. Denn die Frage, ob der vorläufige Insolvenzverwalter einer Verfügung im Interesse des Schuldnervermögens zustimmen soll, kann er nicht beantworten, ohne das der Verfügung zugrunde liegende Kausalgeschäft in die Betrachtung mit einbezogen zu haben, womit er sich den schuldrechtlichen Vertrag gewissermaßen „zu Eigen" macht.[430] Spiegelbildlich geht auch ein Vertragspartner, der eine Leistung mit Zustimmung des vorläufigen Insolvenzverwalters erhält, wie selbstverständlich davon aus, dass die Zustimmung zu der Verfügung gleichermaßen das schuldrechtliche Grundgeschäft erfasst.[431]

Bei Zugrundelegung dieser Erkenntnis wäre es „in hohem Maße spitzfindig"[432], wenn der vorläufige Insolvenzverwalter darauf spekulieren könnte, das Verfügungsobjekt zwar nicht über die Anfechtung des Verfügungsgeschäfts selbst, dafür aber über die des Kausalgeschäfts in die Masse zurückholen zu können.[433] Zudem wäre bei Ermöglichung einer solchen Vorgehensweise die Bereitschaft

---

426 BGHZ 165, 283, 287.

427 BGHZ 154, 190, 194.

428 BGHZ 165, 283, 287; *Ganter*, FS Gerhardt, 237, 245; dies verkennend **a.A.** *Franke/Böhme*, DZWIR 2003, 494, 495 re. Sp. a. E.

429 *Kubis*, KTS 2007, 237, 239.

430 *Marotzke*, Das Unternehmen, Rn. 145; dem im Ergebnis folgend *de Bra*, LMK 2003, 135.

431 *Kesseler*, ZInsO 2006, 530, 532.

432 *Marotzke*, Das Unternehmen, Rn. 145; *derselbe*, Gegenseitige Verträge, Rn. 14.99.

433 *Marotzke*, Das Unternehmen, Rn. 145; *derselbe*, Gegenseitige Verträge, Rn. 14.99.

der Geschäftspartner zur weiteren Zusammenarbeit mit dem Schuldner im Eröffnungsverfahren ernsthaft in Frage zu stellen.

Das bedeutet im Ergebnis, dass sich das Zustimmungserfordernis des § 21 Abs. 2 S. 1 Nr. 2 Var. 2 InsO wegen des eindeutigen gesetzlichen Wortlauts zwar nur auf das Erfüllungsgeschäft beziehen kann, die davon ausgehende, vertrauensbildende Legitimationswirkung darüber hinaus aber auch das der Erfüllungshandlung zugrunde liegende Kausalgeschäft erfasst. Auch für das Kausalgeschäft gilt daher, dass es im Regelfall unanfechtbar ist und nur unter besonderen, vom Insolvenzverwalter darzulegenden und zu beweisenden Umständen[434], der Anfechtung unterliegt.

f) Ergebnis zur Anfechtbarkeit der im Eröffnungsverfahren vorgenommenen übertragenden Sanierung

Wäre eine im Eröffnungsverfahren vorgenommene übertragende Sanierung uneingeschränkt nach den §§ 129 ff. InsO anfechtbar, bestünde neben der Pflicht zur Unternehmensrückgewähr ein erhebliches Risiko für den Erwerber, seinen Kaufpreis nur zu einem gewissen Teil oder im schlimmsten Fall gar nicht zurückzuerhalten.

Hat - wie in aller Regel - an der übertragenden Sanierung ein vorläufiger Insolvenzverwalter mitgewirkt, ist dieses Risiko allerdings deutlich reduziert. Denn jedenfalls dann, wenn der Unternehmenserwerb von einem starken oder einem mittels Einzelermächtigung „gestärkten" vorläufigen Insolvenzverwalter erfolgt, ist die Anfechtung im eröffneten Verfahren ausgeschlossen. Aber auch dann, wenn der Erwerb mit Zustimmung eines schwachen vorläufigen Insolvenzverwalters stattfindet, ist eine Anfechtung des Unternehmenserwerbs durch den späteren Insolvenzverwalter nach dem hier gefundenen Ergebnis regelmäßig ausgeschlossen.

2. Erfüllungsablehnung durch den endgültigen Insolvenzverwalter gemäß § 103 InsO

Schon der Kauf eines Krisenunternehmens im Vorfeld der Stellung eines Insolvenzantrages birgt für den Erwerber das Risiko, dass der Insolvenzverwalter das ihm gemäß § 103 InsO zustehende Wahlrecht zu Lasten des Erwerbers ausübt, wenn der Kaufvertrag bei Eröffnung eines sich dann anschließenden

434 Etwa wenn der vorläufige Insolvenzverwalter den Vorbehalt der späteren Anfechtbarkeit erklärt, BGHZ 154, 190, 199.

Insolvenzverfahrens weder von ihm noch vom Verkäufer vollständig erfüllt ist. Dieses Risiko setzt sich unvermindert bei dem hier interessierenden Erwerb im Eröffnungsverfahren fort. Der Erwerber ist in diesem Fall wegen des gestellten Insolvenzantrags sogar besonders gewarnt, dass es zeitnah zu einer Insolvenzeröffnung kommen kann und ihm damit die Rechtsfolgen des § 103 InsO drohen.

Zunächst gilt es, das Risikoprofil aufzuzeigen, das sich für den Erwerber grundsätzlich ergibt, wenn im Eröffnungsverfahren zwar schon der Unternehmenskaufvertrag abgeschlossen, dieser jedoch bis zur Verfahrenseröffnung noch nicht oder nicht vollständig erfüllt wurde. Im Anschluss daran ist zu untersuchen, ob sich möglicherweise Modifikationen des Erfüllungswahlrechts durch die Mitwirkung eines vorläufigen Insolvenzverwalters an dem Abschluss des Kaufvertrages über das schuldnerische Unternehmen ergeben.

Für die Anwendbarkeit des § 103 InsO sind verschiedene Voraussetzungen erforderlich, die im Zeitpunkt der Eröffnung des Insolvenzverfahrens vorliegen müssen.

So werden von § 103 InsO vor Verfahrenseröffnung geschlossene vollkommen zweiseitig verpflichtende Verträge im Sinne des § 320 BGB erfasst, deren Wesensmerkmal die synallagmatische Verknüpfung der Hauptleistungspflichten darstellt.[435] Erfasst sind damit auch Unternehmenskaufverträge, da die Pflicht zur dinglichen Unternehmensübertragung im Gegenseitigkeitsverhältnis mit der Pflicht zur Kaufpreiszahlung steht.[436]

a) Keine Anwendbarkeit von § 103 InsO bei beidseitig oder einseitig vollständiger Erfüllung

Der Unternehmenskaufvertrag darf für die Anwendbarkeit des § 103 InsO von keiner Seite bei Eröffnung des Insolvenzverfahrens vollständig erfüllt sein, wobei maßgeblich für die Erfüllung nicht schon die Vornahme der für die Herbeiführung des Erfolges erforderlichen Leistungshandlungen, sondern der Eintritt des geschuldeten Leistungserfolges ist, vgl. § 362 BGB.[437]

---

435 *Ahrendt*, in: HamKo-InsO, § 103 Rn. 5; *Andres*, in: Andres/Leithaus, § 103 Rn. 6; Balthasar, in: Nerlich/Römermann, § 103 Rn. 8; *Huber*, in: MüKo-InsO, § 103 Rn. 55; *Wegener*, in: Uhlenbruck, § 103 Rn. 25.

436 *Strotmann*, ZInsO 2010, 1314, 1315; *Tintelnot*, in: Kübler/Prütting/Bork, § 103 Rn. 48.

437 *Balthasar*, in: Nerlich/Römermann, § 103 Rn. 27; *Huber*, in: MüKo-InsO, § 103 Rn. 121 f.; *Wegener*, in: FK-InsO, § 103 Rn. 61 f.; *derselbe*, in: Uhlenbruck, § 103 Rn. 57, 59.

Nicht eröffnet ist der Anwendungsbereich des § 103 InsO demnach jedenfalls dann, wenn *beide Seiten* den Unternehmenskaufvertrag bei Verfahrenseröffnung bereits vollständig erfüllt haben. Dann ist das Schuldverhältnis erloschen und zur Anreicherung der Masse kommt allenfalls eine Anfechtung nach den §§ 129 ff. InsO in Betracht.[438]

§ 103 InsO ist zudem dann nicht einschlägig, wenn *einseitig* nur der spätere Insolvenzschuldner seine Leistungspflichten bereits im Eröffnungsverfahren vollständig erfüllt, er also das Unternehmen schon vor Verfahrenseröffnung auf den Erwerber übertragen hat. Dabei ist zu berücksichtigen, dass im Rahmen der übertragenden Sanierung in ihrer Ausgestaltung als Asset Deal neben etwaig vereinbarten Vollzugsbedingungen (z.B. Freigabe durch die Kartellbehörde bzw. Europäische Kommission) regelmäßig eine Vielzahl von Übertragungsakten als Erfüllungshandlungen des Verkäufers realisiert werden müssen, so dass die schnelle *vollständige* Erfüllung durch den Veräußerer oftmals nicht ohne weiteres gewährleistet werden kann.[439] Ist es jedoch trotz dieses Umstands zur vollständigen Erfüllung durch den Schuldner bereits vor Verfahrenseröffnung gekommen, kann der Erwerber das Unternehmen vorbehaltlich einer Anfechtung behalten und muss die Gegenleistung in Form des vereinbarten Kaufpreises zur Masse erbringen.

Schließlich kommt § 103 InsO dann nicht zum Tragen, wenn der Erwerber den Kaufpreis vor Verfahrenseröffnung in voller Höhe entrichtet und insoweit vollständig vorgeleistet hat. Diese Vorgehensweise bedeutet allerdings für den Erwerber, dass er seinen Anspruch auf Übertragung des Unternehmens im eröffneten Verfahren nur als Insolvenzforderung nach den §§ 38, 45 InsO geltend machen kann, womit sich für ihn das einer Vorleistung immanente wirtschaftliche Insolvenzrisiko realisiert.[440] Seine Vorleistung bekommt er auch nicht etwa zurück, diese verbleibt in der Masse (arg. § 105 S. 2 InsO).[441]

438 *Fisseler*, in: Rotthege/Wassermann, Kap. 12 Rn. 84; zu den Anfechtungsrisiken siehe Teil 3 I. 1.

439 *Wessels*, ZIP 2004, 1237, 1242; *Windhöfel/Ziegenhagen/Denkhaus*, Rn. 33.

440 *Fisseler*, in: Rotthege/Wassermann, Kap. 12 Rn. 84.

441 *Foerste*, Rn. 207; *Kreft*, in: MüKo-InsO, § 103 Rn. 27 a.E.

b) *Anwendbarkeit des § 103 InsO: Insolvenzverwalter hat Erfüllungswahlrecht*

Innerhalb des Anwendungsbereichs des § 103 InsO muss hinsichtlich der Rechtsfolgen wiederum differenziert werden, ob die Parteien des Unternehmenskaufvertrages oder eine Partei bei Verfahrenseröffnung bereits mit dem Austausch der geschuldeten Leistungen begonnen haben.

aa) Keinerlei Vertragserfüllung bei Verfahrenseröffnung

War der Unternehmenskaufvertrag bei Verfahrenseröffnung von keiner Seite (auch nur teilweise) erfüllt, ist der Anwendungsbereich des § 103 InsO für den gesamten gegenseitigen Vertrag eröffnet. Lehnt der Insolvenzverwalter dann die Erfüllung ab, hat dies zur Folge, dass der auf Übertragung des Unternehmens gerichtete Erfüllungsanspruch des Erwerbers seine rechtliche Durchsetzbarkeit verliert[442] und der Erwerber die Nichterfüllungsforderung für den vom Veräußerer noch nicht erfüllten Vertrag nur als Insolvenzforderung geltend machen kann, § 103 Abs. 2 S. 1 InsO. Für den Erwerber bedeutet das in wirtschaftlicher Hinsicht vor allem, dass seine Hoffnung auf den Vertragsvollzug vernichtet ist und sich von ihm im Vertrauen auf den Vertragsschluss getätigte Aufwendungen als nutzlos erweisen.[443]

Wählt der Insolvenzverwalter hingegen die Erfüllung des Vertrages, erfährt der Übertragungsanspruch des Erwerbers einen „Qualitätssprung“[444] und wird Masseverbindlichkeit gemäß § 55 Abs. 1 Nr. 2 InsO, womit dem Interesse des Erwerbers am Vollzug des Unternehmenskaufs gedient ist.

bb) Sukzessive Vertragserfüllung

Problematischer ist, welche Rechtsfolgen die Ausübung des Erfüllungswahlrechts durch den Insolvenzverwalter zeitigt, wenn eine oder beide Vertragsparteien bei Verfahrenseröffnung bereits mit der Erfüllung des Unternehmenskaufvertrages begonnen haben, der Insolvenzverwalter also einen „schwebenden Unternehmenskauf“[445] vorfindet.

Die Rechtsfolgen der Erfüllungswahl hängen in diesem Fall maßgeblich davon ab, ob ein Unternehmen als teilbare Leistung einzustufen ist und ein

---

442 So unter Aufgabe der Erlöschenstheorie BGHZ 150, 353, 359.

443 *Fisseler*, in: *Rotthege/Wassermann*, Kap. 12 Rn. 88.

444 *Huber*, NZI 2002, 467, 470.

445 *Hölzle*, DStR 2004, 1433, 1435 mit Fn. 46.

Unternehmenskaufvertrag damit ein teilbares Rechtsgeschäft darstellt, auf das § 105 InsO Anwendung findet.

Die Vorschrift des § 105 S. 1 InsO ermöglicht es dem Insolvenzverwalter nämlich, Erfüllung von Verträgen über teilbare Leistungen zu verlangen, ohne dass der Insolvenzverwalter dadurch die Gegenleistung für bereits vor Verfahrenseröffnung erbrachte Teilleistungen erbringen müsste.[446] „Der andere Teil", also der Vertragspartner des Schuldners, ist mit dem seiner Vorleistung entsprechenden Betrag seines Anspruchs auf die Gegenleistung lediglich Insolvenzgläubiger.

(1) Konsequenzen der Einstufung eines Unternehmens als teilbare Leistung

Die Einstufung der im Rahmen eines Unternehmenskaufvertrages geschuldeten Leistungen als teilbar hat in Anwendung des § 105 S. 1 InsO somit zur Folge, dass der Erwerber, der eine Kaufpreisvorleistung erbringt, selbst bei einer anschließenden Erfüllungswahl des Insolvenzverwalters hinsichtlich seines dem vorgeleisteten Teil des Kaufpreises entsprechenden Anspruchs auf Übertragung des schuldnerischen Unternehmens lediglich Insolvenzgläubiger (§§ 38, 45 S. 1 InsO) ist. Selbst wenn der Insolvenzverwalter Erfüllung wählt, findet sich der Erwerber damit in der misslichen Lage wieder, dass er zum Teil nur Insolvenzgläubiger und zum Teil Massegläubiger hinsichtlich seines Anspruchs auf Unternehmensübertragung ist, er aber den gesamten Kaufpreis zu bezahlen hat.

Übt der Insolvenzverwalter sein Erfüllungswahlrecht hingegen nicht aus, kann der Vertragspartner des Schuldners neben der seiner Vorleistung entsprechenden Insolvenzforderung seine Forderung wegen der insolvenzbedingten Nichterfüllung des übrigen Teils gemäß § 103 Abs. 2 S. 1 InsO ebenfalls nur als Insolvenzforderung geltend machen.[447] Eine Rückerstattung seiner Vorleistung aus der Masse kann er wegen der ausdrücklichen Regelung des § 105 S. 2 InsO nicht verlangen.

Umgekehrt hat der Insolvenzverwalter bei einer vor Verfahrenseröffnung erfolgten Vorleistung des Schuldners unabhängig von der Ausübung seines Erfüllungswahlrechts einen vertraglichen Anspruch auf den der Vorleistung entsprechenden Kaufpreisteil und kann diesen gemäß § 80 InsO zur Masse ziehen.[448] Der Insolvenzverwalter hat es darüber hinaus in der Hand, durch

---

446 *Kroth*, in: Braun, § 105 Rn. 1; *Tintelnot*, in: Kübler/Prütting/Bork, § 105 Rn. 2.

447 *Kroth*, in: Braun, § 105 Rn. 7; *Tintelnot*, in: Kübler/Prütting/Bork, § 105 Rn. 14.

448 *Kreft*, in: MüKo-InsO, § 103 Rn. 51; *Linder*, S. 139 f.; eine qualitative Änderung dieses Anspruchsteils tritt allerdings nicht ein, es kommt also nicht zu einer Aufwertung des Erfüllungsanspruchs zu einem originären Masseanspruch; das bedeutet, dass eine Abtretung des Erfüllungsanspruchs durch den Schuldner insoweit auch

Erfüllungswahl einen Anspruch der Masse gegen den Erwerber auf Zahlung des restlichen Kaufpreisteils zu begründen, wodurch zugleich der Erwerber hinsichtlich des Anspruchs auf Übertragung des vor Insolvenzeröffnung noch nicht übertragenden Unternehmensteils in den Rang eines Massegläubigers erhoben wird.

Ein Rückforderungsrecht des Insolvenzverwalters hinsichtlich des vom Insolvenzschuldner vor Verfahrenseröffnung geleisteten Unternehmensteils besteht jedoch nicht.[449] Zweck des Wahlrechts ist es nämlich nicht, bereits vor Insolvenzeröffnung verwirklichte wirtschaftliche Dispositionen des Schuldners zu Gunsten der Masse ungeschehen zu machen; der Insolvenzverwalter muss den Vertrag vielmehr in der Lage übernehmen, in der er ihn bei Eröffnung des Verfahrens vorfindet.[450] § 103 InsO ist also nicht in anfechtungsähnlicher Weise geeignet, einen der Masse nachteiligen Abwicklungsstand rückabzuwickeln.[451] Auch sind im Vorfeld der Insolvenz erbrachte Leistungen des einen oder anderen Teils infolge einer Erfüllungsablehnung nicht etwa rechtsgrundlos erbracht.[452] Denn für den Fall, dass der Insolvenzverwalter keine Erfüllung wählt, hat der BGH unter Aufgabe der Erlöschenstheorie klargestellt, dass der Vertrag ungeachtet der Eröffnung des Insolvenzverfahrens bestehen bleibt.[453]

(2) Konsequenzen der Einstufung eines Unternehmens als unteilbare Leistung

Anders stellt sich die Rechtslage bei Einstufung eines Unternehmens als unteilbarer Leistungsgegenstand dar. In diesem Fall kann der Vertrag durch die Verfahrenseröffnung nicht in einen bereits erfüllten und einen noch nicht erfüllten Vertragsteil gespalten werden. Denn es liegt gerade in der Natur der Sache, dass die Aufspaltung eines auf den Austausch zumindest einer unteilbaren Leistung gerichteten Vertrages wegen dessen Einheitlichkeit praktisch nicht möglich ist;

---

gegenüber dem Insolvenzverwalter wirksam bleibt und dass gegen diesen Teilanspruch nach Maßgabe der §§ 94 ff. InsO mit Insolvenzforderungen des Vertragspartners aufgerechnet werden kann.

449 BGH NZI 2007, 404, 405 Rn. 15; BGHZ 155, 87, 96, wonach die Eröffnung des Gesamtvollstreckungsverfahrens in Verbindung mit der Erfüllungsablehnung des Verwalters „in aller Regel" keinen Anspruch der Masse auf Rückzahlung der Vorleistung des Schuldners auslösen soll; ebenso *Kreft*, in: MüKo-InsO, § 103 Rn. 34; *Linder*, S. 141; *Tintelnot*, in: Kübler/Prütting/Bork, § 103 Rn. 308; *Wessels*, ZIP 2004, 1237, 1242; **a.A.** *Rhein*, in: Eilers/Koffka/Mackensen, Kap. III 1. Rn. 29.

450 BGHZ 155, 87, 97; BGHZ 196, 160, 162.

451 *Linder*, S. 141; *Tintelnot*, in: Kübler/Prütting/Bork, § 103 Rn. 308.

452 *Tintelnot*, in: Kübler/Prütting/Bork, § 103 Rn. 308.

453 BGHZ 150, 353, 359.

§ 103 InsO findet im Falle der Unteilbarkeit auch nur einer Leistung dementsprechend auf den *ganzen* Vertrag Anwendung.[454] Das heißt, dass der Insolvenzverwalter sein Wahlrecht dann nur für den Vertrag im Ganzen ausüben kann und mit einer Erfüllungswahl *sämtliche* Ansprüche aus dem gegenseitigen Vertrag zu Masseforderungen und Masseverbindlichkeiten werden.[455] Plastisch ausgedrückt gilt für den Insolvenzverwalter hinsichtlich seiner Leistungsverpflichtung bei der Einstufung des Unternehmens als unteilbare Leistung damit das Prinzip „Alles oder Nichts".[456]

Für eine vom Erwerber vor Verfahrenseröffnung erbrachte Vorleistung in Form einer teilweisen Kaufpreiszahlung bedeutet das, dass der Erwerber bei einer Erfüllungswahl durch den Insolvenzverwalter den restlichen Kaufpreisteil in die Masse bezahlen, der Insolvenzverwalter dafür aber auch das *vollständige*, nach dem Unternehmenskaufvertrag geschuldete Unternehmen aus der Masse auf den Erwerber übertragen muss. In diesem Fall muss die Masse also die Gegenleistung voll erbringen, obwohl die im Gegenseitigkeitsverhältnis stehende Vorleistung nicht ihr, sondern vor Verfahrenseröffnung dem Schuldner zugeflossen ist.[457]

Wählt der Insolvenzverwalter hingegen nicht die Erfüllung des Vertrages, kann der Erwerber lediglich einen Anspruch wegen Nichterfüllung des ganzen Vertrages nach § 103 Abs. 2 S. 1 InsO als Insolvenzforderung geltend machen.

Zudem kann der Erwerber einen von ihm vor Verfahrenseröffnung geleisteten Kaufpreis(teil) nicht zurückverlangen. Dies folgt aus den gleichen Erwägungen, die soeben zu der Frage angestellt wurden, ob dem Insolvenzverwalter hinsichtlich vom Schuldner erbrachter Vorleistungen ein Rückforderungsrecht zustehen kann: Der Vertrag bleibt in der Lage bestehen, in der er sich bei Eröffnung des Insolvenzverfahrens befand[458] und es kommt durch eine Erfüllungsablehnung nicht etwa zu einer Rückabwicklung der von dem einen oder dem anderen Teil bis zur Verfahrenseröffnung erbrachten Leistungen.[459] Dies ist auch interessengerecht, da der Vertragspartner dem Schuldner Kredit gewährt hat und damit bewusst dessen Insolvenzrisiko übernommen hat. Klargestellt wird dieses Ergebnis schließlich von der deklaratorisch wirkenden Vorschrift des § 105 S. 2

---

454 *Linder*, S. 144; *Wegener*, in: Uhlenbruck, § 105 Rn. 6.

455 *Linder*, S. 144 f.

456 *Fisseler*, in: Rotthege/Wassermann, Kap. 12 Rn. 107.

457 *Linder*, S. 146.

458 BGHZ 150, 353, 359; BGHZ 155, 87, 97; BGHZ 196, 160, 162; *Kreft*, in: MüKo-InsO, § 103 Rn. 15.

459 *Tintelnot*, in: Kübler/Prütting/Bork, § 103 Rn. 308.

InsO: Trotz ihrer systematischen Stellung im Zusammenhang mit teilbaren Leistungen (§ 105 S. 1 InsO) ist ihr der allgemeine insolvenzrechtliche Gedanke zu entnehmen, dass jede vor Verfahrenseröffnung in die Masse gelangte Leistung dort verbleiben muss, um der Befriedigung aller Gläubiger zu dienen.[460]

Auch in dem umgekehrten Fall, dass der Insolvenzschuldner vor Verfahrenseröffnung bereits teilweise vorgeleistet, also einen Teil des Unternehmens übertragen hat, kommt § 103 InsO für den Vertrag im Ganzen zur Anwendung. Bei Erfüllungswahl muss der Insolvenzverwalter das Unternehmen also vollständig aus der Masse übertragen, der Erwerber den Kaufpreis in voller Höhe an die Masse erbringen. Wählt der Insolvenzverwalter hingegen nicht Erfüllung, kann er vom Erwerber keine Leistungen, auch nicht für einen der Vorleistung des Insolvenzschuldners entsprechenden Teil verlangen, da es in der Natur unteilbarer Leistungen liegt, dass ihnen kein entsprechender, sinnvoll abtrennbarer Gegenleistungsteil zugeordnet werden kann.[461] Der Erwerber kann in diesem Fall einen Anspruch wegen Nichterfüllung seines Übertragungsanspruchs gemäß § 103 Abs. 2 S. 1 InsO als Insolvenzforderung geltend machen.[462]

Hat der Schuldner vor Verfahrenseröffnung bereits Teile des Unternehmens an den Erwerber übertragen, ist ein diesbezügliches Rückforderungsrechts des Insolvenzverwalters auch bei Einstufung des Unternehmens als unteilbare Leistung abzulehnen. Es ändert sich nämlich auch in diesem Fall nichts an der maßgeblichen Erwägung, dass Vorleistungen des einen oder anderen Teils eines gegenseitigen Vertrages nicht infolge einer nach § 103 InsO erfolgten Erfüllungsablehnung zurückgefordert werden können.

(3) Zwischenergebnis

In der Gesamtschau dieses Risikoprofils zeigt sich, dass es für den Erwerber insbesondere dann riskant ist, Leistungen an den späteren Insolvenzschuldner vor Verfahrenseröffnung zu erbringen, wenn ein Unternehmen als teilbare Leistung einzustufen ist.

Dann nämlich hat der Erwerber selbst bei einer Erfüllungswahl durch den Insolvenzverwalter einen Masseanspruch nur hinsichtlich des seiner Vorleistung nicht entsprechenden Unternehmensteils und ist hinsichtlich des restlichen Teils lediglich Insolvenzgläubiger.

---

460 *Ahrendt*, in: HamKo-InsO, § 105 Rn. 10; *Balthasar*, in: Nerlich/Römermann, § 105 Rn. 11; *Kreft*, in: MüKo-InsO, § 105 Rn. 38; *Tintelnot*, in: Kübler/Prütting/Bork, § 105 Rn. 18; *Wegener*, in: Uhlenbruck, § 105 Rn. 30.

461 *Linder*, S. 147.

462 *Linder*, S. 147.

Nur dann, wenn ein Unternehmen als unteilbare Leistung einzustufen ist, kann der Erwerber trotz einer Vorleistung durch die Erfüllungswahl des Insolvenzverwalters noch Massegläubiger hinsichtlich der Übertragung des *gesamten* Unternehmens werden, womit einzig seinem Interesse gedient wäre.

Es bedarf folglich einer Entscheidung in der Frage, ob die Übertragung eines Unternehmens als teilbare oder unteilbare Leistung einzustufen ist.

(4) Stellungnahme: Unternehmen als teilbare Leistung

Für die Unteilbarkeit eines Unternehmens spricht, dass es im Falle des Unternehmenskaufs erst die einzelnen Vermögensgegenstände und Rechtsbeziehungen zusammengenommen sind, die das „Unternehmen" mit seinem einheitlichen Charakter ausmachen und das objektive Interesse der Vertragsparteien dementsprechend nur die Übertragung des Unternehmens als Ganzes, nicht aber einzelner Bestandteile umfasst.[463] Auch ist zu beachten, dass es sich – ungeachtet der sachenrechtlichen Beurteilung – beim Unternehmenskauf schuldrechtlich um den Kauf *eines* Gegenstandes, nämlich des Unternehmens, handelt.[464] Diese von den Parteien vertraglich getroffene Vereinbarung spricht dafür, ein Unternehmenskaufvertrag als ein unteilbares Rechtsgeschäft einzustufen.[465]

Gegen die Beachtlichkeit einer solchen (zumindest konkludenten) Vereinbarung hinsichtlich der Teilbarkeit des Unternehmens streitet allerdings, dass § 105 S. 1 InsO gemäß § 119 InsO zwingendes Recht darstellt und es den Vertragsparteien daher verwehrt ist, den Begriff der Teilbarkeit vertraglich in einer von § 105 S. 1 InsO abweichenden Weise zu bestimmen.[466] Auch das erstgenannte Argument, wonach die Teilbarkeit eines Unternehmens vom objektiven Interesse der Parteien abhängig zu machen ist, vermag nicht zu überzeugen. Dieses im Einzelfall bestimmen zu müssen, würde nämlich die ohnehin schon schwierige Beurteilung der Teilbarkeit nur noch mehr verkomplizieren.[467]

Daher überzeugt es vielmehr, auch im Falle eines Unternehmenskaufs den vom BGH entwickelten allgemeinen Maßstab anzulegen, wonach eine Leistung immer dann schon als teilbar zu betrachten ist, wenn sie feststellbar und

---

463 So *Fisseler*, in: Rotthege/Wassermann, Kap. 12 Rn. 108; *Wessels*, ZIP 2004, 1237, 1242 zumindest für den Unternehmenskern.

464 *Hölzle*, DStR 2004, 1433, 1435 mit Fn. 46.

465 So *Fisseler*, in: Rotthege/Wassermann, Kap. 12 Rn. 109.

466 *Andres*, in: Andres/Leithaus, § 105 Rn. 7; Kreft, in: MüKo-InsO, § 105 Rn. 37; *Kroth*, in: Braun, § 105 Rn. 12; *Linder*, S. 132.

467 *Linder*, S. 134.

bewertbar ist.[468] Mit dieser weiten Auslegung des Begriffs der Teilbarkeit wird zum einen dem das gesamte Insolvenzverfahren beherrschenden Grundsatz der Gläubigergleichbehandlung am besten entsprochen: Die Gläubigergesamtheit wird durch diesen Ansatz nämlich davor geschützt, dass der Insolvenzverwalter Mehrungen, die dem Schuldnervermögen vor Verfahrenseröffnung zugeflossen sind, bei einer Erfüllungswahl aus der Masse vergüten muss.[469] Zum anderen wird so auch ein erhöhtes Maß an Rechtssicherheit geschaffen, als ein Regel-Ausnahmeverhältnis zwischen Teilbarkeit und Unteilbarkeit hergestellt wird.

Nach dieser vorzugswürdigen weiten Auslegung des Teilbarkeitsbegriffs ist auch ein Unternehmen als teilbare Leistung einzustufen. Erbringt der Schuldner nämlich eine Vorleistung in Form der Übertragung einzelner Unternehmensteile, lässt sich unschwer der Umfang dieser Teilleistung feststellen, womit jedenfalls dem Kriterium der Feststellbarkeit genüge getan ist. Darüber hinaus lässt sich die so festgestellte (Unternehmens)Teilleistung auch in aller Regel bewerten, sei es aufgrund eines im Rahmen der Kaufpreisfindung erstellten Bewertungsgutachtens oder mit Hilfe eines Sachverständigen.[470] Die Bewertbarkeit ist damit ebenfalls gewährleistet.

Im Falle einer Kaufpreisvorleistung durch den Erwerber kommt es zwar nicht zu einer Sachvorleistung, womit über die Teilbarkeit des Unternehmens nicht unmittelbar anhand der vom BGH aufgestellten Formel der Feststellbarkeit und Bewertbarkeit entschieden werden kann.[471] Für die Annahme der Teilbarkeit ist es in dieser Konstellation aber ausreichend, dass sich die geschuldete Gesamtsachleistung überhaupt wertmäßig aufteilen und sich ein der Vorzahlung entsprechender Teil der Gesamtsachleistung wertmäßig bestimmen lässt[472], wie es bei einem Unternehmenskauf der Fall ist. Denn obwohl sich der Wert des Unternehmens für den Erwerber nicht primär aus dem rechnerischen Wert der einzelnen Assets, sondern erst aus deren funktionaler Zuordnung in dem Unternehmen als organisches, wirtschaftendes Gefüge ergibt, spielt die Bewertung der einzelnen Assets bei der Kaufpreisfindung eine nicht unwesentliche Rolle. Dementsprechend lässt sich bei einer Vorleistung des Erwerbers bestimmen,

---

468 BGHZ 150, 353, 359.

469 Siehe nur *Balthasar*, in: Nerlich/Römermann, § 105 Rn. 7.

470 *Wegener*, in: Uhlenbruck, § 105 Rn. 9.

471 So weist *Wegener*, in: Uhlenbruck, § 105 Rn. 10 darauf hin, dass die vorzitierte Entscheidung BGHZ 150, 353 zum Teilbarkeitsbegriff nur den Fall einer vor Insolvenzeröffnung erfolgten Teilleistung des Schuldners erfasst.

472 *Wegener*, in: Uhlenbruck, § 105 Rn. 10.

welcher Teil des zu übertragenden Unternehmens mit dieser Vorleistung jeweils wertmäßig korrespondiert.

Ein Unternehmen ist nach alledem also trotz seiner schuldrechtlichen Behandlung als einheitlicher Vertragsgegenstand insolvenzrechtlich als teilbare Leistung im Sinne des § 105 S. 1 InsO zu behandeln.

cc) Mögliche Schutzvorkehrungen des Erwerbers

Es ist nahe liegend, dass sich die vorstehend dargestellten, mit dem Erfüllungswahlrecht des Insolvenzverwalters gemäß § 103 InsO verbundenen Unsicherheiten, durch eine möglichst zügige Transaktionsabwicklung vermeiden lassen, da so der Anwendungsbereich des § 103 InsO ausgeschlossen werden kann.[473] Da sich aber – wie bereits festgestellt[474] – insbesondere bei der übertragenden Sanierung in ihrer Ausgestaltung als Asset Deal wegen der Vielzahl von Übertragungsakten eine Verzögerung der Abwicklung ergeben kann, gilt es als Schutzvorkehrung insbesondere für den Erwerber, Vorleistungen zu vermeiden. Leistet der Erwerber nicht vor und findet die Zahlung des Kaufpreises stattdessen Zug-um-Zug gegen Übertragung des Unternehmens statt, ist der Unternehmenskaufvertrag, soweit er beiderseitig erfüllt ist, nämlich vom Anwendungsbereich des § 103 InsO ausgenommen und es kommt bei Insolvenzeröffnung zu einer insolvenzmäßigen Abwicklung lediglich der noch nicht erfüllten Vertragsleistungen.[475]

Bei der dann anstehenden Entscheidung des Insolvenzverwalters, ob er die Erfüllung des Vertrages wählt oder er es bei den mit der Insolvenzeröffnung eingetretenen Rechtsfolgen belässt, muss er sich daran orientieren, wodurch die bestmögliche Verwertung des Schuldnervermögens zum Zwecke der bestmöglichen Befriedigung aller Gläubiger (§ 1 S. 1 InsO) erreicht werden kann.[476] Sind wegen der beiderseitig unvollständigen Vertragserfüllung bei Insolvenzeröffnung in der Masse dann noch Unternehmensteile vorhanden, die nur im Verbund des Unternehmens Sinn ergeben und die Masse eventuell sogar noch belasten, wäre es nach diesem Grundsatz pflichtwidrig, würde der Insolvenzverwalter nicht die Erfüllung des Vertrages wählen, um damit den verbleibenden Kaufpreis der Masse gegen Weggabe eines nicht verwendbaren Unternehmensteils zugute kommen zu lassen. Dies gilt umso mehr, als dem Insolvenzverwalter kein Rückforderungsrecht hinsichtlich der bereits an den Erwerber übereigneten

473 *Fisseler*, in: Rotthege/Wassermann, Kap. 12 Rn. 84.

474 Siehe Teil 3 I. 2. a).

475 *Kreft*, in: MüKo-InsO, § 103 Rn. 37.

476 BGHZ 167, 363, 371.

Unternehmensteile zuzugestehen ist[477] und es ihm überdies kaum möglich sein wird, einzelne Unternehmensteile an andere Interessenten zu einem gleichen oder gar besseren Preis zu veräußern, besitzen diese außerhalb des Unternehmensverbundes doch regelmäßig nur Schrottwert. Daher ist, je weiter der beiderseitige Erfüllungsstand bei einem Unternehmenskaufvertrag vorangeschritten ist, das Ermessen des Insolvenzverwalters bei der Ausübung des Erfüllungswahlrechts in haftungsbewehrter Weise (§ 60 InsO) zugunsten einer Erfüllungswahl und damit zugunsten des Erwerberinteresses einzuschränken.

c) Erfüllungswahlrecht des Insolvenzverwalters bei Unternehmenskauf unter Mitwirkung eines vorläufigen Insolvenzverwalters

Wird der Unternehmenskaufvertrag nun unter der Mitwirkung eines vorläufigen Insolvenzverwalters abgeschlossen, stellt sich die Frage, ob der Erwerber sich auch dann vor den möglicherweise ruinösen Folgen des Erfüllungswahlrechts schützen muss oder ob das Erfüllungswahlrecht des Insolvenzverwalters in diesem Fall ohnehin schon ausgeschlossen oder zumindest eingeschränkt ist.

aa) Erwerb vom starken vorläufigen Insolvenzverwalter

Dabei ist zunächst der Unternehmenserwerb von einem starken vorläufigen Insolvenzverwalter, also die Frage zu untersuchen, ob das Wahlrecht des § 103 InsO auch (Unternehmenskauf)Verträge erfasst, aus denen sich im eröffneten Verfahren gemäß § 55 Abs. 2 InsO Masseverbindlichkeiten ergeben.

(1) Meinungsbild

Diesbezüglich wird teilweise vertreten, dass der Insolvenzverwalter auch die Erfüllung von Verträgen nach § 103 Abs. 1 InsO verweigern könne, die durch ihn als starker vorläufiger Insolvenzverwalter begründet wurden.[478] Dies folge daraus, dass die Funktionen von vorläufigem und endgültigem Insolvenzverwalter verschieden seien: Handlungen des vorläufigen Insolvenzverwalters, die häufig der Sicherung des Vermögens dienen, könnten den endgültigen Insolvenzverwalter nicht binden.[479] Dagegen spreche auch nicht die Vorschrift des § 55 Abs. 2 InsO, da diese lediglich unter bestimmten Voraussetzungen Masseschulden im

477 Siehe dazu soeben unter Teil 3 I. 2. b) bb) (1).

478 *Wegener*, in: FK-InsO, § 103 Rn. 8; *derselbe*, in: Uhlenbruck, § 103 Rn. 99.

479 *Wegener*, in: FK-InsO, § 103 Rn. 8.

Interesse des Verkehrsschutzes fingiere, die Systematik des § 103 InsO dadurch aber nicht durchbrochen werde.[480]

Nach der überwiegenden Ansicht hingegen soll die Regelung des § 55 Abs. 2 InsO ein Erfüllungswahlrecht des endgültigen Insolvenzverwalters in Bezug auf solche Verträge ausschließen, aus denen sich vom vorläufigen Insolvenzverwalter begründete Masseverbindlichkeiten ergeben.[481] Für diesen Standpunkt wird angeführt, es sei paradox, würde der durch § 55 Abs. 2 InsO bezweckte Schutz bestimmter Forderungsinhaber nach Eröffnung des Verfahrens durch eine Nichterfüllungswahl und die daraus resultierende Verweisung auf eine Insolvenzforderung wieder beseitigt werden können; auch müssten, da starker vorläufiger und endgültiger Insolvenzverwalters in ihrer Rechtsstellung weitgehend gleichgestellt seien, vom vorläufigen Insolvenzverwalter begründete Masseverbindlichkeiten endgültigen Charakter haben und nicht einer weiteren Kontrolle durch den endgültigen Insolvenzverwalter zugänglich sein; insofern sei der Anwendungsbereich des § 103 InsO teleologisch zu reduzieren, soweit gemäß § 55 Abs. 2 InsO begründete Verbindlichkeiten betroffen sind.[482] Von anderer Seite wird § 55 Abs. 2 InsO offenbar sogar als lex specialis gegenüber § 103 InsO angesehen, führen die Vertreter dieser Ansicht doch aus, die Frage des § 103 InsO stelle sich für vom starken vorläufigen Insolvenzverwalter geschlossene Verträge gar nicht, weil durch sein Handeln *ohnehin* eine Masseverbindlichkeit (§ 55 Abs. 2) begründet werde, die der Insolvenzverwalter erfüllen müsse; einer teleologischen Reduktion des § 103 InsO bedürfe es für die Ablehnung eines Erfüllungswahlrechts in diesem Fall also gar nicht.[483]

(2) Stellungnahme

Der Wortlaut des § 103 Abs. 1 InsO („gegenseitiger Vertrag“) differenziert für das Erfüllungswahlrecht des Insolvenzverwalters nicht danach, welche Qualität die in dem von ihm vorgefundenen Vertrag begründeten Verbindlichkeiten im eröffneten Verfahren haben, ob der Gläubiger also nur Inhaber einer

---

480 *Wegener*, in: FK-InsO, § 103 Rn. 8.

481 *Ahrendt*, in: HamKo-InsO, § 103 Rn. 16; *Hoenig/Meyer-Löwy*, ZIP 2002, 2162, 2163 ff.; *Huber*, in: MüKo-InsO, § 103 Rn. 151; *Louven/Böckmann*, NZI 2004, 128, 130; *Marotzke*, in: HK-InsO, § 103 Rn. 121; *Strümpell*, S. 146.

482 *Hoenig/Meyer-Löwy*, ZIP 2002, 2162, 2164; Louven/Böckmann, NZI 2004, 128, 130.

483 *Huber*, in: MüKo-InsO, § 103 Rn. 151 mit Fn. 349; *Marotzke*, Das Unternehmen, Rn. 124; *derselbe*, Gegenseitige Verträge, Rn. 14.80; *Tintelnot*, in: Kübler/Prütting/Bork, § 103 Rn. 139.

Insolvenzforderung gemäß § 38 InsO oder einer Masseverbindlichkeit gemäß § 55 Abs. 2 InsO ist. Insofern steht der Wortlaut der Anwendung des § 103 InsO auf durch einen starken vorläufigen Insolvenzverwalter begründete Masseverbindlichkeiten nicht entgegen.

In systematischer Hinsicht lässt sich nicht etwa ein Vorrang der Regelung des § 55 Abs. 2 InsO gegenüber § 103 InsO ausmachen, da sich die Anwendungsbereiche der beiden Normen nicht überschneiden.[484] Auch unter diesem Gesichtspunkt ist es folglich denkbar, dass der starke vorläufige Insolvenzverwalter gemäß § 55 Abs. 2 InsO eine Masseverbindlichkeit zugunsten eines Gläubigers begründet, diesen dann aber in seiner Eigenschaft als endgültiger Insolvenzverwalter darauf verweist, einen Schadensersatzanspruch wegen Nichterfüllung zur Tabelle anmelden zu müssen, § 103 Abs. 2 S. 1 InsO.

Ein Blick in die Historie des § 103 InsO ist wenig ergiebig, da sich unter Geltung der KO das Spannungsverhältnis zwischen im Antragsverfahren begründeten Masseverbindlichkeiten und dem Erfüllungswahlrecht des Konkursverwalters nach § 17 KO nicht wie unter Geltung der InsO stellte: Unter Mitwirkung des Sequesters begründete Verbindlichkeiten waren im Konkurs nämlich nicht als Masseforderungen gemäß § 59 Abs. 1 KO zu behandeln, so dass sich das Problem nicht ergab, ob der Konkursverwalter in der Lage sein soll, die Erfüllung zuvor privilegierter Forderungen wie die von Konkursforderungen abzulehnen.[485]

Allerdings sprechen teleologische Gesichtspunkte entscheidend dafür, von einem starken vorläufigen Insolvenzverwalter begründete gegenseitige Verträge vom Erfüllungswahlrecht des § 103 InsO auszunehmen. Durch § 103 InsO wird nämlich in erster Linie bezweckt, es dem Insolvenzverwalter zu ermöglichen, einen von keiner Seite bereits vollständig erfüllten gegenseitigen Vertrag zum Vorteil der Masse und damit der Gläubigergesamtheit auszuführen, insoweit dann aber zugleich dem Vertragspartner den durch das funktionelle Synallagma vermittelten Schutz zu erhalten.[486] Dem Insolvenzverwalter wird also die Möglichkeit gegeben, die bei Eröffnung des Verfahrens ohne positive Erfüllungswahl noch schwache Position eines Insolvenzgläubigers zu der eines Massegläubigers *auf*zuwerten. Eine „*Ab*wertungsfunktion“

---

484 *Hoenig/Meyer-Löwy*, ZIP 2002, 2162, 2164.

485 In diesem Sinne auch das LG Köln, ZIP 1988, 931, 932, das es dementsprechend offen ließ, ob, sollte man den Sequester zur Begründung von Masseverbindlichkeiten in der Lage erachten, dies zu einem Ausschluss des Wahlrechts des Konkursverwalters aus § 17 Abs. 1 KO führen würde.

486 BGHZ 150, 138, 148; *Kroth*, in: Braun, § 103 Rn. 2.

kann § 103 InsO hingegen nicht entnommen werden: Denn ein Insolvenzgläubiger, in Bezug auf dessen Vertrag der Insolvenzverwalter die Erfüllung gemäß § 103 Abs. 2 InsO ablehnt, wird nicht etwa schlechter gestellt, als er ohne die Erfüllungsablehnung ohnehin stehen würde. Das Recht des Insolvenzverwalters, die Erfüllung eines beiderseits noch nicht vollständig erfüllten gegenseitigen Vertrages abzulehnen und den Vertragspartner mit der Quote abzuspeisen, wird in § 103 InsO nämlich nicht eigens geschaffen, sondern als selbstverständlich vorausgesetzt. Grundlage des Ablehnungsrechts ist also nicht § 103 InsO, sondern § 38 InsO.[487]

Warum § 103 Abs. 2 S. 1 InsO dem Insolvenzverwalter dann aber ausgerechnet die Möglichkeit eröffnen sollte, die bevorrechtigte Position eines Massegläubigers *ab*zuwerten, erschließt sich umso weniger, als dadurch zugleich der Normzweck des § 55 Abs. 2 InsO konterkariert würde, da durch eine solche Möglichkeit der Erfüllungsablehnung von Masseverbindlichkeiten doch gerade dasjenige Vertrauen in die bevorzugte Befriedigung enttäuscht würde, das durch die Regelung des § 55 Abs. 2 InsO gegenüber den Geschäftspartner des vorläufigen Verwalters erst aufgebaut werden soll.

Im Ergebnis sind daher von einem starken vorläufigen Insolvenzverwalter geschlossene Verträge vom Anwendungsbereich des § 103 InsO auszunehmen. Wird der Unternehmenskaufvertrag mit einem starken vorläufigen Insolvenzverwalter abgeschlossen, braucht der Erwerber also auch bei bis zur Verfahrenseröffnung nicht erfolgter vollständiger Erfüllung durch zumindest eine Vertragspartei nicht zu fürchten, seinen Erfüllungsanspruch nur als Schadensersatzforderung quotal erfüllt zu bekommen.

bb) Erwerb vom durch Einzelanordnung „gestärkten" vorläufigen Insolvenzverwalter

Gleiches muss für den Vertragsschluss mit einem vorläufigen Insolvenzverwalter gelten, auf den die Verfügungsbefugnis über das Vermögen des Schuldners nicht übergegangen ist, der aber durch Gerichtsbeschluss wirksam dazu ermächtigt wurde, den Übertragungsanspruch des Erwerbers als Masseverbindlichkeit zu begründen. Solche Masseverbindlichkeiten sind ungeachtet des engen Wortlauts des § 55 Abs. 2 S. 1 InsO wie durch einen starken vorläufigen Insolvenzverwalter

487 *Andres*, in: Andres/Leithaus, § 103 Rn. 34; *Hoenig/Meyer-Löwy*, ZIP 2002, 2162, 2164; *Marotzke*, Das Unternehmen, Rn. 124; *derselbe*, Gegenseitige Verträge, Rn. 14.80.

Begründete zu behandeln, weshalb eine unterschiedliche Behandlung hinsichtlich der Möglichkeit zur Erfüllungswahl keine Grundlage hat.[488]

cc) Erwerb vom schwachen vorläufigen Insolvenzverwalter mit Zustimmungsvorbehalt

Zu untersuchen bleibt, ob § 103 InsO auf einen vom Schuldner mit Zustimmung eines schwachen vorläufigen Insolvenzverwalters abgeschlossenen Unternehmenskaufvertrag uneingeschränkt anwendbar ist.

(1) Keine Masseverbindlichkeiten bei Vertragsschluss unter Mitwirkung eines vorläufigen Insolvenzverwalters mit Zustimmungsvorbehalt

Wurde vorstehend festgestellt, dass die Ausübung des Wahlrechts in Bezug auf von einem starken bzw. gestärkten vorläufigen Insolvenzverwalter abgeschlossene Verträge mangels einer „Abwertungsfunktion“ gegenüber Masseverbindlichkeiten schon nicht dem Tatbestand des § 103 InsO unterfällt[489], kann diese Argumentation bei einem mit Zustimmung eines schwachen vorläufigen Insolvenzverwalters geschlossenen Vertrag nicht fruchtbar gemacht werden. Denn gemäß § 55 Abs. 2 S. 1 InsO gelten nur solche Verbindlichkeiten nach Eröffnung des Verfahrens als Masseverbindlichkeiten, die von einem vorläufigen Insolvenzverwalter begründet worden sind, auf den die Verfügungsbefugnis über das Vermögen des Schuldners übergegangen ist. Die unter Mitwirkung eines schwachen vorläufigen Insolvenzverwalters mit Zustimmungsvorbehalt begründeten Verbindlichkeiten hingegen erlangen mit Verfahrenseröffnung lediglich den Rang von Insolvenzforderungen, womit sie dem originären Anwendungsbereich des § 103 InsO unterfallen.[490] Der Insolvenzverwalter kann also grundsätzlich entscheiden, ob er es bei den Rechtswirkungen des § 38 InsO belässt oder ob er Erfüllung wählt und die Verbindlichkeiten damit in den Rang von Masseverbindlichkeiten erhebt.

---

488 *Hoenig/Meyer-Löwy*, ZIP 2002, 2162, 2164 meinen sogar, § 103 InsO dürfe „erst recht“ nicht auf mit einem gestärkten vorläufigen Insolvenzverwalter abgeschlossene Verträge anwendbar sein, da die Verpflichtung des Insolvenzschuldners gegenüber dem Gläubiger durch eine gerichtliche Autorisierung des Verwalterhandelns in den Rang einer Masseverbindlichkeit erhoben werde.

489 Teil 3 I. 2. c) aa) (2).

490 *Tintelnot*, in: Kübler/Prütting/Bork, § 103 Rn. 139.

(2) Kein Erfüllungswahlrecht des vorläufigen Insolvenzverwalters

Diese Wahlmöglichkeit des Insolvenzverwalters vermag der vorläufige Insolvenzverwalter mit Zustimmungsvorbehalt auch nicht etwa dadurch vorwegzunehmen, dass bereits er das Erfüllungswahlrecht gemäß § 103 Abs. 1 InsO ausübt und damit die Gläubigerforderungen zu Masseverbindlichkeiten im eröffneten Verfahren aufwertet. Denn das Wahlrecht aus § 103 Abs. 1 InsO steht ausschließlich dem Insolvenzverwalter und nicht schon dem vorläufigen Insolvenzverwalter zu, wie sich eindeutig aus dem Wortlaut des Gesetzes („... kann der Insolvenzverwalter...“), sowie aus der systematischen Stellung des § 103 InsO im die Wirkung der Verfahrenseröffnung behandelnden dritten Teil der InsO ergibt.[491]

(3) Keine Pflicht des Insolvenzverwalters zur Erfüllungswahl nach Treu und Glauben

Zu erwägen ist indes, den Insolvenzverwalter im eröffneten Verfahren nach Treu und Glauben (§ 242 BGB) als zur Vertragserfüllung verpflichtet anzusehen, wenn er zuvor in seiner Rolle als vorläufiger Insolvenzverwalter an dem Abschluss des Vertrages mitgewirkt hat.

Unter Geltung der KO wurde eine solche Vorwirkung von Erklärungen des Sequesters auf das Erfüllungswahlrecht des Konkursverwalters abgelehnt.[492] Denn dem Gläubiger, der einen Vertrag unter Beteiligung des Sequesters schließe, sei die Möglichkeit einer baldigen Konkurseröffnung zweifelsfrei vor Augen geführt, so dass er in besonderem Maße in die Lage versetzt sei, sich auf diesen Umstand einzustellen.[493]

Dieser Entscheidung wird auch in der Literatur unter Geltung der InsO gefolgt und vertreten, dass ein Widerspruch zum Verhalten des vorläufigen Insolvenzverwalters bei der Erfüllungswahl keinen Verstoß gegen Treu und Glauben begründe und zwar selbst dann nicht, wenn vorläufiger und endgültiger Insolvenzverwalter personengleich seien.[494]

Bekannt ist eine Präjudizierung der Ausübung dem Insolvenzverwalter für das eröffnete Verfahren vorbehaltener Rechte durch Handlungen eines vorläufigen

---

491 BGH NZI 2008, 36, 37; BGH NZI 2008, 551, 554; *Huber*, in: MüKo-InsO, § 103 Rn. 150; *Tintelnot*, in: Kübler/Prütting/Bork, § 103 Rn. 210; *Wegener*, in: FK-InsO, § 103 Rn. 6.

492 LG Köln, ZIP 1988, 931; zustimmend *Johlke*, EWiR 1988, 805.

493 LG Köln, ZIP 1988, 931, 932.

494 *Wegener*, in: Uhlenbruck, § 103 Rn. 156; im Ergebnis auch *Huber*, in: MüKo-InsO, § 103 Rn. 203.

Insolvenzverwalters unter dem Gesichtspunkt von Treu und Glauben jedoch bereits aus dem Bereich der Insolvenzanfechtung.[495] Denn auch wenn zur Anfechtung nach den §§ 129 ff. InsO ausschließlich der Insolvenzverwalter im eröffneten Verfahren befugt ist, wird ihm gleichwohl die Ausübung des Anfechtungsrecht unter Vertrauensschutzgesichtspunkten grundsätzlich versagt, wenn an der gläubigerbenachteiligenden Rechtshandlung ein vorläufiger Insolvenzverwalter mit Zustimmungsvorbehalt mitgewirkt hat.

Allerdings lassen sich die eine eingeschränkte Anfechtbarkeit tragenden Erwägungen nicht ohne weiteres für eine Einschränkung des Erfüllungswahlrechts heranziehen. Denn das Vertrauen des Rechtsverkehrs in den Bestand von mit Zustimmung eines vorläufigen Insolvenzverwalters erlangten Leistungen gründet sich entscheidend darauf, dass *Verfügungen* des Schuldners nur durch das Einverständnis des vorläufigen Insolvenzverwalters Wirksamkeit erlangen können.[496] Für das Vertrauen in das Behaltendürfen bereits erlangter Leistungen findet sich also mit dem auf dinglicher Ebene wirkenden Zustimmungserfordernis ein gesetzlicher Anknüpfungspunkt. An dem Abschluss von Verpflichtungsgeschäften durch den Schuldner ist der vorläufige Insolvenzverwalter hingegen nicht zwingend zu beteiligen, da sich der Zustimmungsvorbehalt nach § 21 Abs. 2 Nr. 2 Var. 2 InsO eben nicht auf die schuldrechtliche Ebene erstreckt.[497] Auch wurde die hier befürwortete Unanfechtbarkeit eines im Eröffnungsverfahren abgeschlossenen schuldrechtlichen Rechtsgeschäfts nicht etwa an die Mitwirkung des vorläufigen Insolvenzverwalters an dem Vertragsschluss selbst geknüpft, sondern das durch die zwingende Mitwirkung an der Erfüllung geschaffene Vertrauen wurde aus Wertungsgesichtspunkten auch auf die kausale Ebene ausgeweitet.[498] Ein Vertrauen in den Bestand bzw. die Durchführung eines Vertrages lässt sich daher nicht wie das Vertrauen in den Bestand erfolgter Leistungen begründen.[499]

Überdies spricht gegen die Annahme eines an die Mitwirkung des vorläufigen Insolvenzverwalters geknüpften Vertrauens auf Vertragsdurchführung, dass dieser Ansatz konsequent weitergedacht bedeuten würde, dass der vorläufige Insolvenzverwalter mit seiner Einbindung in den Vertragsschluss bereits im Eröffnungsverfahren eine Verpflichtung zur Erfüllungswahl gemäß § 103 Abs. 1 InsO im eröffneten Verfahren begründen würde. Dementsprechend

495 Siehe dazu Teil 3 I. 1. e).
496 BGHZ 165, 283, 287.
497 BGHZ 154, 190, 194.
498 Siehe dazu unter Teil 3 I. 1. e) cc) (2) (b).
499 So auch schon unter Geltung der KO *Johlke*, EWiR 1988, 805, 806.

müsste er zu diesem Zeitpunkt auch schon in haftungsträchtiger Weise (§ 60 InsO) entscheiden können, ob die Durchführung des Vertrages im Interesse der Insolvenzgläubiger liegt und ob er die durch die Erfüllungswahl entstehenden Masseverbindlichkeiten (§§ 103 Abs. 1, 55 Abs. 1 Nr. 2 InsO) wird erfüllen können (§ 61 InsO). Durch diese Rechtswirkungen würde die vorläufige Insolvenzverwaltung in unpraktikabler Weise gelähmt und es würden zudem die wesentlichen Vorteile nivelliert, die die Einsetzung eines schwachen anstelle eines starken vorläufigen Insolvenzverwalters mit sich bringt.

Die besseren Gründe sprechen mithin dafür, eine auf Treu und Glauben basierende Verpflichtung des Insolvenzverwalters zur Vertragserfüllung abzulehnen. Rechtspolitisch ist die Annahme einer solchen auch nicht zwingend geboten, um die Geschäftspartner zu einer weiteren Zusammenarbeit mit dem Schuldner zu bewegen. Dem vorläufigen Insolvenzverwalter bleibt es nämlich unbenommen, essenzielle Geschäftspartner des Schuldners auf Grundlage einer insolvenzgerichtlichen Einzelermächtigung in den Stand von Massegläubigern zu erheben.[500]

II. Risiko der Haftung für Altverbindlichkeiten des übertragenden Rechtsträgers

Neben den vorstehend behandelten insolvenzrechtlichen Risiken treibt den Erwerber vor allem die Sorge nach der Haftung für die zumeist nicht unerheblichen Verbindlichkeiten des übertragenden Rechtsträgers um.

Haftungstatbestände, nach denen der Erwerber eines Unternehmens für Altverbindlichkeiten des vormaligen Unternehmensinhabers einzustehen hat, finden sich insbesondere im Steuer- (§ 75 AO), Handels- (§ 25 HGB) und Arbeitsrecht (§ 613a BGB).[501] Sollte es beim Erwerb im Eröffnungsverfahren zu einer uneingeschränkten Haftung des Erwerbers nach diesen Vorschriften kommen, wäre die Vereinbarkeit der übertragenden Sanierung mit diesem Verfahrensstadium nachhaltig in Frage zu stellen. Denn die besondere Attraktivität der übertragenden Sanierung ist unbestritten gerade darin zu sehen, die Verbindlichkeiten des übertragenden Rechtsträgers durch den Unternehmensübergang „abstreifen" zu können.[502]

500 *Huber*, in: MüKo-InsO, § 103 Rn. 151.

501 Bis zum 1.1.1999 war überdies in § 419 BGB eine Vermögensübernahmehaftung normiert.

502 *Brete/Thomsen*, NJOZ 2008, 4159 f.; *Kußmaul/Palm*, StB 2012, 345; *Wellensiek*, NZI 2002, 233, 235; *Zipperer*, NZI 2008, 206, 207.

In diesem Sinne wird auch von denjenigen Stimmen, die eine Befugnis des vorläufigen Insolvenzverwalters zur übertragenden Sanierung nicht mit letzter Bestimmtheit ablehnen[503], regelmäßig hervorgehoben, der Erwerb des Unternehmens im Eröffnungsverfahren sei für den Erwerber *ohnehin* wenig attraktiv, da zu diesem Zeitpunkt die für das eröffnete Insolvenzverfahren anerkannten Haftungserleichterungen auf Erwerberseite noch nicht greifen würden.[504]

Inwieweit diese Aussage zutreffend ist und einem potenziellen Erwerber bei einem Erwerb aus dem Eröffnungsverfahren eine Haftung nach den einschlägigen Erwerberhaftungstatbeständen droht, wird nicht einheitlich beantwortet. Dies liegt nicht zuletzt daran, dass wesentliche diesbezügliche Entscheidungen noch zum alten Recht der KO ergangen sind und ihre Übertragbarkeit auf das Recht der InsO unklar ist.

Bevor zu dieser Problematik Stellung genommen wird, werden als Ausgangspunkt im Folgenden zunächst die Haftungstatbestände der §§ 75 AO, 25 HGB, 613a BGB und das Meinungsbild zu ihrer Anwendbarkeit bei einer Veräußerung in den verschiedenen Verfahrensstadien dargestellt.

1. § 75 AO

Da bei der übertragenden Sanierung in ihrer Eigenschaft als Asset Deal lediglich Vermögensgegenstände erworben werden und der veräußernde Rechtsträger als die rechtliche Hülle des Unternehmens (zumindest zunächst) bestehen bleibt, verbleiben im Grundsatz auch die Steuerrisiken beim Veräußerer.[505] Die Steuerschuld des übertragenden Rechtsträgers steht der für die übertragende Sanierung charakteristischen Trennung von Aktiva und Passiva also grundsätzlich nicht entgegen.

Als Ausnahme von diesem Grundsatz ordnet die Vorschrift des § 75 Abs. 1 AO an, dass der Erwerber eines Unternehmens für Steuern und Steuerabzugsbeträge des Veräußerers haftet, sofern sich die Steuerpflicht auf den Betrieb des Unternehmens begründet (beispielsweise Gewerbesteuer oder Umsatzsteuer, nicht aber personenbezogene Steuern wie insbesondere die Körperschaftssteuer), vorausgesetzt, dass die Steuern seit dem Beginn des letzten vor der Übereignung liegenden Kalenderjahres entstanden sind und bis zum Ablauf von einem

503 Siehe etwa *Morshäuser/Falkner*, NZG 2010, 881, 882; *Schmerbach*, InsbürO 2008, 170, 172; *Schröder*, in: HamKo-InsO, § 22 Rn. 41.

504 *Morshäuser/Falkner*, NZG 2010, 881, 882; siehe auch BT-Drucks. 16/3227, S. 11.

505 *Hülsmann*, DStR 2008, 2402, 2403.

Jahr nach Anmeldung des Betriebs durch den Erwerber festgesetzt oder angemeldet werden.[506]

Gerechtfertigt wird dieser steuerrechtliche Haftungszugriff auf den Erwerber mit dem Übergang der wirtschaftlichen Kraft, die das Unternehmen als lebender Organismus repräsentiert und die den Erwerber in die Lage versetzt, Gewinne und Vorteile zu erzielen, die es ihm ermöglichen, die rückständigen Steuern zu begleichen.[507]

a) *Keine Haftung für Erwerbe aus der Insolvenzmasse*

Gemäß § 75 Abs. 2 AO gilt die Haftungsanordnung des § 75 Abs. 1 AO jedoch ausdrücklich nicht für Unternehmenserwerbe aus der Insolvenzmasse und für Erwerbe im Vollstreckungsverfahren. Bezweckt wird mit diesem ausnahmsweisen Haftungsausschluss die Erleichterung der zwangsweisen Vermögensverwertung im Hinblick auf eine bestmögliche Liquidierung im Interesse der Gläubigerbefriedigung.[508] Tatbestandlich setzt ein dazu erforderlicher „Erwerb aus der Insolvenzmasse" voraus, dass der Erwerb des Unternehmens nach Eröffnung und noch vor Beendigung des Insolvenzverfahrens stattgefunden hat; bei Ablehnung der Insolvenzeröffnung kommt es also nicht zum Ausschluss der Haftung.[509]

Diese durch § 75 Abs. 2 AO gesetzlich angeordnete Haftungsprivilegierung des Erwerbers wird in der Praxis dann auch als eine der wesentlichen Ursachen für ein Hinauszögern der Kaufentscheidung bis zur Insolvenzeröffnung genannt.[510]

b) *Anwendbarkeit des § 75 Abs. 1 AO bei Erwerb aus dem Eröffnungsverfahren*

Bei einem Erwerb des Unternehmens vom vorläufigen Insolvenzverwalter ist das Tatbestandsmerkmal des „Erwerbs aus der Insolvenzmasse" mangels erfolgter Eröffnung des Insolvenzverfahrens noch nicht erfüllt, sowie auch kein „Erwerb im Vollstreckungsverfahren" gegeben.

Vom BFH wurde zu einem konkursrechtlichen Sachverhalt allerdings entschieden, die Haftungsfreistellung des Betriebsübernehmers nach § 75 Abs. 2

506 *Heine*, ZInsO 2003, 828, 829; *Hülsmann*, DStR 2008, 2402, 2403 f.

507 *Intemann*, in: Pahlke/Koenig, § 75 Rn. 1; *Rüsken*, in: Klein, § 75 Rn. 1.

508 BFH NZI 1998, 95.

509 *Jatzke*, in: Beermann/Gosch, § 75 Rn. 36.

510 *Fisseler*, in: Rotthege/Wassermann, Kap. 12 Rn. 57.

AO solle auch dann gelten, wenn der Erwerb des Unternehmens vom Sequester im Einvernehmen mit dem Konkursgericht erfolge und sich die Eröffnung des Konkursverfahrens an die Sequestration anschließe.[511] Der Zweck des Haftungsprivilegs gemäß § 75 Abs. 2 AO lasse es auch in den Fällen einer aufgrund des Konkursantrags vom Konkursgericht angeordneten Sequestration als sachgerecht erscheinen, die Veräußerung des regelmäßig überschuldeten bzw. zahlungsunfähigen Unternehmens im Ganzen durch den Sequester mittels Haftungsfreistellung des Erwerbers ebenso wie beim Erwerb durch den Konkursverwalter zu erleichtern.[512] Erfolge die Veräußerung des Unternehmens durch den Sequester im Benehmen mit dem Konkursgericht vor der beabsichtigten und sodann auch durchgeführten Konkurseröffnung, seien Sequestration und Konkursverfahren als einheitliches gerichtlich angeordnetes und überwachtes Verfahren zum Zwecke der Gläubigerbefriedigung anzusehen und der Betriebsübernehmer erwerbe zwar nicht aus einer gegenwärtigen, wohl aber aus einer künftigen Konkursmasse; es könne deshalb für den Haftungsausschluss des Erwerbers keinen Unterschied machen, ob die Betriebsübereignung vom Sequester oder unmittelbar nach der Konkurseröffnung durch dieselbe Person als Konkursverwalter erfolge.[513]

Unter Geltung der InsO werden diese vom BFH zum Unternehmenserwerb vom Sequester entwickelten Grundsätze von der ganz überwiegenden Literatur[514] sowie dem BAG[515] auch für den Erwerb vom vorläufigen Insolvenzverwalter anerkannt. Ein Haftungsausschluss für den Erwerber bei einem Unternehmenskauf vom vorläufigen Verwalter soll demnach stets[516] bzw. jedenfalls dann anzunehmen sein, wenn die Eröffnung des Insolvenzverfahrens unmittelbar bevorsteht, so dass zwischen der Veräußerung und der Eröffnung des Verfahrens ein enger zeitlicher Zusammenhang besteht[517] und wenn

---

511 BFH NZI 1998, 95.

512 BFH NZI 1998, 95.

513 BFH NZI 1998, 95, 96.

514 Siehe die in den Fn. 516 bis 519 Genannten; **a.A.** *Urban*, FR 1998, 647, der auch schon den vom BFH entschiedenen Haftungsausschluss bei Erwerb vom Sequester ablehnt.

515 BAG NZI 2003, 222, 227 zu § 75 Abs. 2 AO unter Bezugnahme auf BFH NZI 1998, 95, ohne dabei die uneingeschränkte Anwendbarkeit des § 613a BGB bei Erwerben aus dem Eröffnungsverfahren in Frage zu stellen.

516 *Schwarz*, in: Schwarz, § 75 Rn. 37a.

517 *Intemann*, in: Pahlke/Koenig, § 75 Rn. 62; *Loose*, in: Tipke/Kruse, § 75 Rn. 37; *Rüsken*, in: Klein, § 75 Rn. 45.

der vorläufige Insolvenzverwalter zudem mit Zustimmung des Insolvenzgerichts handelt.[518] Unerheblich soll nach Ansicht einiger sein, ob es sich um den Erwerb von einem schwachen oder von einem starken vorläufigen Insolvenzverwalter handelt.[519]

2. § 25 Abs. 1 S. 1 HGB

Wer ein unter Lebenden erworbenes Handelsgeschäft unter der bisherigen Firma mit oder ohne Beifügung eines das Nachfolgeverhältnis andeutenden Zusatzes fortführt, haftet gemäß § 25 Abs. 1 S. 1 HGB für alle im Betriebe des Geschäfts begründeten Verbindlichkeiten des früheren Inhabers.

Eben diese Haftung droht dem Erwerber tatbestandlich auch im Rahmen einer übertragenden Sanierung, da auf die Fortführung der Firma beim Unternehmenserwerb selbst nach Stellung eines Insolvenzantrages oftmals nicht verzichtet werden kann, wenn es gilt, die Bekanntheit des Zielunternehmens zu erhalten.[520]

Bis heute ungeklärt ist jedoch die Frage, ob die Erwerberhaftung nach § 25 Abs. 1 S. 1 HGB auch dann greifen soll, wenn der Erwerb von einem vorläufigen Insolvenzverwalter erfolgt.

a) Anwendbarkeit des § 25 Abs. 1 S. 1 HGB im Konkursverfahren unter Geltung der KO

Anders als in § 75 Abs. 2 AO ist in der Vorschrift des § 25 HGB ein Haftungsausschluss bei Erwerben im Zusammenhang mit einem Insolvenzverfahren nicht explizit vorgesehen.

Noch zum Konkursrecht entschied der BGH jedoch, dass eine Haftung des Erwerbers für die Verbindlichkeiten des Veräußerers aus § 25 Abs. 1 S. 1 HGB bei einer Veräußerung des Unternehmens durch den Konkursverwalter entfalle.[521] Ausschlaggebend bei dieser Entscheidung war für das Gericht, dass die Anwendung von § 25 Abs. 1 S. 1 HGB auf Veräußerungsgeschäfte des

---

518 Dies zusätzlich zur bevorstehenden Verfahrenseröffnung fordernd *Boeker*, in: Hübschmann/Hepp/Spitaler, § 75 Rn. 66; *Heine*, ZInsO 2003, 828, 832; *Jatzke*, in: Beermann/Gosch, § 75 Rn. 37.

519 *Jatzke*, in: Beermann/Gosch, § 75 Rn. 37; *Rüsken*, in: Klein, § 75 Rn. 45.

520 *Bitter/Rauhut*, KSI 2007, 197, 200; *Paulus*, ZInsO 2011, 162, 166 hingegen weist darauf hin, dieses Argument greife bei dem Erwerb eines insolventen Unternehmens nur sehr eingeschränkt.

521 BGHZ 104, 151; BGH NJW 1992, 911.

Konkursverwalters im Widerspruch zu der Aufgabe des Konkursverwalters stünde, die Vermögensgegenstände des Gemeinschuldners zu verwerten und dabei im Interesse der Gläubiger den höchstmöglichen Erlös zwecks anschließender Verteilung zu erzielen; mit dieser Aufgabe sei es unvereinbar, wenn der Erwerber eines zur Masse gehörenden Unternehmens nach § 25 Abs. 1 S. 1 HGB haften müsse, da eine Veräußerung des Unternehmens mit sämtlichen Schulden, die zum Zusammenbruch des bisherigen Trägers geführt haben, nur in den seltensten Fällen möglich sei.[522]

In der Literatur fand diese Rechtsprechung im Ergebnis Zustimmung.[523] Ungeachtet der Zustimmung im Ergebnis wurde der vom BGH gewählte Begründungsansatz jedoch teilweise in Frage gestellt: Ausschlaggebend für das Ausscheiden der Haftung des Erwerbers nach § 25 Abs. 1 S. 1 HGB sei nicht die fehlende Veräußerbarkeit des Unternehmens bei einer Anwendung des § 25 Abs. 1 S. 1 HGB, sondern der sonst entstehende Widerspruch zum insolvenzrechtlichen Grundsatz der Gleichbehandlung aller Gläubiger.[524] Denn bei Anwendbarkeit des § 25 Abs. 1 S. 1 HGB im Konkursverfahren würden die Gläubiger von Geschäftsforderungen gegenüber den Gläubigern sonstiger Forderungen bevorzugt. Erstere könnten auf den Erwerber zugreifen und dort gegebenenfalls volle Befriedigung erzielen, während die anderen Konkursgläubiger auf die Konkursquote beschränkt seien; dies sei insbesondere auch deswegen unangemessen, weil die Haftung des Übernehmers für Geschäftsschulden auf Kosten der Nicht-Geschäftsgläubiger eintreten würde, da der Übernehmer der Konkursmasse für das Handelsgeschäft lediglich einen um den Betrag der übernommenen Schulden geminderten Preis zuführen würde.[525]

b) *Anwendbarkeit des § 25 Abs. 1 S. 1 HGB im Insolvenzverfahren unter Geltung der InsO*

Unter Geltung der InsO bestätigte der BGH implizit, dass seine für das Konkursverfahren entwickelten Grundsätze zur Anwendbarkeit des § 25 Abs. 1 S. 1 HGB auch für das eröffnete Insolvenzverfahren gelten sollen, die Vorschrift also keine Anwendung bei einer Veräußerung durch den Insolvenzverwalter im eröffneten

522 BGHZ 104, 151, 154.

523 Siehe etwa *Gerhardt*, JZ 1988, 976, 977; zuvor schon *Henckel*, ZIP 1980, 2, 5; *K. Schmidt*, ZIP 1980, 328, 337, jedoch zurückhaltend für den Fall, dass das Unternehmen auf eine zu Sanierungszwecken neu gegründete Gesellschaft übertragen wird.

524 *Gerhardt*, JZ 1988, 976, 977; *Henckel*, ZIP 1980, 2, 5.

525 *Gerhardt*, JZ 1988, 977.

Verfahren finden soll.[526] Dem folgt im Ergebnis die allgemeine Literaturansicht, teilweise gestützt auf den Gesichtspunkt, dass dem Insolvenzverwalter durch die Nichtanwendung des § 25 Abs. 1 S. 1 HGB die bestmögliche Veräußerlichkeit des Unternehmens gewährleistet werden müsse[527], teilweise wiederum unter Berufung auf die sonst gegebene Unvereinbarkeit mit dem Grundsatz der par condicio.[528]

c) *Anwendbarkeit des § 25 Abs. 1 S. 1 HGB im Eröffnungsverfahren*

Umstritten jedoch ist, ob die Erwerberhaftung gemäß § 25 Abs. 1 S. 1 HGB nicht nur beim Erwerb vom Insolvenzverwalter im eröffneten Insolvenzverfahren, sondern auch bei einem Erwerb vom vorläufigen Insolvenzverwalter ausgeschlossen sein soll.

aa) Das Meinungsspektrum unter Geltung der KO

Mit Urteil vom 11.4.1988 entschied der BGH noch zum Konkursrecht, dass bei einem Erwerb des Handelsgeschäfts vom Sequester die Anwendbarkeit des § 25 Abs. 1 S. 1 HGB jedenfalls dann nicht ausgeschlossen sei, wenn sich an die Sequestration nicht die Eröffnung des Konkursverfahrens anschließe.[529] Zur Begründung führte das Gericht aus, im Gegensatz zum Aufgabenkreis des Konkursverwalters gehöre es weder zu den Rechten, noch zu den Pflichten des Sequesters, das Vermögen des Schuldners zwecks Erhalt von Barmitteln zur Verteilung an die Gläubiger zu veräußern; dementsprechend müsse dem Sequester auch nicht die bestmögliche Veräußerlichkeit des Schuldnervermögens durch eine Freistellung des Erwerbers von der Haftung nach § 25 Abs. 1 S. 1 HGB gewährleistet werden.[530] Komme es dann trotz der dazu fehlenden Befugnis zu einer Unternehmensveräußerung durch den Sequester, könne dieser allenfalls die Zustimmung des Schuldners zur Wirksamkeit verhelfen, weshalb eine Veräußerung des Unternehmens während der Sequestration rechtlich einer

---

526 BGH NJW 2006, 1001, 1002; siehe auch das BAG, NJW 2007, 942.

527 Siehe etwa *Thiessen*, in: MüKo-HGB, § 25 Rn. 36.

528 *Burgard*, in: Staub, § 25 Rn. 46; *Noack*, FS Röhricht, 455, 463 f., der allerdings differenziert und sich insoweit für die Anwendbarkeit des § 25 Abs. 1 HGB im Insolvenzverfahren ausspricht, als durch die Vorschrift eine Vertragsüberleitung auf den übernehmenden Rechtsträger bewirkt wird; *Zimmer*, in: Ebenroth/Boujong/Joost/Strohn, § 25 Rn. 41; den Aspekt der par condicio zusätzlich zur Argumentation des BGH heranziehend auch das BAG, NJW 2007, 942.

529 BGHZ 104, 151, 157.

530 BGHZ 104, 151, 155.

Veräußerung durch den Schuldner näher stehe als der durch den Konkursverwalter in Ausübung des ihm durch § 117 KO erteilten gesetzlichen Verwertungsauftrags; bei dieser Sachlage fehle es dann an einer inneren Rechtfertigung dafür, die Unternehmensveräußerung durch den Sequester mit Zustimmung des Schuldners unter dem Gesichtspunkt von § 25 Abs. 1 S. 1 HGB derjenigen durch den Konkursverwalter gleichzustellen.[531]

Wegen der Vergleichbarkeit von § 75 AO und § 25 HGB als Erwerberhaftungstatbestände setzte sich auch der BFH in seiner oben genannten, zu § 75 AO ergangenen Entscheidung[532] mit der Rechtsprechung des BGH zur Anwendbarkeit des § 25 Abs. 1 S. 1 HGB bei einem Unternehmenserwerb vom Sequester auseinander. Seinen von dem des BGH abweichenden Standpunkt zur Haftung des Erwerbers für Veräußererverbindlichkeiten beim Erwerb vom Sequester begründete der BFH mit Zweifeln daran, ob die überwiegend formale, an die regelmäßigen Aufgaben und Funktionen des Sequesters anknüpfende Betrachtungsweise des BGH der Interessenlage der Beteiligten in den Fällen gerecht werde, in denen es zu einer wirksamen Veräußerung des Unternehmens im Ganzen durch den Sequester komme.[533] Der BFH hielt es in diesen Fällen für näher liegend, wegen der Vergleichbarkeit und der Nähe zu den Fällen des gesetzlich privilegierten Erwerbs aus der Konkursmasse eine Haftungsfreistellung des Erwerbers zur Erleichterung der Verwertbarkeit des regelmäßig überschuldeten Unternehmens im Interesse aller Beteiligten anzunehmen.[534] Ausdrücklich befürwortete der BFH eine solche Haftungsprivilegierung aber nur für den Fall, dass sich an die Sequestration die Verfahrenseröffnung anschließt, weshalb er seinen Standpunkt letztlich nicht in einem Konflikt mit der Rechtsprechung des BGH sah, hatte dieser eine Haftung des Erwerbers nach § 25 Abs. 1 S. 1 HGB ausdrücklich doch auch nur für den Fall bejaht, dass sich an die Sequestration nicht die Eröffnung des Konkursverfahrens anschließt.[535]

Nicht ausgeschlossen, aber anders begründet, wird die Anwendbarkeit des § 25 Abs. 1 S. 1 HGB im Sequestrationsverfahren schließlich von denjenigen, die die Nichtanwendbarkeit der Vorschrift im eröffneten Konkursverfahren als Ausfluss des insolvenzrechtlichen Gleichbehandlungsgrundsatzes sehen. Der Grundsatz der par condicio greife nicht bereits im Sequestrationsstadium, sondern erst dann, wenn das Konkursverfahren eröffnet ist; dementsprechend lasse

531 BGHZ 104, 151, 156 f.
532 BFH NZI 1998, 95, 96.
533 BFH NZI 1998, 95.
534 BFH NZI 1998, 95, 96.
535 BFH NZI 1998, 95, 96.

sich die Verletzung dieses Grundsatzes nicht für einen Ausschluss der Anwendbarkeit des § 25 Abs. 1 S. 1 HGB bei Erwerb vom Sequester anführen und die Vorschrift sei im Sequestrationsverfahren uneingeschränkt anzuwenden.[536]

bb) Das Meinungsspektrum unter Geltung der InsO

Bislang hat der BGH keine Aussage darüber getroffen, ob oder inwieweit seine unter Geltung der KO ergangene Rechtsprechung zum Erwerb vom Sequester auch für den Erwerb vom vorläufigen Insolvenzverwalter gelten soll.

Von der Literatur wird vereinzelt eine uneingeschränkte Anwendbarkeit des § 25 Abs. 1 HGB beim Erwerb von einem vorläufigen Insolvenzverwalter befürwortet.[537] Überwiegend aber wird der Leitsatz der vom BGH zur KO ergangenen Entscheidung auf die Terminologie der InsO übertragen und folglich vertreten, die Anwendbarkeit des § 25 Abs. 1 S. 1 HGB sei bei einem Erwerb vom vorläufigen Insolvenzverwalter jedenfalls dann nicht ausgeschlossen, wenn nicht unmittelbar im Anschluss an den Erwerb das Insolvenzverfahren eröffnet wird.[538]

Andere hingegen sind der Ansicht, die Entscheidung des BGH zum Erwerb vom Sequester könne *nicht* ohne weiteres für den Fall des Erwerbs vom vorläufigen Insolvenzverwalter herangezogen werden.[539] Dies wird zum einen darauf gestützt, dass in dem Fall, wo ausnahmsweise bereits durch einen Unternehmenserwerb vom vorläufigen Insolvenzverwalter die bestmögliche Verwertung auch im Interesse der Gläubiger in zulässiger Weise erreicht werden kann, eine rechtlich andere Behandlung der handelsrechtlichen Erwerberhaftung als beim Erwerb vom (endgültigen) Insolvenzverwalter nicht gerechtfertigt sei.[540]

Zum anderen tritt namentlich *Gerhardt* einer Übertragung der früheren BGH-Entscheidung auf das Recht der InsO mit der Argumentation entgegen, dass bei Bestellung eines starken vorläufigen Insolvenzverwalters die Verfügungsbefugnis über das schuldnerische Vermögen gemäß § 22 Abs. 1 S. 1 InsO auf diesen übergehe, womit es in diesem Fall eben nicht erst der Schuldner,

---

536 *Gerhardt*, JZ 1988, 976, 977.

537 *Thiessen*, in: MüKo-HGB, § 25 Rn. 36; zurückhaltend *Burgard*, in: Staub, § 25 Rn. 46 mit Fn 95, der der einen Haftungsausschluss fordernden Gegenansicht „beachtliche Gründe" bescheinigt.

538 *Hopt*, in: Baumbach/Hopt, § 25 Rn. 4; *Roth*, in: Koller/Roth/Morck, § 25 Rn. 4c; *Vossler*, in: Oetker, § 25 Rn. 21; *Zimmer*, in: Ebenroth/Boujong/Joost/Strohn, § 25 Rn. 42.

539 Siehe die in den Fn. 540 bis 545 Genannten.

540 *Ammon*, in: Heidel/Schall, § 25 Rn. 13; *Ries*, in: Röhricht/Graf v. Westphalen/Haas, § 25 Rn. 11; *Strümpell*, S. 139 ff.

sondern der vorläufige Insolvenzverwalter selbst sei, der das Unternehmen veräußere; daher sei nach der Argumentation des BGH, die sich maßgeblich darauf stützte, wem die Veräußerung rechtlich zuzurechnen ist, unter Geltung der InsO anders zu entscheiden als noch nach der KO und eine Haftung des Erwerbers nach § 25 Abs. 1 S. 1 HGB bei Erwerb vom starken vorläufigen Insolvenzverwalter dementsprechend abzulehnen.[541] Auch scheint *Gerhardt* seine oben angeführte, zur KO geäußerte Ansicht, wonach der Gleichbehandlungsgrundsatz im Sequestrationsstadium noch nicht gelte[542], für das Recht der InsO zu revidieren oder jedenfalls zu relativieren. So führt er aus, dass dann, wenn die Verfügungsbefugnis auf den vorläufigen Insolvenzverwalter übergehe, ihm gewissermaßen eine Vorinsolvenzmasse überantwortet sei, die im Interesse des Gleichbehandlungsgrundsatzes bis hin zu einem möglichen Vollstreckungsverbot und der Rückschlagsperre zugunsten der – späteren – Insolvenzgläubiger reserviert sei.[543] Zumindest erkennt er damit eine Vorwirkung des Gleichbehandlungsgrundsatzes im Eröffnungsverfahren an, womit eine Anwendung des § 25 Abs. 1 S. 1 HGB seiner Ansicht nach nicht zu vereinbaren sein soll.

Noch wesentlich weitgehender fordert *Canaris*, § 25 Abs. 1 S. 1 HGB schon immer dann nicht anzuwenden, wenn der frühere Unternehmensinhaber zur Zeit der Veräußerung reif für die Eröffnung eines Insolvenzverfahrens war und der Veräußerungserlös im Interesse seiner Gläubiger verwendet worden ist; denn bei Insolvenzreife des übertragenden Rechtsträgers könnten dessen Gläubiger vernünftiger- und redlicherweise unter keinem denkbaren Aspekt erwarten, dass ihnen der Erwerber haftet und ihre Forderungen durch die Veräußerung plötzlich wieder voll werthaltig werden.[544] In Anwendung dieses Grundsatzes soll § 25 Abs. 1 S. 1 HGB dann auch bei einer Veräußerung eines Unternehmens durch einen vorläufigen Insolvenzverwalter nicht eingreifen. Warum nämlich die Altgläubiger in derartigen Fällen schutzwürdiger hinsichtlich der Erfüllung ihrer Forderungen gegen den übertragenden Rechtsträger sein sollten als bei einer Veräußerung durch den endgültigen Insolvenzverwalter, sei schlechterdings unerfindlich.[545]

---

541 *Gerhardt*, in: Jaeger, § 22 Rn. 93; so auch Spieker, S. 246.
542 *Gerhardt*, JZ 1988, 976, 977.
543 *Gerhardt*, in: Jaeger, § 22 Rn. 93.
544 *Canaris*, Handelsrecht, § 7 Rn. 28; *derselbe*, FS Frotz, 29 ff.
545 *Canaris*, Handelsrecht, § 7 Rn. 28.

3. § 613a Abs. 1 S. 1 BGB

In arbeitsrechtlicher Hinsicht stellt sich im Rahmen übertragender Sanierungen für den Erwerber vor allem das Problem, dass die Übernahme des schuldnerischen Unternehmens in ihrer Ausgestaltung als rechtsgeschäftliche Einzelrechtsnachfolge dem Anwendungsbereich des § 613a Abs. 1 S. 1 BGB unterfallen kann.[546]

Gemäß § 613a Abs. 1 S. 1 BGB tritt derjenige, auf den ein Betrieb oder Betriebsteil durch Rechtsgeschäft übergeht, in die Rechte und Pflichten aus den im Zeitpunkt des Übergangs bestehenden Arbeitsverhältnissen ein. Das bedeutet zum einen, dass „das Arbeitsverhältnis selbst" übergeht, der Erwerber die Arbeitnehmer des Veräußerers also zu unveränderten Bedingungen weiterbeschäftigen muss.[547] Zum anderen gilt, dass der Erwerber diesen Arbeitnehmern gegenüber uneingeschränkt für sämtliche vor und nach dem Betriebsübergang entstandenen und fällig werdenden Forderungen haftet, selbst wenn es sich um Altverbindlichkeiten des Veräußerers handelt.[548]

Da Unternehmensinsolvenzen häufig Folge einer verfehlten Personalpolitik sind und oftmals auch Gehaltsforderungen der Arbeitnehmer in nicht unerheblichem Maße ausstehen, sind die von § 613a Abs. 1 S. 1 BGB ausgehenden Risiken für den Erwerber eines insolventen Unternehmens als besonders gravierend einzustufen.

a) Anwendbarkeit des § 613a Abs. 1 S. 1 BGB im eröffneten Insolvenzverfahren

Angesichts dessen verwundert es nicht, dass über die Anwendbarkeit bzw. den Umfang der Anwendbarkeit des § 613a Abs. 1 S. 1 BGB bei einem Betriebsübergang im Insolvenzverfahren bereits seit langem gestritten wird. Namentlich entstand die dazu geführte Kontroverse im Zuge der Einführung des § 613a BGB durch das BetrVG vom 15.01.1972 unter Geltung der KO. Die im Gesetzgebungsverfahren gestellte Forderung, § 613a BGB mit den Besonderheiten des Konkursrechts zu harmonisieren[549], wurde vom Gesetzgeber nicht aufgegriffen,

546 *Bernsau*, in: Bernsau/Dreher/Hauck, Dritter Teil Rn. 180; *Deneke*, S. 190; *Hölzle*, DStR 2004, 1433, 1437.

547 *Wahl*, in: Bernsau/Höpfner/Rieger/Wahl, S. 186.

548 *Matthey*, in: Rotthege/Wassermann, Kap. 10 Rn. 71.

549 Siehe etwa *Neumann-Duesberg*, BB 1971, 969, 971.

sondern Rechtsprechung und Wissenschaft die Klärung überlassen, ob die Vorschrift auch im Konkurs gelten soll.[550]

aa) Die „konkursrechtliche Auffassung"

In der Folge entwickelte sich in der instanzgerichtlichen Rechtsprechung unter Bezugnahme auf das konkursrechtliche Schrifttum die so genannte „konkursrechtliche Auffassung", die sich gegen jegliche Anwendung des § 613a BGB im Konkurs aussprach.[551] Begründet wurde diese Ansicht mit der fehlenden Tatbestandsmäßigkeit der Norm bei einem Betriebsübergang im Konkurs und zudem damit, dass der für die §§ 25 Abs. 1 HGB und 419 BGB (a. F.) anerkannte Vorrang des Konkursrechts vor der Erwerberhaftung auch für § 613a BGB gelten müsse.

Das Argument der fehlenden Tatbestandsmäßigkeit wurde im Einzelnen darauf gestützt, dass die Betriebsveräußerung durch den Konkursverwalter im Rahmen eines öffentlich-rechtlichen Verwertungsaktes erfolge, weshalb es an einem „Rechtsgeschäft" im Sinne des § 613a BGB fehle.[552] Auch bestehe für den Konkursverwalter die *Pflicht* zur Veräußerung, so dass er die Entscheidung darüber nicht aus freien Stücken treffen könne und dementsprechend Zweifel am Vorliegen des Tatbestandsmerkmals „Rechtsgeschäft" zu verzeichnen seien.[553]

Die Übertragung der zu § 25 Abs. 1 HGB und § 419 BGB (a. F.) im Konkurs entwickelten Grundsätze auf § 613a BGB sei geboten, da die uneingeschränkte Anwendbarkeit jedes dieser Haftungstatbestände bei Erwerb aus dem Konkurs eine Verletzung des konkursrechtlichen Grundsatzes der „par conditio omnium creditorum" darstelle: So wurde eine Haftung des Erwerbers nach § 25 Abs. 1 S. 1 HGB bei einem Unternehmenserwerb vom Konkursverwalter unter anderem deshalb abgelehnt, da es andernfalls zu einer vollständigen Befriedigung der Geschäftspartner des Schuldners kommen würde, während die übrigen Privatgläubiger auf die Konkursquote verwiesen würden; verstärkt werde die damit verbundene Benachteiligung der Privatgläubiger dadurch, dass der Erwerber wegen der Haftung aus § 25 Abs. 1 S. 1 HGB regelmäßig einen niedrigeren Kaufpreis für den Betrieb zahle. Gleiches müsse zur Wahrung des Gleichbehandlungsgrundsatzes für § 613a BGB gelten, da andernfalls den Arbeitnehmern in ihrer Eigenschaft als Insolvenzgläubiger mit dem Erwerber ein

---

550 *Wiedemann/Willemsen*, RdA 1979, 418, 419.

551 Siehe die in den Fn. 552 bis 555 Genannten.

552 *Kretschmer*, KTS 1977, 137, 144; *Uhlenbruck*, KTS 1974, 1, 5; *derselbe*, KTS 1975, 253.

553 LAG Hamm, ZIP 1982, 991 f.; *Martens*, DB 1977, 495 f.

zahlungskräftiger Schuldner zur Verfügung gestellt würde, während die übrigen Insolvenzgläubiger mangels eines weiteren Schuldners auf die Befriedigung aus der Konkursmasse beschränkt wären.[554] Zur Verstärkung dieser Argumentation wird ausgeführt, auch der Gesetzgeber habe sich für nichts anderes als die Übertragung der zu § 25 Abs. 1 HGB und § 419 BGB (a. F.) entwickelten Grundsätze auf § 613a BGB ausgesprochen, als er im Rahmen der Einführung der Vorschrift ausführte, sie sei in Anlehnung an die „einschlägige Rechtsprechung" auszulegen.[555]

bb) Die „arbeitsrechtliche Auffassung"

Anders als die „konkursrechtliche Auffassung" trat die so genannte „arbeitsrechtliche Auffassung" dafür ein, § 613a BGB auch im Konkurs uneingeschränkt anzuwenden.[556] Argumentativ wurde für diese Ansicht angeführt, es sei vom Wortlaut des § 613a BGB her nicht ersichtlich, warum die Vorschrift im Falle des Betriebserwerbs vom Konkursverwalter keine Anwendung finden solle.[557] Auch lasse der Sinn und Zweck der Vorschrift eine derartige Annahme nicht zu: § 613a BGB wolle erreichen, dass unkündbare oder nur schwer kündbare Arbeitsverhältnisse nicht einfach dadurch beendet werden können, dass ein Wechsel auf Seiten des Arbeitgebers vorgenommen wird, womit das Arbeitsverhältnis wegen des Wegfalls des einen Vertragsteils an sich nicht mehr bestehen könnte; es sei nicht ersichtlich, warum im Falle eines Konkurses des früheren Betriebsinhabers dieser Schutz entfallen sollte, wenn der neue Inhaber den Betrieb durch Rechtsgeschäft übernehme; diesem sei es schließlich unbenommen, sich vor Abschluss des Rechtsgeschäfts über die Personallage des Betriebs zu erkundigen und zu überprüfen, ob eine Weiterführung mit dem vorhandenen Personal wirtschaftlich zu verantworten ist.[558]

Dem Argument der konkursrechtlichen Auffassung, bei Erwerb vom Konkursverwalter fehle es an einem Betriebsübergang „durch Rechtsgeschäft", trat

---

554 *Martens*, DB 1977, 495 f.; *Riedel*, NJW 1975, 765 f.

555 LAG Hamm, ZIP 1982, 991 f.; *Martens*, DB 1977, 495 f. unter Hinweis auf BT-Drucks. 6/1786, 7. Teil „Zu § 123 BetrVG".

556 LAG Düsseldorf, DB 1978, 702 f.; LAG Schleswig-Holstein, BB 1976, 1369; ArbG Rendsburg, KTS 1975, 251 f.; *Dauenheimer*, BB 1979, 989, 990; *Derleder*, ArbuR 1976, 129, 130 ff.; *Everhardt*, BB 1976, 1611; *Grunsky*, RdA 1978, 174, 176 mit Fn. 20; *Heinze*, DB 1980, 205, 211 ff.; *Hess*, DB 1976, 1154 f.; *Schmitt*, BB 1978, 1724 ff.; *Schwerdtner*, SAE 1978, 60, 61 f.

557 ArbG Rendsburg, KTS 1975, 251 f.

558 ArbG Rendsburg, KTS 1975, 251 f.

die arbeitsrechtliche Auffassung mit dem Argument entgegen, § 117 KO lasse die Verwertung der Konkursmasse sowohl durch privatrechtliche Rechtsgeschäfte als auch durch öffentlich-rechtlichen Akt zu. Nur bei einer öffentlich-rechtlichen Verwertungshandlung sei § 613a BGB nicht anwendbar, wohingegen es der gängigen Praxis entspreche, die Verwertung rechtsgeschäftlich vorzunehmen.[559]

Die Unanwendbarkeit des § 613a BGB lasse sich auch nicht mit der Übertragung der zu § 25 HGB und § 419 BGB entwickelten Grundsätze begründen, da sich § 613a BGB – anders als § 25 HGB und § 419 BGB (a. F.) – nicht in erster Linie mit einer kumulativen Schuldübernahme befasse, sondern den Bestandsschutz der Arbeitsverhältnisse bei Betriebsübernahme sichere.[560] Zudem lasse sich auch nicht der Grundsatz der Gläubigergleichbehandlung für eine Nichtanwendung des § 613a BGB heranziehen, da der Gesetzgeber vor allem durch das Gesetz über Konkursausfallgeld diesen Grundsatz im Konkursrecht zugunsten der Arbeitnehmer selbst mehrfach so weitgehend durchbrochen habe, dass fast schon von einer Aufgabe des Gleichbehandlungsgrundsatzes zugunsten der Arbeitnehmer gesprochen werden könne.[561]

cc) Die Ansicht des BAG unter Geltung der KO

In seiner wegweisenden Entscheidung vom 17.1.1980 setzte sich das BAG mit den vorgenannten Ansichten zur Anwendbarkeit des § 613a BGB im Konkursverfahren ausführlich auseinander.[562] Es hob hervor, die zwischen konkursrechtlicher und arbeitsrechtlicher Auffassung über den Geltungsbereich des § 613a BGB geführte Diskussion leide daran, dass die drei zu unterscheidenden Schutzzwecke der Vorschrift nicht klar genug getrennt und nicht jeweils auf ihre Geltung bei einem Betriebsübergang im Konkurs untersucht würden.[563] Bei den drei Schutzzwecken handele es sich um den Schutz der bestehenden Arbeitsplätze, die Gewährleistung der Kontinuität des amtierenden Betriebsrates sowie die Regelung der Haftung des alten und des neuen Arbeitgebers; inwieweit diese Schutzzwecke auch im Konkursverfahren Geltung beanspruchen können, sei unter Berücksichtigung der in diesem Verfahren vorherrschenden besonderen Interessenlage zu entscheiden.

---

559 *Richardi*, RdA 1976, 56 f.; *Schmitt*, BB 1978, 1724 f.; *von Stebut*, DB 1975, 2438 f.

560 LAG Schleswig-Holstein, BB 1976, 1369; *Richardi*, RdA 1976, 56 f.

561 *Von Stebut*, DB 1975, 2438 f.

562 BAG NJW 1980, 1124.

563 BAG NJW 1980, 1124, 1125; so zuvor aber schon *Wiedemann/Willemsen*, RdA 1979, 418, 422.

So soll nach Ansicht des Gerichts der Bestandsschutz für die Arbeitsplätze bei Betriebsveräußerungen im Konkurs von besonderer Wichtigkeit sein. Könne der Betriebsübernehmer nämlich frei entscheiden, welche Arbeitnehmer er weiterbeschäftigen will, müsse er den bei jeder anderen betriebsbedingten Kündigung geltenden Maßstab der sozialen Auswahl nicht beachten. Eine solche Privilegierung der Betriebsveräußerung im Konkurs zu Lasten der Arbeitnehmer sei nicht zu begründen und stelle zudem einen Anreiz für die Umgehung des Arbeitsplatzschutzes dar.

Auch müsse trotz der besonderen Situation des Konkurses die durch § 613a BGB bezweckte Kontinuität des amtierenden Betriebsrates gewährleistet werden, um dem Betriebserwerber einen Verhandlungspartner für mitbestimmungspflichtige Maßnahmen zu erhalten. Dem stünden weder konkursrechtliche Grundsätze noch wirtschaftliche Gründe entgegen.

Eine Modifikation in Form einer teleologischen Reduktion soll hingegen der haftungsrechtliche Teil des § 613a BGB erfahren. Dessen uneingeschränkte Geltung sei mit den Grundsätzen des Konkursverfahrens nicht zwanglos vereinbar, da für die Abwicklung der zur Zeit der Konkurseröffnung bereits entstandenen Ansprüche die Konkursordnung ein Verfahren vorsehe, das von dem Grundsatz der gleichmäßigen Gläubigerbefriedigung beherrscht sei. In Durchbrechung desselben würden die besonderen Schutzbedürfnisse der Arbeitnehmer schon durch eine Reihe von Spezialregelungen berücksichtigt (bevorzugte Befriedigung, Konkursausfallgeld). Erhielte die bei der Veräußerung eines Betriebes übernommene Belegschaft darüber hinaus in dem Erwerber einen neuen zahlungskräftigen Haftungsschuldner für bereits entstandene Ansprüche, sei sie im Vergleich zu anderen Gläubigern und vor allem auch gegenüber den ausgeschiedenen Arbeitnehmern unangemessen bevorzugt. Diese Bevorzugung müsse von den übrigen Gläubigern insoweit finanziert werden, als der Betriebserwerber den Kaufpreis mit Rücksicht auf die übernommene Haftung mindern könne, was zu einer mit dem Konkursrecht nicht zu vereinbarenden ungleichen Lastenverteilung führe.

Aus diesen Umständen folgt dann auch die Kernaussage des Urteils, dass § 613a BGB bei einer Betriebsveräußerung im Konkurs nämlich insoweit nicht anwendbar sein soll, wie die Vorschrift die Haftung des Betriebserwerbers für bei Konkurseröffnung bereits entstandene Ansprüche vorsieht.

dd) Zwischenergebnis zum Anwendungsbereich des § 613a BGB unter Geltung der KO

Auch wenn dieses Ergebnis bzw. seine Herleitung in der Literatur teilweise weiterhin angezweifelt wurde[564], bestätigte das BAG seine Ansicht mehrfach in nachfolgenden Entscheidungen, so dass der Streit über die grundlegende Anwendbarkeit des § 613a BGB im Konkurs als für die Praxis entschieden bezeichnet werden konnte.[565] Daran vermochte auch die nach Ansicht *Dimassis*[566] in der Literatur unzureichend behandelte Frage nach der europarechtlichen Zulässigkeit dieser Rechtsprechung nichts zu ändern. Namentlich ging es dabei um die Problematik, ob die Richtlinie 77/187/EWG auch im Konkurs Anwendung findet. Dies wurde vom EuGH mit der Erwägung verneint, dass die Anwendbarkeit der Richtlinie im Konkurs zur Unveräußerlichkeit der Unternehmen und Betriebe führen könne und damit die Gefahr der Arbeitsplatzvernichtung beinhalte.[567] Eine solche Wirkung würde der Intention der EG-Richtlinie zuwiderlaufen, weshalb ihre Heranziehung im Konkurs nicht beabsichtigt gewesen sein könne.[568]

ee) Die Rechtslage nach Einführung der InsO

(1) Beibehaltung der BAG-Rechtsprechung unter Geltung der InsO

In der InsO findet sich keine ausdrückliche Regelung zu der Frage, ob die vom BAG zur Anwendbarkeit des § 613a BGB im Konkurs entwickelten Grundsätze auch nach Einführung der InsO gelten sollen.

(a) Grundsätzliche Anwendbarkeit des § 613a BGB im Insolvenzverfahren

Durch die Einführung des § 128 InsO wurde zunächst einmal nur klargestellt, dass die Vorschrift des § 613a BGB auch in den Fällen einer Insolvenz des Arbeitgebers anwendbar ist.[569]

Denn § 128 Abs. 2 InsO modifiziert die Vorschrift des § 613a BGB insoweit, als sich im Falle eines Betriebsübergangs die Vermutung nach § 125 Abs. 1 S. 1 Nr. 1 InsO bzw. die gerichtliche Feststellung nach § 126 Abs. 1 S. 1 InsO auch darauf erstreckt, dass die Kündigung eines Arbeitsverhältnisses nicht „wegen des Betriebsübergangs" erfolgt, also keinen Verstoß gegen § 613a Abs. 4 S. 1 BGB

---

564 Siehe *Loritz*, RdA 1987, 65, 85 ff. m.w.N.

565 *Loritz*, RdA 1987, 65, 85; *Schmalenberg*, NZA 1989, Beil. 3, 14, 23.

566 *Dimassi*, S. 53.

567 EuGH, ZIP 1985, 824, 826.

568 Siehe dazu auch *Birkholz*, S. 56; *Dimassi*, S. 53.

569 *Annuss*, in: Staudinger, § 613a Rn. 342; *Dimassi*, S. 70 f.; *Plössner*, in: BeckOK-ArbR, InsO § 128 Rn. 1.

darstellt. Das in § 613a Abs. 4 S. 1 BGB normierte Verbot der Kündigung von Arbeitsverhältnissen wegen eines Betriebsübergangs wird durch § 128 Abs. 2 InsO also verfahrensrechtlich zurückgedrängt.[570]

Diese Bezugnahme des § 128 Abs. 2 InsO auf § 613a BGB liefe ins Leere, würde die Vorschrift des § 613a BGB schon gar keine Anwendung in der Insolvenz des Arbeitgebers finden sollen, woraus sich zwingend die jedenfalls grundsätzliche Anwendbarkeit des § 613a BGB in der Insolvenz ergibt.[571]

(b) Fortgeltung der haftungsmodifizierten Anwendung des § 613a BGB

(aa) Literatur

Teile der Literatur sehen in der Vorschrift des § 128 InsO darüber hinaus eine bewusste Entscheidung des Gesetzgebers der InsO für eine Beibehaltung der vom BAG entwickelten haftungsmodifizierten Anwendung des § 613a BGB in der Insolvenz: Da der Gesetzgeber mit § 128 InsO eine nur den Bestandsschutz der Arbeitsverhältnisse, nicht aber den Übergang der Rechte und Pflichten aus dem Arbeitsverhältnis betreffende Regelung geschaffen habe, habe er sich bewusst für eine Beibehaltung der Rechtsprechung des BAG betreffend die Haftungsfunktion des § 613a BGB entschieden.[572]

Andere Teile der Literatur begründen die Fortgeltung der BAG-Rechtsprechung nicht mit der Existenz des § 128 InsO, sondern verweisen auf den im Zuge der Einführung der InsO neu gefassten § 27 Nr. 1 ArbnErfG, nach dem der neue Betriebsinhaber, der Diensterfindungen der Arbeitnehmer mit dem Geschäftsbetrieb erwirbt, nur für die Zeit von der Eröffnung des Insolvenzverfahrens an in die Vergütungspflicht des Arbeitgebers nach § 9 ArbnErfG eintritt; dieser Regelung lasse sich entnehmen, dass der Gesetzgeber an der etablierten teleologischen Reduktion der Haftungsfunktion des § 613a BGB habe festhalten wollen.[573] Eine weitere gesetzliche Verankerung der zu § 613a BGB entwickelten Haftungsbeschränkung wird in § 75 Abs. 2 AO gesehen, wonach der Betriebserwerber beim Erwerb aus einer Insolvenzmasse nicht für rückständige Steuerschulden haftet.[574] Jedenfalls aber sei mangels einer gegenteiligen Regelung vom

570 *Caspers*, in: MüKo-InsO, § 128 Rn. 3.

571 *Ahrendt*, in: HamKo-InsO, § 128 Rn. 1; *Annuss*, in: Staudinger, § 613a Rn. 342; *Berscheid*, in: Uhlenbruck, § 128 Rn. 5; *Dimassi*, S. 72.

572 *Gussen*, in: BeckOK-ArbR, BGB § 613a, Rn. 75; *Hamacher*, in: Nerlich/Römermann, § 128 Rn. 1; *Preis*, in: ErfKo-ArbR, § BGB 613a, Rn. 146.

573 *Lohkemper*, ZIP 1999, 1251, 1252 f.; zurückhaltender noch *derselbe*, KTS 1996, 1, 28.

574 *Lohkemper*, ZIP 1999, 1251, 1252.

Gesetzgeber der InsO die Möglichkeit offen gelassen worden, die Haftungsfunktion des § 613a BGB auch weiterhin restriktiv zu handhaben.[575]

(bb) Rechtsprechung

Im Einklang mit den vorgenannten Literaturstimmen sah auch das BAG keinen Anlass, seine unter Geltung der KO entwickelten Grundsätze zur Anwendbarkeit des § 613a BGB im Konkurs nach Einführung der InsO aufzugeben und hält seitdem an der haftungsmodifizierten Anwendung des § 613a BGB fest.[576]

(2) Vereinbarkeit der BAG-Rechtsprechung mit europäischem Recht

Diese Praxis ist auch mit den Vorgaben des europäischen Rechts vereinbar. Prüfungsmaßstab dabei ist die Richtlinie 2001/23/EG, welche im Jahre 2001 die bis dahin geltende Richtlinie 77/187/EWG ersetzte.

Art. 5 Abs. 1 der Richtlinie 2001/23/EG regelt als Reaktion auf die umfangreiche Judikatur des EuGH zur Geltung der Richtlinie 77/187/EWG bei Veräußerungen im Konkurs nunmehr ausdrücklich, dass die Geltung des durch Art. 3 Abs. 1 RL 2001/23/EG angeordneten Übergangs von Arbeitsverhältnissen und des in Art. 4 Abs. 1 RL 2001/23/EG normierten Kündigungsverbots aus Anlass des Betriebsübergangs dann ausgeschlossen ist, wenn gegen den Veräußerer unter der Aufsicht einer zuständigen öffentlichen Stelle ein Konkursverfahren oder ein entsprechendes Verfahren mit dem Ziel der Auflösung des Vermögens des Veräußerers eröffnet wurde. Art. 5 Abs. 2 lit. a RL 2001/23/EG sieht darüber hinaus auch für Insolvenzverfahren, die nicht auf die Auflösung des Veräußerervermögens abzielen, vor, dass die Mitgliedstaaten die Haftung des Erwerbers für die vor dem Übergang bzw. vor der Eröffnung des Insolvenzverfahrens fälligen Verbindlichkeiten des Veräußerers ausschließen können.

Ob sich die Richtlinienkonformität der BAG-Rechtsprechung bereits mit der Ausnahmevorschrift des Art. 5 Abs. 1 RL 2001/23/EG begründen lässt, hängt entscheidend davon ab, ob ein eröffnetes Insolvenzverfahren nach der InsO den Tatbestand eines „Konkursverfahrens" bzw. „entsprechenden Verfahrens" im Sinne des Art. 5 Abs. 1 RL 2001/23/EG erfüllt. Zweifel daran ergeben sich schon angesichts der vom Gemeinschaftsgesetzgeber verwendeten Begrifflichkeit des „Konkursverfahrens", welche im deutschen Recht seit Einführung der InsO keine Verwendung mehr findet. Weiter bereitet es Schwierigkeiten, dass Art. 5 Abs. 1 RL 2001/23/EG in Anknüpfung an die Rechtsprechung zu RL 77/187/

575 *Bergwitz*, DB 1999, 2005, 2008; *Lohkemper*, KTS 1996, 1, 28.
576 BAG NZA 2003, 318; BAG NZA 2004, 651; BAG NZA 2004, 654, 655.

EWG ein Verfahren fordert, dessen Ziel die Auflösung des Veräußerervermögens sein muss; denn die InsO regelt von ihrer abstrakten Zielsetzung her, dass es sich bei einem Insolvenzverfahren nicht zwangsläufig um ein Zerschlagungsverfahren handeln muss, sondern die Zielsetzung der bestmöglichen Gläubigerbefriedigung gleichfalls durch eine Sanierung des Unternehmens erreicht werden kann, vgl. § 1 S. 1 InsO.[577] Entsprechend wird man für die Annahme eines „Konkursverfahrens" im Sinne des Gemeinschaftsrechts nicht auf die abstrakten Verfahrensvorgaben der InsO abstellen können, sondern muss untersuchen, ob im konkreten Einzelfall eine Liquidation des Schuldnervermögens vorgenommen wird; ist dies der Fall, steht die durch die InsO eröffnete abstrakte Möglichkeit eines Sanierungsverfahrens der Bejahung eines auf Auflösung des Veräußerervermögens gerichteten „Konkursverfahrens" nicht entgegen.[578]

Letztlich kann diese im Einzelnen diffizile Abgrenzung zwischen Liquidations- und Sanierungsverfahren für die Frage nach der Richtlinienkonformität der BAG-Rechtsprechung aber dahinstehen. Denn die Möglichkeit der Einschränkung des Übergangs der Altverbindlichkeiten auf den Betriebserwerber gilt nach Art. 5 Abs. 2 lit. a RL 2001/23/EG unabhängig von einer Auflösung des Veräußerervermögens, so dass damit jegliche Gestaltung des Ablaufs des Insolvenzverfahrens eine eingeschränkte Haftung des Betriebserwerbers gemeinschaftsrechtlich legitimiert.[579]

(3) Zwischenergebnis

Die Existenz des § 128 Abs. 2 InsO setzt zwingend die grundsätzliche Anwendbarkeit des § 613a BGB bei einem Betriebsübergang in der Insolvenz voraus. Mangels entgegenstehender Erwägungen des Gesetzgebers bei Einführung der InsO hält das BAG an seiner unter Geltung der KO entwickelten modifizierten Anwendbarkeit des § 613a BGB fest. Diese Rechtsprechung stand unter Geltung der KO mit der Richtlinie 77/187/EWG und steht nunmehr mit der Richtlinie 2001/23/EG in Einklang.

---

577 *Dimassi*, S. 59.

578 *Dimassi*, S. 60 f.; *Franzen*, RdA 1999, 361, 368; *Weber*, EuZW 1998, 583, 584.

579 *Bergwitz*, DB 1999, 2005, 2008; *Dimassi*, S. 70; *Franzen*, RdA 1999, 361, 368.

b) Anwendbarkeit des § 613a BGB im Eröffnungsverfahren

aa) Rechtsprechung

(1) Anwendbarkeit des § 613a BGB bei Betriebsübergang im Konkursantragsverfahren unter Geltung der KO

Das BAG bezog zu der Frage nach der Anwendbarkeit des § 613a BGB bei einem Betriebsübergang im Konkursantragsverfahren erstmalig Stellung in seinem Urteil vom 21.2.1990 und entschied, eine einschränkende Auslegung des § 613a BGB sei nicht geboten, wenn eine Betriebsveräußerung durch den Sequester oder aufgrund seiner Mitwirkung erfolge.[580] Zur Begründung stellte das BAG auf die unterschiedlichen Funktionen von Konkursverwalter und Sequester ab: Die beschränkte Erwerberhaftung sei beim Erwerb vom Konkursverwalter im eröffneten Konkursverfahren dadurch legitimiert, dass die bestmögliche Verwertung gewährleistet werden müsse; beim Erwerb vom Sequester hingegen fehle diese Legitimation, da der Sequester nur zur Sicherung, nicht aber zur Verwertung des Schuldnervermögens befugt sei.[581]

(2) Unter Geltung der InsO

Mit Urteil vom 20.6.2002 entschied das BAG, dass die Haftung eines Betriebserwerbers gemäß § 613a BGB nicht beschränkt sei, wenn der Betrieb vor Eröffnung des Insolvenzverfahrens übernommen werde.[582]

Dabei stellte das Gericht zunächst wieder darauf ab, dass das für den Erwerb vom Insolvenzverwalter geltende Haftungsprivileg nicht auf den Erwerb vom vorläufigen Insolvenzverwalter zu übertragen sei, da letzterem keine dem Insolvenzverwalter im eröffneten Verfahren entsprechende Funktion beizumessen sei.[583] Offen ließ das BAG hingegen, inwieweit ausnahmsweise etwas anderes in Fällen gelten können soll, in denen durch den Verkauf vor Verfahrenseröffnung eine Stilllegung des Betriebes im Hinblick auf auflaufende erhebliche Verluste abgewendet oder ein außerordentlicher wirtschaftlicher Vorteil realisiert werden kann, der nach Verfahrenseröffnung nicht mehr erzielt werden könnte.[584]

---

580 BAG NZA 1990, 522; Bestätigung durch BAG NZA 1992, 217; BAG NZA 1997, 94; anders obiter dictu BAG NZA 1988, 198, wonach nicht ausschließlich auf den Zeitpunkt des Betriebsübergangs, sondern auch darauf abzustellen sei, ob wirtschaftlich eine Maßnahme der Masseverwertung vorliegt oder ob eine vorkonkursliche Vermögensverschiebung stattgefunden hat (diese Linie wurde aufgegeben).

581 BAG NZA 1990, 522, 523.

582 BAG NZA 2003, 318; siehe später auch BAG NZA-RR 2006, 373.

583 BAG NZA 2003, 318, 322.

584 BAG NZA 2003, 318, 323.

Weiter führte das BAG gegen eine modifizierte Anwendung des § 613a BGB im Eröffnungsverfahren aber auch an, der Grundsatz der Gläubigergleichbehandlung gelte erst im eröffneten Verfahren, weshalb er auch dann erst durch eine mit der uneingeschränkten Anwendung des § 613a BGB verbundene bevorzugte Behandlung einzelner Gläubigergruppen durchbrochen werden könne; gegen diesen Standpunkt ließen sich auch nicht die Anfechtungsvorschriften als den Gleichbehandlungsgrundsatz vorverlagernde Regelungen anführen, da diese ihrerseits erst dann zur Geltung gelangen würden, wenn das Insolvenzverfahren später tatsächlich eröffnet wird.[585]

Überdies werde die uneingeschränkte Anwendbarkeit des § 613a BGB bei einem Betriebsübergang vor Verfahrenseröffnung dadurch gestützt, dass der Gesetzgeber im Zuge des seit dem 1.1.1999 geltenden neuen Insolvenzrechts mit der Streichung des § 419 BGB und der Neuregelung des § 27 Nr. 1 ArbnErfG der sanierungshemmenden Wirkung einer Erwerberhaftung Rechnung getragen, § 613a BGB gleichwohl bewusst unverändert belassen habe.[586]

Schließlich stehe dem Standpunkt des BAG auch nicht die Rechtsprechung des BFH entgegen, wonach die Haftungsfreistellung des § 75 Abs. 2 AO auch für den Unternehmenskauf vor Verfahrenseröffnung gilt, da sich die Zwecke des § 613a BGB und die des § 75 Abs. 2 AO voneinander unterschieden: Zu den Zielen des § 613a BGB gehöre es, die Haftung von Übernehmer und altem Arbeitgeber zu regeln; seine Aufgabe sei es hingegen nicht wie im Falle des § 75 Abs. 2 AO, Sanierungen im Falle von Betriebsübernahmen zu ermöglichen oder zu erleichtern.[587]

bb) Literatur

Schon unter Geltung der KO folgte die Literatur dem BAG in seiner vorgenommenen Differenzierung, wonach ein Betriebsübergang vor Konkurseröffnung die uneingeschränkte Anwendung des § 613a BGB nach sich ziehen und der Erwerber nur bei Erwerb vom Konkursverwalter durch eine teleologische Reduktion des § 613a BGB haftungsrechtlich privilegiert sein soll.[588]

Auch seit Einführung der InsO schließt sich die Literatur ganz überwiegend der BAG-Rechtsprechung an, stellt für das Eingreifen der modifizierten Haftung

---

585 BAG NZA 2003, 318, 323.

586 BAG NZA 2003, 318, 323.

587 BAG NZA 2003, 318, 323.

588 Siehe etwa *Göpfert*, DB 1992, 1727 ff.; *Joost*, EWiR 1992, 153 f.; *Reichold*, SAE 1990, 41, 44.

also darauf ab, dass der Betriebsübergang nach der Eröffnung des Insolvenzverfahrens erfolgt sein muss.[589]

Zunehmend wird diese streng nach den Verfahrensstadien differenzierende Rechtsprechung aber auch in Frage gestellt und dafür plädiert, die haftungsrechtlichen Folgen des § 613a BGB bereits im Falle der Betriebsveräußerung während einer vorläufigen Insolvenzverwaltung einzuschränken.[590] Zur Begründung wird darauf verwiesen, die Geltung des für die modifizierte Anwendung des § 613a BGB vom BAG herangezogenen Gleichbehandlungsgrundsatzes sei – jedenfalls wenn es im Anschluss an das Eröffnungsverfahren zur Verfahrenseröffnung komme – nicht generell auf das eröffnete Verfahren zu beschränken; zumindest entfalte der Gleichbehandlungsgrundsatz bereits gewisse Vorwirkungen im Eröffnungsverfahren.[591] Dies werde insbesondere durch die Vorschriften der Insolvenzanfechtung (§§ 129 ff. InsO) deutlich, da durch sie dem Gleichbehandlungsgrundsatz auch schon im Eröffnungsverfahren Geltung verschafft werde.[592] Gleiches gelte für das im Eröffnungsverfahren anzuordnende Vollstreckungsverbot des § 21 Abs. 2 Nr. 3 InsO, der das nach § 89 InsO im eröffneten Verfahren geltende Verbot der Einzelzwangsvollstreckung vorverlagert.[593]

Besonders anschaulich ist die Argumentation *Henckels*, wonach die Erwerberhaftung nach § 613a BGB bei einem Erwerb vom vorläufigen Insolvenzverwalter dann außer Kraft gesetzt werden müsse, wenn die Gläubiger durch die Haftung des Übernehmers und den damit verbundenen Kaufpreisabschlag unzumutbar benachteiligt würden.[594] Dies sei dann der Fall, wenn ihnen durch den Erlass eines Vollstreckungsverbots im Eröffnungsverfahren der Zugriff auf das Schuldnervermögen verwehrt werde, da sie dann ohne eigene Vollstreckungsmöglichkeit im Eröffnungsverfahren auf die durch die Schuldenhaftung des Erwerbers verkürzte Insolvenzmasse angewiesen seien.[595] Damit stellt *Henckel* klar, dass die zu verhindernde Gläubigerungleichbehandlung im eröffneten Insolvenzverfahren ihren Ursprung bereits im Eröffnungsverfahren hat, wenn

---

589 *Annuss*, in: Staudinger, § 613a Rn. 346; *Gussen*, in: BeckOK-ArbR, BGB § 613a Rn. 75; *Müller-Glöge*, in: MüKo-BGB, § 613a Rn. 180; *Preis*, in: ErfKo-ArbR, BGB § 613a Rn. 150; *Steffan*, in: Ascheid/Preis/Schmidt, BGB § 613a Rn. 240.

590 *Dimassi*, S. 79 ff.; *Heerma*, S. 212 ff.; *Hess*, FS Arbeitsgerichtsbarkeit, 485, 497 ff.; *Lohkemper*, ZIP 1999, 1251, 1253 ff.; *Spieker*, S. 259 ff.; *Strümpell*, S. 142 ff.

591 *Hess*, FS Arbeitsgerichtsbarkeit, 485, 499 f.; *Spieker*, S. 259 ff.; *Strümpell*, S. 142 ff.

592 *Heerma*, S. 213.

593 *Lohkemper*, ZIP 1999, 1251, 1254.

594 *Henckel*, in: Jaeger, § 35 Rn. 31, 34.

595 *Henckel*, in: Jaeger, § 35 Rn. 31, 34.

hier eine Unternehmensveräußerung unter uneingeschränkter Anwendung des § 613a BGB stattfindet.

Weiter wird dem immer wieder vorgebrachten Argument des Funktionsunterschieds von vorläufigem und endgültigem Insolvenzverwalter die gegenüber dem Sequester erheblich aufgewertete Rechtsstellung des mit Verwaltungs- und Verfügungsbefugnis ausgestatteten vorläufigen Insolvenzverwalters entgegengehalten. Wegen seiner Befugnis zur Begründung von Masseverbindlichkeiten nehme dieser bereits eine Zwischenstellung zwischen dem bisherigen Sequester und dem Insolvenzverwalter ein, was dafür spreche, ihn auch hinsichtlich der haftungsrechtlichen Folgen einer Betriebsveräußerung mit dem Insolvenzverwalter gleichzustellen.[596]

Schließlich wird angeführt, das vom BAG ausgegebene Ziel der Arbeitsplatzsicherung durch § 613a BGB werde in sein Gegenteil verkehrt, wenn wegen der uneingeschränkten Anwendung der Norm potenzielle Erwerbsinteressenten von der Übernahme absähen, da mit der dann notwendigen Betriebsstilllegung Arbeitsplätze vernichtet würden, die bei modifizierter Anwendung des § 613a BGB womöglich hätten erhalten werden können.[597]

4. Zwischenergebnis

Die §§ 75 AO, 25 HGB und § 613a BGB sind bei einer übertragenden Sanierung tatbestandlich regelmäßig erfüllt. Als Rechtsfolge ordnen sie allesamt eine Haftung des übernehmenden Rechtsträgers für bestimmte Verbindlichkeiten des übertragenden Rechtsträgers an.

Für den Fall eines Erwerbs aus dem eröffneten Insolvenzverfahren ist gesetzlich (§ 75 Abs. 2 AO) bzw. richterrechtlich (§§ 25 HGB, 613a BGB) anerkannt, dass eine Haftung nach den genannten Vorschriften ausgeschlossen ist. Als die tragenden Argumente dafür werden die andernfalls gegebene Unveräußerlichkeit des schuldnerischen Unternehmens und die mit der Anwendung der Haftungsvorschriften verbundene Verletzung des insolvenzrechtlichen Gleichbehandlungsgrundsatzes angeführt.

Ob sich diese Erwägungen auf den Fall eines Erwerbs aus dem Eröffnungsverfahren übertragen lassen, die Haftungstatbestände also auch im Eröffnungsverfahren ausgeschlossen sein sollen, ist deutlich unklarer.

Die Gegner eines Haftungsschlusses argumentieren, die für den Erwerb aus einem eröffneten Verfahren vorgetragenen Argumente seien nicht für den

596 *Gerhardt*, in: Jaeger, § 22 Rn. 94; *Hess*, FS Arbeitsgerichtsbarkeit, 485, 499.
597 *Lohkemper*, ZIP 1999, 1251, 1254 f.; *Strümpell*, S. 143 f.

Erwerb aus einem Eröffnungsverfahren fruchtbar zu machen. Denn die Veräußerlichkeit des schuldnerischen Unternehmens müsse im Eröffnungsverfahren noch nicht gewährleistet werden, da der vorläufige Insolvenzverwalter in Rechtsstellung und Funktion nicht mit dem endgültigen Insolvenzverwalter vergleichbar sei. Zudem könne es auch nicht zu einer Verletzung des insolvenzrechtlichen Gleichbehandlungsgrundsatzes im Eröffnungsverfahren kommen, da dieser erst ab Eröffnung des Verfahrens gelte.

Von den Befürwortern eines Haftungsausschlusses wird genau entgegengesetzt argumentiert: Jedenfalls der starke vorläufige Insolvenzverwalter sei in seiner Rechtsstellung dem endgültigen Insolvenzverwalter ebenbürtig und besitze daher bereits die Rechtsmacht, das schuldnerische Unternehmen zu veräußern. Auch sei er dazu im Einzelfall unter Wahrung aller Beteiligteninteressen berechtigt. Dann aber, wenn es dementsprechend zu einer übertragenden Sanierung im Eröffnungsverfahren kommen könne, müsse im Gesamtgläubigerinteresse auch die Möglichkeit der bestmöglichen Erlöserzielung durch eben die Bejahung eines Haftungsausschlusses auf Erwerberseite gewährleistet werden. Außerdem sei durch die Ablehnung eines Haftungsausschlusses sehr wohl die Verletzung des Gleichbehandlungsgrundsatzes möglich, da dieser bereits im Eröffnungsverfahren Beachtung finden müsse.

5. Stellungnahme

a) *Gebotenheit einer tatbestandsübergreifenden Beurteilung der Erwerberhaftung*

Hervorzuheben ist an dieser Stelle zunächst die sich aus der vorstehenden Zusammenfassung ergebende Erkenntnis, dass die Diskussion über den Ausschluss der Erwerberhaftung nach den §§ 75 AO, 25 HGB und § 613a BGB im Zusammenhang mit einem Insolvenzfall *tatbestandsübergreifend* mit denselben Argumenten ausgetragen wird und es jeweils um die Frage geht, ob eine tatbestandlich gegebene Erwerberhaftung aufgrund insolvenzrechtlicher Erwägungen auszuschließen ist.[598]

598 So implizit etwa auch *Henckel*, in: Jaeger, § 35 Rn. 34, indem er zu der Frage nach der haftungsmodifizierten Anwendung des § 613a BGB bei Betriebsveräußerungen im Eröffnungsverfahren ausführt „Der Streit wird hier nicht anders zu entscheiden sein als zu § 75 II AO und § 25 HGB"; auch *Unfried*, S. 146 f. meint, die „maßgeblichen Leitlinien" der Entscheidung des BFH zu § 75 Abs. 2 AO seien „ohne weiteres" auch auf die Fälle des § 25 HGB und des § 613a BGB übertragbar; auch der

Dies ist darauf zurückzuführen, dass die Haftungstatbestände der §§ 75 AO, 25 HGB und § 613a BGB unabhängig von ihrer Zuordnung zum Steuer-, Handels oder Arbeitsrecht bewirken, dass den durch die jeweilige Vorschrift Aktivlegitimierten mit dem übernehmenden Rechtsträger ein neuer, solventer Schuldner zur Verfügung gestellt wird und sie somit im Gegensatz zu den übrigen Gläubigern des übertragenden Rechtsträgers eine verbesserte Befriedigungsmöglichkeit erhalten. Zudem geht die Gefahr, dass potenzielle Interessenten wegen einer drohenden Erwerberhaftung von ihrem Erwerbsvorhaben Abstand nehmen und so die Veräußerlichkeit des Unternehmens erschwert oder gar unmöglich gemacht wird, unterschiedslos von den jeweiligen Haftungstatbeständen aus. Angesichts dessen wäre es widersprüchlich, bei der Frage nach der Vereinbarkeit dieser Wirkungen mit den Grundsätzen des Eröffnungsverfahrens je nach Tatbestand zu einem unterschiedlichen Ergebnis zu gelangen.

Diese Parallelität der Haftungstatbestände erkannte auch das BAG und setze sich damit wegen der Abweichung seiner Rechtsprechung zur Anwendbarkeit des § 613a BGB (Kein Haftungsausschluss bei Erwerb im Eröffnungsverfahren) von der des BFH zur Anwendbarkeit des § 75 AO (Haftungsausschluss bei Erwerb im Eröffnungsverfahren) auseinander. Einen Widerspruch sah das BAG in dieser Abweichung jedoch ausdrücklich nicht begründet, da sich die Zwecke des § 75 Abs. 2 AO und des § 613a BGB seiner Ansicht nach unterscheiden: Zu den Zielen des § 613a BGB gehöre es, die Forderungen der durch den Betriebsübergang betroffenen Arbeitnehmer durch eine Regelung der haftungsrechtlichen Fragen sicherzustellen; Aufgabe der Norm sei es dagegen *nicht* wie im Falle des § 75 Abs. 2 AO, Sanierungen im Falle von Betriebsübernahmen zu ermöglichen oder zu erleichtern.[599] Bei näherem Hinsehen zeigt sich allerdings, dass das BAG bei seiner Normzweckbestimmung auf die Ausführungen in einem früheren BAG-Urteil Bezug nimmt, in dem es um die Frage der Erwerberhaftung für den Fall eines Betriebsübergangs *außerhalb* eines Insolvenzverfahrens ging, wo für die Annahme einer Haftungsmodifikation keine Grundlage besteht.[600]

Der vom BAG vorgenommene Vergleich der Zwecke von § 613a BGB und § 75 Abs. 2 AO stellt sich daher als ein „Vergleichen von Äpfeln mit Birnen" dar. Denn das Gericht vergleicht den Zweck des außerhalb eines Insolvenzverfahrens unzweifelhaft „unmodifiziert" anzuwendenden § 613a BGB mit dem als Ausnahmetatbestand für den Erwerb aus der Insolvenz konzipierten § 75 Abs. 2

BFH in BFH 1998, 95, 96 sieht in § 75 AO einen dem § 25 HGB „vergleichbaren" Tatbestand.

599 BAG NZA 2003, 318, 323.

600 BAG NZA 1988, 655.

AO. Dass sich insoweit unterschiedliche Zwecke ausmachen lassen, vermag nicht weiter zu verwundern.

Richtigerweise aber ist der Zweck der für einen Erwerb aus einem Insolvenzverfahren ausnahmsweise anerkannten Haftungsmodifikation des § 613a BGB mit dem Zweck des ebenfalls eine Haftungsmodifikation gegenüber § 75 Abs. 1 AO darstellenden § 75 Abs. 2 AO zu vergleichen. Dabei zeigt sich, dass es hier wie dort darum geht, zum Zwecke einer den Grundsätzen des Insolvenzrechts entsprechenden gleichmäßigen und bestmöglichen Gläubigerbefriedigung einen potenziellen Erwerber von der Haftung für Altverbindlichkeiten des übertragenden Rechtsträgers freizustellen. Sieht der BFH diese Zwecke bereits im Eröffnungsverfahren als beachtenswert an und weitet er den unmittelbar nur für das eröffnete Verfahren geltenden Haftungsausschluss des § 75 Abs. 2 AO demzufolge auf den Erwerb aus dem Eröffnungsverfahren aus, ergibt sich also sehr wohl ein Wertungswiderspruch zur Rechtsprechung des BAG, wonach eine Ausweitung seiner für das eröffnete Verfahren anerkannten Haftungsmodifikation des § 613a BGB abgelehnt wird.[601]

b) Anwendbarkeit der §§ 75 AO, 25 HGB, 613a BGB bei Unternehmensveräußerung im Eröffnungsverfahren

Der vorstehend festgestellten Parallelität der Fragestellungen Rechnung tragend soll im Folgenden auch keine separate, sondern eine tatbestandsübergreifende Stellungnahme zur Anwendbarkeit der §§ 75 AO, 25 HGB, 613a BGB im Eröffnungsverfahren erfolgen.

Im Rahmen dieser Stellungnahme wird die Anwendbarkeit der fraglichen Haftungsvorschriften im Eröffnungsverfahren zunächst unter rein tatsächlichen, „wirtschaftlich-psychologisierenden"[602] Gesichtspunkten betrachtet. Anschließend wird sie unter dogmatischen Gesichtspunkten hinterfragt.

aa) „Wirtschaftlich-psychologisierende" Betrachtungsweise

Geht es darum, das schuldnerische Unternehmen im Interesse aller Insolvenzgläubiger der bestmöglichen Verwertung durch seine Veräußerung zuzuführen und muss ein potenzieller Erwerber in Folge der Unternehmensübernahme mit einer Haftung für umfangreiche Altverbindlichkeiten des übertragenden Rechtsträgers rechnen, wird er sich aufgrund dessen gegen einen Erwerb des Unternehmens entscheiden. Das Unternehmen muss dann zwangsläufig stillgelegt

---

601 So im Ergebnis auch *Dimassi*, S. 143; *Marquardt*, ArbRB 2003, 77.

602 Diese Begrifflichkeit prägend *Gerhardt*, JZ 1988, 976.

werden und kann regelmäßig nur noch im Wege einer gegenüber der Gesamtverwertung wirtschaftlich ungünstigeren Zerschlagung verwertet werden. Zumindest aber wird der Erwerbsinteressent seine Schuldenhaftung wesentlich in die Kaufpreisbemessung einfließen lassen. Für die Gesamtheit der Insolvenzgläubiger hat dies zur Konsequenz, dass ihnen bei Anwendung der Erwerberhaftung eine geringere Verteilungsmasse aus der Verwertung zur Verfügung steht, als bei Nichtgeltung der Haftungsvorschriften hätte erzielt werden können.

Zudem hätte eine durch die Aufrechterhaltung der Erwerberhaftung bedingte Stilllegung regelmäßig die vollständige Arbeitsplatzvernichtung bei dem schuldnerischen Unternehmen zur Folge. Dieses Argument lässt sich insbesondere für die Begründung eines Haftungsausschlusses bei § 613a BGB für rückständige Lohnansprüche heranziehen. Hauptzweck des § 613a BGB ist nämlich die Arbeitsplatzsicherung. Würde nun durch die Bejahung der Erwerberhaftung die Unveräußerlichkeit des Unternehmens und damit seine Stilllegung bewirkt, würde dadurch also gerade der Hauptzweck der Vorschrift konterkariert.[603]

Diese gegen eine Anwendung der Haftungsvorschriften sprechenden Argumente sind in zeitlicher Hinsicht nicht nur im Falle einer Veräußerung in einem eröffneten Insolvenzverfahren fruchtbar zu machen, sie greifen vielmehr *unabhängig* vom jeweiligen Verfahrensstadium. Denn aus der maßgeblichen Gläubigersicht kann es keinen Unterschied machen, ob ihre wirtschaftlichen Interessen bereits im Eröffnungsverfahren durch die Bejahung einer Erwerberhaftung und die damit verbundene Schmälerung der (späteren) Verteilungsmasse beeinträchtigt werden oder ob es dazu erst im eröffneten Verfahren kommt.[604] Gleiches gilt für die Arbeitnehmerbelange: Ob ihre Arbeitsplätze durch eine Erwerberhaftung im eröffneten Verfahren oder im Eröffnungsverfahren gefährdet werden, ist für sie unerheblich.

Bei Zugrundelegung einer solchen „wirtschaftlich-psychologisierenden" Betrachtungsweise ist es daher angezeigt, die bestmögliche Veräußerlichkeit des schuldnerischen Unternehmens im Gläubiger- und Arbeitnehmerinteresse durch die Nichtanwendung der hier untersuchten Erwerberhaftungstatbestände auch schon bei einer Veräußerung im Eröffnungsverfahren zu gewährleisten.

---

603 Siehe *Lohkemper*, S. 116 ff.; *derselbe*, ZIP 1999, 1251, 1254 f.

604 LG Mönchengladbach, NJW 1987, 2091; *Gerhardt*, JZ 1988, 976.

bb) Dogmatische Betrachtungsweise

(1) Rechtsstellung von vorläufigem und endgültigem Insolvenzverwalter

In dogmatischer Hinsicht stellt sich jedoch die Frage, ob Unterschiede in der Rechtsstellung von vorläufigem und endgültigem Insolvenzverwalter bestehen, die eine Übertragung der für das eröffnete Verfahren anerkannten Haftungserleichterungen in das Eröffnungsverfahren verbieten.

So wird der Ausschluss der Erwerberhaftung bei einem Erwerb aus dem eröffneten Verfahren nämlich maßgeblich darauf gestützt, dass die uneingeschränkte Anwendung der Erwerberhaftungstatbestände im Widerspruch zur Aufgabe des Insolvenzverwalters stünde, das schuldnerische Unternehmen bestmöglich zu verwerten.[605]

Wäre der vorläufige – anders als der endgültige Insolvenzverwalter – aufgrund seiner Rechtsstellung nun aber verfügungsrechtlich nicht in der Lage bzw. befugnisrechtlich nicht dazu berechtigt, das schuldnerische Unternehmen zu veräußern, würde sich das beim endgültigen Insolvenzverwalter auszumachende Spannungsverhältnis zwischen seiner Pflicht zur bestmöglichen Unternehmensveräußerung und der verkaufshindernden Wirkung einer Erwerberhaftung für den vorläufigen Insolvenzverwalter gar nicht ergeben. Dementsprechend wäre auch die Rechtfertigung dafür in Frage zu stellen, dem vorläufigen Insolvenzverwalter – gleich dem endgültigen Insolvenzverwalter – die Möglichkeit zur bestmöglichen Unternehmensveräußerung durch einen Ausschluss der Erwerberhaftung gewährleisten zu müssen.

Ob eine Übertragung der für das eröffnete Verfahren anerkannten Haftungserleichterungen in das Eröffnungsverfahren gerechtfertigt ist, hängt nach dem hier untersuchten dogmatischen Ansatz also maßgeblich davon ab, in wieweit sich vorläufiger und endgültiger Insolvenzverwalter in ihrer Rechtsmacht bzw. Befugnis zur Vornahme einer Unternehmensveräußerung unterscheiden.

Bei der Untersuchung dieser Unterschiede muss, da die Rechtsstellung eines vorläufigen Insolvenzverwalters ihrerseits je nach Anordnung des Insolvenzgerichts variiert, zwischen starkem und schwachem vorläufigen Insolvenzverwalter differenziert werden.

(a) Starker vorläufiger Insolvenzverwalter

(aa) Verfügungsrechtliche Stellung

Während unter Geltung der KO auf den Sequester im Konkursantragsverfahren die Verwaltungs- und Verfügungsbefugnis nur „in dem Umfang“ überging,

605 Siehe Teil 3 II. 1. u. 2.

wie es Erhaltung und Sicherung des schuldnerischen Vermögens erforderten[606], geht gemäß § 22 Abs. 1 S. 1 InsO die „volle Verwaltungs- und Verfügungsbefugnis" über das Vermögen des Schuldners auf den vorläufigen Insolvenzverwalter über.[607] In verfügungsrechtlicher Hinsicht ordnet § 22 Abs. 1 S. 1 InsO damit dieselben Wirkungen an, wie sie auch die Verfahrenseröffnung gemäß § 80 Abs. 1 InsO auslöst. Der starke vorläufige steht dem endgültigen Insolvenzverwalter in der Rechtsmacht, über das schuldnerische Unternehmen wirksam zu verfügen, mithin in nichts nach.[608] Die Unternehmensveräußerung durch den starken vorläufigen Insolvenzverwalter findet demnach in Ausübung von dessen eigener, umfassender Verfügungsbefugnis statt und bedarf zu ihrer Wirksamkeit im Außenverhältnis nicht etwa der schuldnerischen Zustimmung. Davon, dass sie verfügungsrechtlich einer Veräußerung durch den Schuldner näher steht als einer solchen durch den Insolvenzverwalter im eröffneten Verfahren[609], kann angesichts dessen keine Rede sein. Das gilt umso mehr, als der endgültige Insolvenzverwalter die vom starken vorläufigen Insolvenzverwalter vorgenommene Unternehmensveräußerung im Wege der Insolvenzanfechtung nicht rückgängig zu machen vermag.[610] Diese Unanfechtbarkeit der Veräußerung ändert zwar nichts daran, dass es tatsächlich nicht der Insolvenzverwalter im eröffneten Verfahren ist, der die Veräußerung vornimmt. Sie verdeutlicht aber, dass die Veräußerung durch den starken vorläufigen Insolvenzverwalter wegen ihrer umfassenden Vorwirkung auf das eröffnete Verfahren bereits als „wie vom Insolvenzverwalter vorgenommen" betrachtet werden kann. Diese Vorwirkung findet sich auch für den Fall, dass die aus dem vom starken vorläufigen Insolvenzverwalter abgeschlossenen Unternehmenskaufvertrag resultierenden Ansprüche im Zeitpunkt der Verfahrenseröffnung (teilweise) noch nicht erfüllt sind. Denn der Insolvenzverwalter ist nicht dazu berechtigt, der Erwerberforderung ihre Qualifikation als Masseverbindlichkeit (§ 55 Abs. 2 InsO) durch Ausübung seines Erfüllungswahlrechts nach § 103 InsO zu nehmen.[611] Bei Abschluss des Unternehmenskaufvertrages im Eröffnungsverfahren und dann noch nicht erfolgter Erfüllung ist also zumindest bereits vorgezeichnet, dass der Insolvenzverwalter

606 BGHZ 104, 151, 155; BGHZ 118, 374, 379.
607 BT-Drucks. 12/2443, S. 116 f.
608 *Haarmeyer*, in: MüKo-InsO, § 22 Rn. 23.
609 So noch BGHZ 104, 151, 156 f. zur Veräußerung durch den Sequester unter Geltung der KO.
610 Siehe dazu unter Teil 3 I. 1. e).
611 Siehe unter Teil 3 I. 2. c) aa).

im eröffneten Verfahren die Ansprüche aus dem Unternehmenskaufvertrag als Masseverbindlichkeiten zu erfüllen hat.

Auf der verfügungsrechtlichen Ebene lässt sich demnach kein Unterschied zwischen einer Veräußerung durch den starken vorläufigen und einer solchen durch den endgültigen Insolvenzverwalter ausmachen, der eine Differenzierung bei der Erwerberhaftung je nach Verfahrensstadium rechtfertigen würde.

(bb) Befugnisrechtliche Stellung

Die Legitimation für die Ablehnung eines Haftungsausschlusses bei Erwerb im Eröffnungsverfahren lässt sich jedoch gegebenenfalls darauf stützen, dass befugnisrechtlich ein Unterschied zwischen vorläufigem und endgültigem Insolvenzverwalter auszumachen ist.

Nach der Begründung zu § 22 InsO *darf* der vorläufige Insolvenzverwalter die ihm übertragene Verfügungsbefugnis nämlich nur insoweit ausüben, als es der Zweck der Vermögenssicherung bis zur Entscheidung über die Verfahrenseröffnung erfordert.[612] Eine originäre Befugnis, über diesen Zweck hinausgehende Maßnahmen vorzunehmen, besitzt der vorläufige Insolvenzverwalter im Gegensatz zum dazu ausdrücklich berufenen endgültigen Insolvenzverwalter nicht. Grundsätzlich lässt sich auf der befugnisrechtlichen Ebene also ein Unterschied zwischen einer Unternehmensveräußerung durch den starken vorläufigen und einer solchen durch den endgültigen Insolvenzverwalter ausmachen, womit auch die Übertragung der für das eröffnete Verfahren geltenden Haftungserleichterungen in das Eröffnungsverfahren nicht geboten erscheint.

Allerdings soll nach hier vertretener Ansicht der im Eröffnungsverfahren vorherrschende Sicherungszweck nur *grundsätzliche* Richtschnur für das Handeln des vorläufigen Insolvenzverwalters sein. Er soll hingegen keinen starren Selbstzweck darstellen und dem vorläufigen Insolvenzverwalter praktisch sinnvolle Maßnahmen, die unter Wahrung der schutzwürdigen Interessen aller Beteiligten bereits im Eröffnungsverfahren vorgenommen werden können, nicht verbieten.

Lässt sich – diese Prämisse zugrunde gelegt – in Ausnahmefällen eine Kompetenz des vorläufigen Insolvenzverwalters zur Veräußerung des schuldnerischen Unternehmens begründen, kann damit auch eine ausnahmsweise Kongruenz zwischen der befugnisrechtlichen Stellung von vorläufigem und endgültigem Insolvenzverwalter hergestellt werden. Konsequenterweise muss sich diese Kongruenz bei den Rechtsfolgen einer Veräußerung im Eröffnungsverfahren und im eröffneten Verfahren fortsetzen, eine Erwerberhaftung nach den §§ 75 AO,

612 BT-Drucks. 12/2443, S. 117.

25 HGB und 613a BGB im Eröffnungsverfahren also ebenso wie im eröffneten Verfahren ausgeschlossen sein. Andernfalls käme es zu dem widersinnigen Ergebnis, dass dem vorläufigen Insolvenzverwalter eine Unternehmensveräußerung im Eröffnungsverfahren zur Wahrnehmung wirtschaftlich günstiger Veräußerungsmöglichkeiten zwar erlaubt wäre, ihre Durchführung durch die uneingeschränkte Anwendung der sanierungsfeindlichen Haftungsvorschriften aber praktisch unmöglich gemacht würde.

Die befugnisrechtliche Ebene betrachtet, lässt sich also grundsätzlich ein Unterschied in der Rechtsstellung von vorläufigem und endgültigem Insolvenzverwalter ausmachen. Bei Bejahung einer ausnahmsweise zulässigen Unternehmensveräußerung im Eröffnungsverfahren ist dieser Unterschied jedoch nivelliert. Das Abstellen auf die formal unterschiedliche Rechtsstellung von vorläufigem und endgültigem Insolvenzverwalter vermag in diesen Fällen eine unterschiedliche Erwerberhaftung in den verschiedenen Verfahrensabschnitten nicht zu begründen.

Selbst dann aber, wenn man eine Veräußerungsbefugnis des vorläufigen Insolvenzverwalters *generell* ablehnen und daraus die Rechtfertigung für eine ausnahmslos uneingeschränkte Erwerberhaftung im Eröffnungsverfahren ziehen will, begegnet dieser Rückschluss Bedenken. Denn im eröffneten Verfahren wird das Eingreifen der Haftungserleichterungen für den Erwerber ebenfalls keineswegs davon abhängig gemacht, dass der Insolvenzverwalter im Rahmen der Veräußerung pflichtgemäß gehandelt hat; als entscheidend für die Haftungserleichterungen wird allein das Faktum der Verfahrenseröffnung angesehen.[613] Dann aber erscheint es inkonsequent, die uneingeschränkte Erwerberhaftung im Falle einer Veräußerung im Eröffnungsverfahren darauf zu stützen, dass der vorläufige Insolvenzverwalter zur Veräußerung nicht befugt sei und er diese daher nur in pflichtwidriger Weise vornehmen könne.

Dieser „Makel der Inkonsequenz"[614] wurde bislang, soweit ersichtlich, einzig von *Dimassi* herausgearbeitet und anhand des Beispiels dargestellt, dass in der Zeit von der Verfahrenseröffnung bis zum Berichtstermin das Verwertungsmoratorium für den dann endgültigen Insolvenzverwalter zwar fortgelte, eine dem

613 Siehe etwa BAG NZA 2003, 318, 322 zu § 613a BGB; OLG Düsseldorf, NJW-RR 1999, 1556 zu § 25 HGB: Der Erwerber soll bei einem Erwerb aus dem eröffneten Verfahren selbst dann nicht gemäß § 25 HGB haften, wenn er den Insolvenzverwalter über die Werte der übertragenen Vermögensgegenstände getäuscht hat oder wenn er mit dem Insolvenzverwalter kollusiv zum Nachteil der Gläubiger zusammengewirkt hat.

614 *Dimassi*, S. 109.

widersprechende Unternehmensveräußerung gleichwohl die lediglich haftungsmodifizierte Anwendung des § 613a BGB auf Erwerberseite nach sich ziehe.[615]

Auch wenn der Gesetzgeber das beschriebene Verwertungsmoratorium in der Anfangsphase mit Einführung des InsVerfVereinfG gelockert hat, ist nach wie vor etwa denkbar, dass der Insolvenzverwalter die Unternehmensveräußerung ohne die gemäß § 158 Abs. 1 InsO erforderliche Zustimmung eines bestellten Gläubigerausschusses vornimmt. Auch dann überschreitet er seine Befugnis im Innenverhältnis. An der Geltung der Haftungserleichterungen bestehen aber gleichwohl keine Zweifel. Unter Heranziehung des Rechtsgedanken des § 164 InsO wäre es dem Erwerber auch kaum zumutbar, die Prognose über seine Haftung für Verbindlichkeiten des Veräußerers von der schwerlich für ihn abzusehenden Frage abhängig zu machen, ob der Insolvenzverwalter die Veräußerung im Innenverhältnis pflichtgemäß oder pflichtwidrig vornimmt.

Insofern lässt sich selbst bei Ablehnung einer ausnahmsweisen Verwertungskompetenz des vorläufigen Insolvenzverwalters die fehlende Übertragbarkeit der für das eröffnete Verfahren anerkannten Haftungserleichterungen in das Eröffnungsverfahren nicht überzeugend mit den abweichenden Befugnissen von vorläufigem und endgültigem Insolvenzverwalter begründen.

(b) Schwacher vorläufiger Insolvenzverwalter mit Zustimmungsvorbehalt

(aa) Verfügungsrechtliche Stellung

Auf den schwachen vorläufigen Insolvenzverwalter mit Zustimmungsvorbehalt geht im Gegensatz zum starken vorläufigen Insolvenzverwalter gerade nicht die volle Verwaltungs- und Verfügungsbefugnis über das schuldnerische Vermögen über. Er rückt also nicht wie der Insolvenzverwalter im eröffneten Verfahren (§ 80 Abs. 1 InsO) verfügungsrechtlich in die Position des Schuldners ein, sondern bleibt darauf beschränkt, Initiativen des Schuldners zu unterbinden oder ihnen zuzustimmen, ohne eigene entwickeln zu können.[616] Im Gegenzug ist aber auch der Schuldner wegen den §§ 24 Abs. 1, 81 Abs. 1 InsO nicht in der Lage, ohne die Zustimmung des vorläufigen Insolvenzverwalters wirksam über sein Vermögen zu verfügen.

Diese von der des endgültigen Insolvenzverwalters abweichende verfügungsrechtliche Stellung des schwachen vorläufigen Insolvenzverwalters bietet auf den ersten Blick einen nahe liegenden Ansatzpunkt, um die unter Zustimmung des vorläufigen Insolvenzverwalters vorgenommenen Handlungen wertend eher

615 *Dimassi*, S. 107 ff.

616 *Mönning*, in: Nerlich/Römermann, § 22 Rn. 219.

dem Schuldner als dem Insolvenzverwalter im eröffneten Verfahren zuzuweisen.[617] Jedoch ist diese Schlussfolgerung keineswegs zwingend. Denn zum einen ist es eine Frage der Perspektive, wessen „Anteil" an einer gemeinsam von Schuldner und vorläufigem Insolvenzverwalter vorgenommenen Verfügung als maßgeblich für deren Wirksamkeit anzusehen ist. Wird nämlich nicht das Erfordernis der schuldnerischen Mitwirkung an der Verfügung, sondern die Tatsache betont, dass erst die Zustimmungsmacht des vorläufigen Insolvenzverwalters der Verfügung zu ihrer Wirksamkeit zu verhelfen vermag, lässt sich die Verfügung schwerlich als „vom Schuldner vorgenommen" bezeichnen.[618]

Zum anderen wurde herausgearbeitet, dass die unter Mitwirkung eines schwachen vorläufigen Insolvenzverwalters vorgenommenen Handlungen – anders als die eines Sequesters[619] – die Entscheidungen des Insolvenzverwalters im eröffneten Verfahren wesentlich präjudizieren, wie sich insbesondere anhand der nur ausnahmsweisen Anfechtbarkeit von mit Zustimmung eines vorläufigen Insolvenzverwalters vorgenommen Rechtsgeschäften zeigt.[620]

Insofern ist zumindest dann, wenn der Unternehmenskaufvertrag bereits im Eröffnungsverfahren unter Zustimmung des vorläufigen Insolvenzverwalters erfüllt wird, auf der verfügungsrechtlichen Ebene kein wesentlicher Unterschied zu einer Veräußerung durch den Insolvenzverwalter im eröffneten Verfahren auszumachen.

Auch wenn bei Anordnung eines Zustimmungsvorbehalts – anders als bei Verhängung eines allgemeinen Verfügungsverbots – der Schuldner die Verwaltungs- und Verfügungsbefugnis über sein Vermögen behält, ist es wegen des Verhinderungspotenzials des schwachen vorläufigen Insolvenzverwalters gegenüber schuldnerischen Verfügungen und der Vorwirkung seiner Handlungen auf das eröffnete Verfahren daher nicht gerechtfertigt, diese wertend dem Schuldner zuzuordnen.

617 So auch BGHZ 104, 151, 156 f. unter Geltung der KO für eine Unternehmensveräußerung durch den Sequester.

618 In diese Richtung auch *Bork*, ZIP 1999, 781, 784, der der Ansicht ist, es sei zwischen schwachem und starkem vorläufigen Insolvenzverwalter „nur ein technischer Unterschied, ob der vorläufige Verwalter seine Entscheidung dadurch zum Ausdruck bringen muss, dass er der Willenserklärung des Schuldners zustimmt, oder dadurch, dass er die maßgebliche Willenserklärung selber abgeben muss".

619 Siehe nur BGHZ 104, 151, 155 ff.

620 Siehe dazu unter Teil 3 I. 1. e).

(bb) Befugnisrechtliche Stellung

Wie für den starken besteht auch für den schwachen vorläufigen Insolvenzverwalter die grundsätzliche Pflicht, das schuldnerische Vermögen zu sichern und zu erhalten. Nach dem Rechtsgrundsatz „impossibilium nulla est obligatio"[621] hat er dieser Pflicht im Rahmen der ihm verliehenen Rechtsmacht nachzukommen, sein Zustimmungsverhalten also an seinen befugnisrechtlichen Bindungen auszurichten.[622]

Das heißt, dass der schwache vorläufige Insolvenzverwalter grundsätzlich nicht berechtigt ist, seine Zustimmung zu einer vom Schuldner initiierten Unternehmensveräußerung zu erteilen, so dass befugnisrechtlich grundsätzlich eine Abweichung zur Rechtsstellung des Insolvenzverwalters im eröffneten Verfahren auszumachen ist. Sieht man den schwachen vorläufigen Insolvenzverwalter jedoch ausnahmsweise als befugt zur Zustimmungserteilung zu einer Unternehmensveräußerung an[623], ist für diesen Fall ein Gleichlauf mit dem Recht des endgültigen Insolvenzverwalters hergestellt. Eine Rechtfertigung zur Begründung einer von der des eröffneten Verfahrens abweichenden Erwerberhaftung lässt sich aus dem Vergleich der befugnisrechtlichen Stellung dann nicht mehr ziehen.

Aber auch dann, wenn man den schwachen vorläufigen Insolvenzverwalter unter keinen Umständen als zur Zustimmung zur Unternehmensveräußerung berechtigt ansehen will, kann es – wie schon beim starken vorläufigen Insolvenzverwalter – nicht überzeugen, die uneingeschränkte Erwerberhaftung im Eröffnungsverfahren mit den unterschiedlichen Befugnissen des schwachen vorläufigen und des endgültigen Insolvenzverwalters zu begründen. Das Differenzierungskriterium der befugnisrechtlichen Stellung leidet hier nämlich unterschiedslos an dem bereits dargestellten Makel, dass eine Überschreitung der Befugnisse durch einen endgültigen Insolvenzverwalter nicht etwa die uneingeschränkte Erwerberhaftung mit sich bringt und es dementsprechend inkonsequent wäre, eine uneingeschränkte Erwerberhaftung im Eröffnungsverfahren mit der Befugnisüberschreitung durch den schwachen vorläufigen Insolvenzverwalter zu begründen.

---

621 Digesten 50, 17, 185.

622 So implizit auch das BAG, NZA 2003, 318, 322, indem es ausführt, der vorläufige Insolvenzverwalter sei nicht befugt, das schuldnerische Unternehmen zu veräußern „oder an einer Veräußerung durch den Schuldner mitzuwirken".

623 Siehe dazu unter Teil 2 II. 2. b) aa).

(2) Zwischenergebnis

Die verfügungsrechtliche Ebene betrachtet, besteht kein Unterschied zwischen einer Unternehmensveräußerung durch den starken vorläufigen und den endgültigen Insolvenzverwalter. Dieses Ergebnis kann wegen dessen formal abweichender Rechtsstellung nicht ohne weiteres auch auf den schwachen vorläufigen Insolvenzverwalter mit Zustimmungsvorbehalt übertragen werden. Allerdings relativieren sich diese Unterschiede angesichts der Vorwirkung von mit Zustimmung eines schwachen vorläufigen Insolvenzverwalters vorgenommenen Handlungen auf das eröffnete Verfahren. Die Forderung einer uneingeschränkten Erwerberhaftung bei einem Erwerb vom vorläufigen Insolvenzverwalter lässt sich daher nicht in überzeugender Weise mit der unterschiedlichen verfügungsrechtlichen Stellung von vorläufigem und endgültigem Insolvenzverwalter begründen.

Befugnisrechtlich gilt für den starken und den schwachen vorläufigen Insolvenzverwalter gleichermaßen, dass sie zur Sicherung und Erhaltung des Schuldnervermögens verpflichtet und sie im Gegensatz zum endgültigen Insolvenzverwalter demnach grundsätzlich nicht berechtigt sind, das schuldnerische Unternehmen zu veräußern. Vorläufiger und endgültiger Insolvenzverwalter stehen sich unter diesem Gesichtspunkt befugnisrechtlich dann jedoch gleich, wenn die Voraussetzungen für eine ausnahmsweise zulässige Unternehmensveräußerung erfüllt sind, so dass dann auch das Eingreifen der Haftungserleichterungen beim Erwerb vom vorläufigen Insolvenzverwalter geboten ist.

Aber selbst mit der generellen Unzulässigkeit einer Unternehmensveräußerung im Eröffnungsverfahren lässt sich eine uneingeschränkte Anwendbarkeit der Haftungstatbestände im Eröffnungsverfahren nicht überzeugend begründen. Dieser Rückschluss stünde nämlich im Widerspruch dazu, dass das Eingreifen der Haftungsmodifikationen im eröffneten Verfahren nicht davon abhängig gemacht wird, ob die Unternehmensveräußerung in zulässiger oder unzulässiger Weise vorgenommen wird.

(3) Eingeschränkte Erwerberhaftung zur Wahrung des insolvenzrechtlichen Gleichbehandlungsgrundsatzes

Möglicherweise ist eine eingeschränkte Anwendung der einschlägigen Erwerberhaftungstatbestände im Eröffnungsverfahren darüber hinaus zur Wahrung des insolvenzrechtlichen Gleichbehandlungsgrundsatzes der „par conditio omnium creditorum“ geboten.

(a) Der Grundsatz der Gläubigergleichbehandlung

Der Grundsatz der Gläubigergleichbehandlung bildet ein spezifisch insolvenzrechtliches Gerechtigkeitspostulat[624], mit dem der zentrale Unterschied des Insolvenzverfahrens zur Einzelzwangsvollstreckung gekennzeichnet wird.[625] Während außerhalb eines Insolvenzverfahrens der Wettlauf der Gläubiger herrscht, also jeder Gläubiger sein volles Recht durchsetzen kann und bei einer Pfändung desselben Gegenstands durch mehrere Gläubiger das Prioritätsprinzip gilt (§ 804 Abs. 3 ZPO), wäre ein solches Prinzip im Insolvenzfall, wo keine Aussicht auf vollständige Befriedigung mehr besteht, kein geeigneter Aufteilungsmaßstab.[626] Daher gilt es hier, den bellum omnium contra omnes auszuschalten und durch ein Verfahren gemeinschaftlicher, gleichmäßiger und anteiliger Befriedigung zu ersetzen.[627]

(b) Ausschluss der Erwerberhaftung zur Wahrung des Gläubigergleichbehandlungsgrundsatzes

(aa) Im eröffneten Verfahren

Die uneingeschränkte Anwendung der hier untersuchten Haftungstatbestände bei einem Erwerb aus dem eröffneten Insolvenzverfahren stünde jedoch im Widerspruch zum insolvenzrechtlichen Gleichbehandlungsgrundsatz. Die nach den Haftungstatbeständen jeweils Aktivlegitimierten würden nämlich – anders als die übrigen Insolvenzgläubiger – mit dem Unternehmenserwerber einen zahlungskräftigen Haftungsschuldner für bereits entstandene Ansprüche erhalten und damit gegenüber der Gläubigergesamtheit privilegiert, die ihre Ansprüche lediglich im Insolvenzverfahren verfolgen kann.[628] Ganz überwiegend wird diese vom Insolvenzrecht nicht vorgesehene Bevorzugung dann auch nicht hingenommen und den Haftungstatbeständen ihre Geltung bei einem Erwerb aus dem eröffneten Insolvenzverfahren abgesprochen, dem Grundsatz der Gleichbehandlung mithin der Vorrang vor der ansonsten geltenden Erwerberhaftung eingeräumt.[629]

---

624 *Häsemeyer*, Rn. 16.20.

625 BGHZ 88, 147, 151; *Prütting*, in: Kölner Schrift InsO, Kap. 1 Rn. 62; *Westphal*, in: Nerlich/Römermann, § 187 Rn. 3.

626 *Prütting*, in: Kölner Schrift InsO, Kap. 1 Rn. 62.

627 *Pape/Uhlenbruck/Voigt-Salus*, in: Pape/Uhlenbruck/Voigt-Salus, Kap. 10 Rn. 1; *Prütting*, in: Kölner Schrift InsO, Kap. 1 Rn. 62; *Uhlenbruck*, in: Uhlenbruck, § 16 Rn. 2.

628 So etwa BAG NZA 2003, 318, 323 für § 613a BGB.

629 Siehe dazu die Darstellung unter Teil 3 II. 1.–3.

(bb) Im Eröffnungsverfahren

Um den Ausschluss der Erwerberhaftung bei einem Erwerb aus dem Eröffnungsverfahren auf die gleiche Argumentation stützen zu können, müsste der Gleichbehandlungsgrundsatz in diesem Verfahrensabschnitt überhaupt schon Geltung beanspruchen können.

In rein tatsächlicher Hinsicht ist zumindest der Kreis der späteren rechtsgeschäftlichen Insolvenzgläubiger im Sinne des § 38 InsO bereits mit Stellung des Insolvenzantrags regelmäßig umgrenzt. Denn kaum ein Gläubiger wird nach Antragstellung mit dem Schuldner freiwillig in der Erwartung kontrahieren, im eröffneten Verfahren mit seiner Forderung auszufallen bzw. auf die lediglich quotale Befriedigung verwiesen zu werden.[630] Ein potenzieller Geschäftspartner wird daher nur dann zum Vertragsschluss bereit sein, wenn er etwa durch eine insolvenzgerichtliche Einzelermächtigung mit seiner Forderung in den Rang eines Massegläubigers erhoben wird.

Indem der BGH eben jene nur *ausnahmsweise* Möglichkeit zur Begründung von Masseverbindlichkeiten durch den schwachen vorläufigen Insolvenzverwalter anerkannte[631] und damit die Privilegierung einzelner Gläubiger gegenüber der Gesamtheit im Einzelfall erlaubte, ließ er dann zugleich auch die Tendenz erkennen, dass der Gläubigergleichbehandlungsgrundsatz im Eröffnungsverfahren jenseits dieser Ausnahmefälle *grundsätzlich* Geltung beanspruchen können soll.[632] Noch deutlicher sprach sich das AG Hamburg für die Geltung des Gläubigergleichbehandlungsgrundsatzes im Eröffnungsverfahren aus, indem es die vom BGH anerkannte Möglichkeit der Begründung von Masseverbindlichkeiten nicht einmal ausnahmsweise zulassen wollte, sondern sogar ablehnte, da diese eine nicht gerechtfertigte Durchbrechung der par conditio omnium creditorum darstelle.[633]

Auch wurde in späteren Entscheidungen des BGH zumindest eine Vorwirkung des Gleichbehandlungsgrundsatzes für das Eröffnungsverfahren ausdrücklich anerkannt. Insbesondere durch die Anfechtungsvorschriften der §§ 130–132 InsO etwa werde bestimmt, dass materielle Wirkungen der Insolvenz schon vor der formellen Eröffnung des Verfahrens eintreten sollen; in dem von ihnen zeitlich abgedeckten Bereich – wobei vor allem dem Eröffnungsantrag erhebliche Bedeutung zukomme (§§ 130 Abs. 1 S. 1 Nr. 2, 132 Abs. 1 Nr. 2 InsO) – trete die

---

630 *Ganter*, NZI 2012, 433; *Vallender*, in: Uhlenbruck, § 22 Rn. 193b.

631 BGHZ 151, 353, 165 f.

632 *Ganter*, NZI 2012, 433, 434.

633 AG Hamburg, NZI 2003, 153, 154.

Befugnis der Gläubiger zur zwangsweisen Durchsetzung ihrer Ansprüche hinter dem Schutz der Gläubigergesamtheit zurück.[634]

Neben diesen Anfechtungstatbeständen lassen sich auch die Rückschlagsperre des § 88 InsO sowie die Möglichkeit der Untersagung von Zwangsvollstreckungen in das Schuldnervermögen gemäß § 21 Abs. 2 Nr. 3 InsO dafür anführen, dass der Gleichbehandlungsgrundsatz bereits im Eröffnungsverfahren Beachtung finden muss.[635] So erklärt § 88 InsO durch Zwangsvollstreckung erlangte Sicherungen ipso iure für unwirksam, wenn sie nach dem Antrag auf Eröffnung des Insolvenzverfahrens begründet wurden und verhindert damit, dass Gläubiger noch in dieser Phase einen Sonderzugriff auf das Schuldnervermögen nehmen und sich damit ein besseres Recht auf Befriedigung verschaffen können als die übrigen Gläubiger.[636] Noch weitgehender kann durch die Anordnung nach § 21 Abs. 2 Nr. 3 InsO erreicht werden, dass Zwangsvollstreckungen nicht nur nach Verfahrenseröffnung aufzuheben sind, sie können sogar von vornherein unterbunden werden.[637] Auch erfasst § 21 Abs. 2 Nr. 3 InsO im Gegensatz zu § 88 InsO nicht nur solche Zwangsvollstreckungen, die lediglich zu einer Sicherung, sondern auch solche, die zu einer Befriedigung geführt haben. Insbesondere durch die Regelung des § 21 Abs. 2 Nr. 3 InsO kann daher der „bellum omnium contra omnes“ bereits im Eröffnungsverfahren beendet und dem Gleichbehandlungsgrundsatz zur Geltung verholfen werden. Dass der Gleichbehandlungsgrundsatz im Eröffnungsverfahren zumindest „gewisse Vorwirkungen“[638] entfaltet, kann nach alledem nicht bezweifelt werden.

Fraglich jedoch ist, ob diese Feststellung ausreicht, um damit einen Ausschluss der hier diskutierten Erwerberhaftung bei Erwerb im Eröffnungsverfahren legitimieren zu können. Denn wegen des Charakters des Eröffnungsverfahrens als ergebnisoffenes Sicherungsverfahren ist keineswegs gewiss, ob es zur anschließenden Verfahrenseröffnung kommt, ob also diejenigen Vorschriften, die den Grundsatz der Gläubigergleichbehandlung auf den Zeitpunkt der Antragstellung vorverlagern, überhaupt ihre Rechtswirkungen entfalten können oder ob es eben nur bei deren „gewisser Vorwirkung“ verbleibt.[639] So setzt nämlich etwa die Anwendbarkeit der §§ 129 ff. InsO zwingend die Eröffnung des Verfahrens

634 Siehe etwa BGH NZI 2005, 215, 216.

635 *Lohkemper*, S. 268 ff.; *derselbe*, ZIP 1999, 1251, 1254.

636 *Breuer*, in: MüKo-InsO, § 88 Rn. 9.

637 *Böhm*, in: Braun, § 21 Rn. 46; *Vallender*, in: Uhlenbruck, § 21 Rn. 26a.

638 So *Hess*, FS Arbeitsgerichtsbarkeit, 485, 500.

639 *Hess*, FS Arbeitsgerichtsbarkeit, 485, 500.

voraus[640], auch die Unwirksamkeit durch § 88 InsO erfasster Sicherungen tritt überhaupt erst mit dem Zeitpunkt der Verfahrenseröffnung ein.[641]

Man könnte sich daher auf den Standpunkt stellen, der Gleichbehandlungsgrundsatz müsse im Eröffnungsverfahren nur dann Beachtung finden, wenn es anschließend zur Verfahrenseröffnung kommt.[642] Auch scheint es der Rechtsprechung nicht fremd zu sein, die Frage nach der Erwerberhaftung nicht schon im Zeitpunkt der Erfüllung des Haftungstatbestandes zu beantworten, sondern sie von dem Faktum einer späteren Verfahrenseröffnung abhängig zu machen. So führt der BFH aus, die Haftungsfreistellung nach § 75 Abs. 2 AO gelte auch dann, wenn „sich die Eröffnung des Konkursverfahrens an die Sequestration anschließt."[643] In diesem Sinne soll auch nach BGH und BAG die Anwendbarkeit des § 25 Abs. 1 S. 1 HGB bei Erwerb eines Handelsunternehmens aus der Hand des Sequesters jedenfalls dann nicht ausgeschlossen sein, „wenn sich an die Sequestration nicht die Eröffnung des Konkursverfahrens anschließt".[644]

Für die Geltung des Gleichbehandlungsgrundsatzes im Eröffnungsverfahren *unabhängig* von einer späteren Verfahrenseröffnung streitet jedoch, dass bei gleichzeitiger Anordnung von Verfügungsbeschränkungen gegenüber dem Schuldner und der allgemeinen Untersagung von Einzelzwangsvollstreckungen gegenüber den Gläubigern bereits im Eröffnungsverfahren eine den Gläubigerwettlauf effektiv beendende Separierung des Schuldnervermögens eintritt.[645] Diese Separierung lässt sich gegenüber der dadurch entstehenden Zwangsgemeinschaft nur durch eine strikte Gleichbehandlung der darin zusammengefassten Gläubiger rechtfertigen; denn würde man akzeptieren, dass einzelne Gläubiger durch die Schaffung eines solventen Haftungsschuldners privilegiert werden, müssten die übrigen Gläubiger mangels Vollstreckungsmöglichkeit tatenlos mit ansehen, wie dem Schuldnervermögen ein durch die Privilegierung Einzelner reduzierter Kaufpreis für das schuldnerische Unternehmen zufließt, aus dem sie dann Befriedigung suchen müssen.[646]

---

640 *Hirte*, in: Uhlenbruck, § 129 Rn. 4, 9; *Nerlich*, in: Nerlich/Römermann, § 129 Rn. 25.

641 *Breuer*, in: MüKo-InsO, § 88 Rn. 2; *Leithaus*, in: Andres/Leithaus, § 88 Rn. 8.

642 So vertreten von *Spieker*, S. 249 f.

643 BFH NZI 1998, 95.

644 BGHZ 104, 151, 157; BAG NJW 2007, 942, 943.

645 So auch *Dimassi*, S. 134, der eine unmittelbare Geltung des Gleichbehandlungsgrundsatzes im Eröffnungsverfahren aber letztlich ablehnt.

646 Ähnlich *Henckel*, in: Jaeger, § 35 Rn. 31 ff.

Zwar ist dagegen wiederum einzuwenden, dass auch die nach § 21 InsO anzuordnenden Maßnahmen, die die Wirkungen des eröffneten Verfahrens vorziehen, ausweislich der Normüberschrift lediglich „vorläufiger" Natur sind. Der Wettlauf der Gläubiger wird durch ihre Anordnung also nicht zwangsläufig *endgültig* beendet und es kommt nicht notwendig zu einer gleichmäßigen Verteilung des Schuldnervermögens, sondern die Möglichkeit der Einzelzwangsvollstreckung wird gegebenenfalls nur vorübergehend unterbrochen. Wird nämlich die Eröffnung des Verfahrens abgelehnt oder der Antrag auf Eröffnung zurückgenommen, fallen damit auch die eine Gleichbehandlung der Gläubiger gebietenden Sicherungsanordnungen weg und der Kampf aller gegen alle nach dem Prioritätsprinzip ist von neuem eröffnet. Die damit entstehende Situation entspricht dann vor allem im Hinblick auf die Stellung der Gläubiger in jeder Weise derjenigen außerhalb eines Insolvenzverfahrens, womit die Legitimation dafür, die Erwerberhaftung aufgrund eines Vorrangs des Gleichbehandlungsgrundsatzes ausnahmsweise auszuschließen, in Frage zu stellen ist.[647]

Wollte man wegen dieser „Vorläufigkeit" der durch die Sicherungsanordnungen entstehenden Zwangsgemeinschaft nun aber die Geltung des Gleichbehandlungsgrundsatzes im Eröffnungsverfahren ablehnen, wäre dem ebenfalls ein „Makel der Inkonsequenz" vorzuwerfen. Denn selbst wenn es zur Eröffnung des Verfahrens kommt, ist damit noch nicht zwangsläufig entschieden, dass das Insolvenzverfahren letztlich durchgeführt wird und sich so die bis dahin zu beachtenden Vorwirkungen des Gleichbehandlungsgrundsatzes tatsächlich in der gleichmäßigen Verteilung des Schuldnervermögens unter den Gläubigern realisieren. Stattdessen besteht die zumindest theoretische Möglichkeit, dass es nach Verfahrenseröffnung zur Einstellung des Verfahrens mangels Masse gemäß § 207 InsO kommt[648] und der Schuldner wieder frei über sein Vermögen verfügen kann, § 215 Abs. 2 S. 1 InsO. Gemäß § 215 Abs. 2 S. 2 iVm § 201 Abs. 1 InsO können die Insolvenzgläubiger dann ihre restlichen Forderungen gegen den Schuldner geltend machen und nach dem Prioritätsprinzip gegen ihn vollstrecken. Diese Möglichkeit bringt die Erkenntnis mit sich, dass der Gläubigergleichbehandlungsgrundsatz *unabhängig* von einer zwischenzeitlichen Verfahrenseröffnung bis zur gleichmäßigen Verteilung der Masse unter den Gläubigern streng genommen nur gesichert wird und die Verfahrenseröffnung

647 So auch BGHZ 104, 151, 157 zu § 25 HGB, 419 BGB a. F.

648 *Hess*, FS Arbeitsgerichtsbarkeit, 484, 500.

daher kein taugliches Kriterium für die Entscheidung über Geltung oder Nichtgeltung des Gleichbehandlungsgrundsatzes darstellt.[649]

Das BAG, das die Geltung des Gleichbehandlungsgrundsatzes offenbar aus „praktischen Gründen“[650] zwingend von der Verfahrenseröffnung abhängig machen will, hält dem in dogmatisch wenig überzeugender Weise entgegen, für die Annahme einer Haftungsbeschränkung genüge die „Chance gleichmäßiger Gläubigerbefriedigung“; ob es letztlich tatsächlich zur konkursrechtlichen Gläubigerbefriedigung komme, sei unerheblich.[651] Dass mit der Verfahrenseröffnung die „Chance“ auf Durchführung des Insolvenzverfahrens verbessert und insoweit die erste „Klippe“ auf dem Weg zur Verteilung überwunden wird[652], ist jedoch eine rein tatsächliche Spekulation und kein dogmatisches Argument. Vielmehr lässt sich die Argumentation des BAG sogar dahingehend nutzbar machen, dass die „Chance gleichmäßiger Gläubigerbefriedigung“ auch schon mit Stellung des Insolvenzantrags geschaffen wird[653] und kein Grund dafür ersichtlich ist, diese „Chance“ im eröffneten Verfahren, nicht aber im Eröffnungsverfahren für die Bejahung eines Ausschlusses der Erwerberhaftung ausreichen zu lassen.

Mithin lässt es sich auf dogmatischer Grundlage nicht überzeugend begründen, dass der Gleichbehandlungsgrundsatz nur bei sich anschließender Verfahrenseröffnung im Eröffnungsverfahren Geltung beanspruchen kann. Dagegen, die Geltung des Gleichbehandlungsgrundsatzes und damit auch den Ausschluss der Erwerberhaftung zwingend von einer späteren Verfahrenseröffnung abhängig zu machen, spricht zudem in tatsächlicher Hinsicht, dass den praktischen Bedürfnissen des Rechtsverkehrs mit dieser Lösung schwerlich Rechnung getragen werden könnte. Denn neben der Frage der rechtstechnischen Umsetzbarkeit einer retrospektiven, an die spätere Verfahrenseröffnung anknüpfenden Entscheidung über die Erwerberhaftung, streitet gegen diesen Ansatz, dass sich für den Erwerber im Augenblick der Vermögensübertragung die spätere Verfahrenseröffnung nicht sicher vorhersehen und damit die Frage nach seiner Haftung nicht sicher beantworten lässt.[654] Zwar ist zuzugeben, dass es letztlich in die eigene Verantwortung des Erwerbers gestellt werden kann, die sich für ihn aus einem frühzeitigen Erwerb ergebenden Vorteile gegen das Risiko einer Haftung für Altverbindlichkeiten wegen möglicher Nichteröffnung des Verfahrens

649 So auch das LAG Hamm als Vorinstanz zu BAG NZA 1993, 20.
650 BAG NZA 1993, 20, 23.
651 BAG NZA 1993, 20, 22.
652 So *Lohkemper*, S. 233.
653 So im Ergebnis auch *Dimassi*, S. 138; *Hess*, FS Arbeitsgerichtsbarkeit, 485, 500.
654 *Gerhardt*, JZ 1988, 976, 977.

abzuwägen.[655] Jedoch wird wegen der großen Tragweite der Haftungsfrage bei realistischer Betrachtung kaum ein Erwerber zu dieser Vorgehensweise bereit sein[656] oder er wird das Risiko jedenfalls bei seiner Kaufpreisbemessung erheblich berücksichtigen.

c) Zwischenergebnis

Bei Anlegung einer „wirtschaftlich-psychologisierenden" Betrachtungsweise zeigt sich, dass die Bejahung einer Erwerberhaftung nach den untersuchten Tatbeständen unabhängig von dem jeweiligen Verfahrensabschnitt dazu führt, dass Erwerbsinteressenten von einem Erwerb absehen bzw. sie einen erheblichen Preisabschlag einfordern. Der Ausschluss der Erwerberhaftung vermag daher unabhängig vom Verfahrensabschnitt das in § 1 S. 1 InsO ausgegebene Ziel der bestmöglichen Gläubigerbefriedigung zu fördern.

Dogmatisch streitet für eine Übertragung der für einen Erwerb aus dem eröffneten Verfahren anerkannten Haftungsausschlüsse auf Erwerbe aus dem Eröffnungsverfahren, dass jedenfalls bei Bestellung eines starken vorläufigen Insolvenzverwalters dessen verfügungsrechtliche Stellung mit der des endgültigen Insolvenzverwalters identisch ist.

Nimmt der vorläufige Insolvenzverwalter die Unternehmensveräußerung unter Beachtung der hier aufgestellten Voraussetzungen in zulässiger Weise vor, besteht zudem befugnisrechtlich ein Gleichlauf mit dem endgültigen Insolvenzverwalter, so dass es geboten ist, dann auch dem vorläufigen Insolvenzverwalter die bestmögliche Veräußerung durch eine Einschränkung der Erwerberhaftung zu gewährleisten.

Selbst aber unter Zugrundelegung der Prämisse, dass der vorläufige dem endgültigen Insolvenzverwalter in der Befugnis zur Unternehmensveräußerung unter keinen Umständen gleichgestellt werden kann, ist eine Ungleichbehandlung bei der Erwerberhaftung nicht gerechtfertigt.

Für die Übertragung der für das eröffnete Verfahren anerkannten Haftungserleichterungen in das Eröffnungsverfahren spricht schließlich, dass die Annahme einer uneingeschränkten Erwerberhaftung bei einem Erwerb aus dem Eröffnungsverfahren in gleichem Maße einen Verstoß gegen den insolvenzrechtlichen

655 *Spieker*, S. 249 f.

656 So auch *Menke*, NZI 2003, 522, 524 zu dem vergleichbaren Fall, dass die Haftungsprivilegierung des Erwerbers an das Kriterium der „sicher vorhersehbaren" Verfahrenseröffnung geknüpft wird.

Gleichbehandlungsgrundsatz begründet wie bei einem Erwerb aus dem eröffneten Verfahren.

Denn tatsächlich ist die Realisierung des Gleichbehandlungsgrundsatzes nicht von dem Faktum der Verfahrenseröffnung, sondern davon abhängig, ob es schlussendlich zu einer Verteilung des Schuldnervermögens unter den Gläubigern kommt. Dies ist jedoch auch bei erfolgter Verfahrenseröffnung nicht zwingend der Fall, so dass sowohl im Eröffnungsverfahren, als auch im eröffneten Verfahren jeweils nur eine „Chance" auf Realisierung des Gleichbehandlungsgrundsatzes besteht, eine Unterscheidung zwischen „Geltung" und „Nichtgeltung" des Grundsatzes also keine Grundlage hat.

Nach alledem sprechen sowohl bei einer „wirtschaftlich-psychologisierenden" als auch bei einer dogmatischen Betrachtungsweise insgesamt die besseren Argumente dafür, eine Haftung des Erwerbers nach den §§ 25 Abs. 1 S. 1 HGB, 75 Abs. 1 AO, § 613a BGB bei einem Erwerb aus dem Eröffnungsverfahren auszuschließen.

6. Gestaltungsmöglichkeiten zur Vermeidung einer Erwerberhaftung

Solange bezüglich dieser Frage allerdings keine endgültige Klarheit durch die Rechtsprechung geschaffen wurde, gilt es nach Gestaltungsmöglichkeiten zu suchen, durch die sich bereits jetzt eine drohende Erwerberhaftung nach den genannten Tatbeständen zuverlässig vermeiden lässt.

a) Zu § 25 HGB

Vor einer Haftung nach § 25 Abs. 1 S. 1 HGB kann der Erwerber sich namentlich schützen, indem er von der durch § 25 Abs. 2 HGB gegebenen Möglichkeit zur Eintragung eines so genannten „Nichthaftungsvermerks"[657] Gebrauch macht.[658]

b) Zu § 613a BGB

§ 613a Abs. 1 S. 1 BGB hingegen ist zum Schutz der betroffenen Arbeitnehmer zwingendes Recht.[659] Zu erwägen indes ist, dass der Erwerber den Eintritt eines Betriebsübergangs im Sinne des § 613a BGB gegebenenfalls durch eine

---

657 *Kußmaul/Palm*, StB 2012, 345.

658 *Besau*, KSI 2011, 202, 204; *Bitter/Rauhut*, KSI 2007, 197, 200; *Kuhn*, ZNotP 2008, 308, 313; *Schmerbach/Staufenbiel*, ZInsO 2009, 458, 464.

659 BAG NZA 2009, 1091, 1093; *Annuss*, in: Staudinger, § 613a Rn. 33; *Müller-Glöge*, in: MüKo-BGB, § 613a Rn. 10.

Organisationsänderung bei dem übernommenen Unternehmen verhindern kann. Denn gerade bei der Übernahme insolventer Unternehmen liegt es für den Erwerber nahe, die übernommene Einheit nicht unverändert fortführen zu wollen, da in vielen Fällen erst die Organisationsstruktur der Arbeitnehmer und der sächlichen Betriebsmittel einen großen Teil dazu beigetragen haben, dass das Unternehmen in eine wirtschaftliche Schieflage geraten ist, die dann in der Stellung eines Insolvenzantrags mündete.[660] Es ist also durchaus denkbar, dass der Erwerber das schuldnerische Unternehmen nur übernehmen möchte, um das dort vorhandene Know-How und die Betriebsmittel in seine eigenen, bereits vorhandenen Strukturen einzugliedern, ohne dabei die Organisationsstruktur des erworbenen Unternehmens selbständig zu erhalten.

In früher gefestigter Rechtsprechung verneinte das BAG das Vorliegen eines Betriebsübergangs bei einer solchen „identitätszerstörenden Eingliederung“, bei der der Erwerber zwar alle für die Fortführung der bisherigen Tätigkeit erforderlichen Betriebsmittel übernahm, er aber die wirtschaftliche Einheit, deren Bestandteil die Betriebsmittel sind, auflöste und vollständig in seine bereits vorhandene Betriebsorganisation integrierte.[661] Bei einer Eingliederung in die beim Erwerber bestehende Organisationsstruktur war nach dieser Rechtsprechung also von einem bloßen Betriebsmittelübergang auszugehen, die Eingliederung erworbener Bestandteile stellte mit anderen Worten ein „K.o.-Kriterium“[662] für das Vorliegen eines Betriebsübergangs dar.[663] Dem Erwerber eröffnete das BAG durch diese Rechtsprechung wesentliche Gestaltungsmöglichkeiten, da durch eine Neuorganisation der übernommenen Betriebsmittel ein Betriebsübergang tatbestandlich vermieden werden konnte.[664]

Mit seinem „Klarenberg“-Urteil machte der EuGH dann allerdings deutlich, dass ein Betriebsübergang auch dann vorliegen kann, wenn der übertragene Unternehmens- oder Betriebsteil seine organisatorische Selbständigkeit *nicht* bewahrt, sofern nur die funktionelle Verknüpfung zwischen den übertragenen Produktionsfaktoren beibehalten wird und diese es dem Erwerber erlaubt, die

660 *Wahl*, in: Bernsau/Höpfner/Rieger/Wahl, S. 173.

661 BAG NZA 2006, 1039; BAG NZA 2007, 1431; BAG NZA 2008, 1314, 1317 f.; BAG NZA 2009, 723, 726.

662 *Junker*, EWiR 2009, 59, 60.

663 *Wißmann/Schneider*, BB 2009, 1126, 1127 unter Verweis auf BAG NZA 2008, 1314, 1317 f.

664 *Wortmann*, ArbRB 2010, 123, 124.

Produktionsfaktoren zu nutzen, um derselben oder einer gleichartigen Tätigkeit nachzugehen.[665]

Auch das BAG war im Anschluss an diese Entscheidung gezwungen, Abstand von seiner auf die organisatorische Kontinuität abstellenden Rechtsprechung zu nehmen und schloss sich den Ausführungen des EuGH zu der Sache „Klarenberg" an.[666] So urteilte es, bei der Frage nach dem Vorliegen eines Betriebsübergangs sei „nicht so sehr auf die konkrete Organisation der verschiedenen Produktionsfaktoren durch den Unternehmer abzustellen als vielmehr auf den Zusammenhang der Wechselbeziehung und gegenseitigen Ergänzung, der die Produktionsfaktoren verknüpft, und dazu führt, dass sie bei der Ausübung einer bestimmten wirtschaftlichen Tätigkeit ineinandergreifen".[667]

Angesichts dieser kaum greifbaren Terminologie verwundert es nicht, dass die Reaktionen der Literatur auf „Klarenberg" äußert verhalten waren.[668] Lag mit der „organisatorischen Kontinuität" nämlich bislang ein greifbares Kriterium vor, das strategische Gestaltungen für den Erwerber zur Vermeidung eines Betriebsübergangs im Sinne des § 613a BGB zuließ, ist die Abgrenzung eines Betriebsübergangs zur bloßen Übernahme von Betriebsmitteln nach „Klarenberg" deutlich erschwert.[669] Gerade die Frage, wann eine Beibehaltung des Funktions- und Zweckzusammenhangs zwischen den verschiedenen Produktionsfaktoren anzunehmen ist, lässt sich kaum rechtssicher einschätzen.[670] Ausgeschlossen dürften Betriebsübergänge nach alledem nur noch im Fall einer vollständigen Zerschlagung funktioneller Zusammenhänge, jedenfalls aber nicht bei einer bloßen Eingliederung übernommener Produktionsfaktoren sein.[671] Nicht zuletzt, da es erklärte Absicht des EuGH ist, Gestaltungsmöglichkeiten des Erwerbers zur Vermeidung der Rechtsfolgen des § 613a BGB einzuschränken[672], ist der früher durch die Möglichkeit einer „identitätszerstörenden

---

665 EuGH NZA 2009, 251.

666 BAG NZA 2009, 905, 907; BAG NZA 2010, 499, 501 f.

667 BAG NZA 2009, 905, 907; BAG NZA 2010, 499, 501 f.

668 *Grobys*, NJW 2009, 2032; *Willemsen*, NZA 2009, 289; *Wißmann/Schneider*, BB 2009, 1126; Wortmann, ArbRB 2010, 123.

669 *Willemsen*, NZA 2009, 289, 294; *Wortmann*, ArbRB 2010, 123, 125.

670 *Willemsen*, NZA 2009, 289, 292; *Wortmann*, ArbRB 2010, 123, 125.

671 *Grobys*, NJW 2009, 2032; *Wortmann*, ArbRB 2010, 123, 126.

672 *Wortmann*, ArbRB 2010, 123, 124 wohl in Bezug auf die Erwägung des EuGH in NZA 2009, 251, 253, die organisatorische Kontinuität könne für einen Betriebsübergang nicht maßgeblich sein, da sonst der Richtlinie 2001/23/EG ein „Teil ihrer praktischen Wirksamkeit" genommen werde.

Eingliederung" gegebene Handlungsspielraum des Erwerbers seit „Klarenberg" erheblich beschnitten, wenn nicht sogar vollständig in Frage gestellt.[673]

c) Vertragsvollzug nach Verfahrenseröffnung

Denkbar ist aber auch die von *Marotzke* als „zeitlich gestreckte Unternehmensveräußerung" bezeichnete Vorgehensweise, bei der im Zeitraum des Eröffnungsverfahrens nur der schuldrechtliche Unternehmenskaufvertrag abgeschlossen wird, der Vollzug desselben jedoch erst nach Verfahrenseröffnung erfolgt.[674]

In diesem Fall ist die Haftung für Altverbindlichkeiten nach den §§ 75 Abs. 1 AO, 25 Abs. 1 S. 1 HGB und § 613a BGB nach den für das eröffnete Verfahren anerkannten Grundsätzen unabhängig von dem Streit über ihre Geltung im Eröffnungsverfahren ausgeschlossen.[675] Entscheidendes Kriterium für das Eingreifen dieser Grundsätze ist nämlich, ob die jeweiligen Haftungstatbestände nach Verfahrenseröffnung erfüllt werden. Keiner der genannten Tatbestände ist aber schon allein mit dem Abschluss des der Vermögensübertragung zugrunde liegenden Kausalgeschäfts erfüllt.

So erfordert § 75 Abs. 1 AO für die Erfüllung des Tatbestandes schon seinem Wortlaut nach, dass das Zielunternehmen „übereignet" wird. Auch wenn diese Begrifflichkeit nicht im zivilrechtlichen Sinne zu verstehen ist[676], reicht jedenfalls der Abschluss des Unternehmenskaufvertrages für ein „Übereignen" im Sinne des § 75 AO nicht aus. Maßgeblich dafür ist nämlich, dass der Erwerber wirtschaftlich betrachtet eine eigentümerähnliche Herrschaftsposition über die wesentlichen Grundlagen des Unternehmens erhält.[677]

Für einen Unternehmenserwerb im Sinne des § 25 Abs. 1 HGB ist ebenfalls nicht das diesem zugrunde liegende Vertragsverhältnis zwischen Erwerber und Veräußerer, sondern der tatsächliche Erwerb des Unternehmens maßgeblich.[678]

Schließlich ist auch für einen Betriebsübergang im Sinne des § 613a BGB die tatsächliche Weiterführung oder Wiederaufnahme der Geschäftstätigkeit durch

---

673 *Grobys*, NJW 2009, 2032.

674 *Marotzke*, Das Unternehmen, Rn. 111.

675 *Marotzke*, Das Unternehmen, Rn. 45.

676 *Intemann*, in: Pahlke/Koenig, § 75 Rn. 29; *Rüsken*, in: Klein, § 75 Rn. 18.

677 BFH DStR 1986, 723, 724; *Intemann*, in: Pahlke/Koenig, § 75 Rn. 29; *Rüsken*, in: Klein, § 75 Rn. 18.

678 BGH DStR 2009, 383, 384; *Hopt*, in: Baumbach/Hopt, § 25 Rn. 5; *Roth*, in: Koller/Roth/Morck, § 25 Rn. 4b; *Zimmer*, in: Ebenroth/Boujong/Joost/Strohn, § 25 Rn. 26.

den Übernehmenden und nicht der Abschluss des zugrunde liegende Kausalgeschäfts entscheidend.[679]

Durch ein Zuwarten mit der tatsächlichen Übernahme des Unternehmens bis nach Verfahrenseröffnung kann demzufolge trotz eines bereits im Eröffnungsverfahren erfolgten Kaufvertragsschlusses die Unanwendbarkeit der §§ 25 Abs. 1 S. 1 HGB, 75 Abs. 1 AO bzw. die nur haftungsmodifizierte Anwendung des § 613a BGB erreicht werden.

679 BAG NZA 1999, 704; BAG NZA 1999, 869; BAG NZA 2003, 318; BAG NZA 2008, 825.

Teil 4: Zusammenfassung der Ergebnisse / Fazit

I. Unter übertragender Sanierung ist eine Unternehmensveräußerung in Form eines Asset Deal mit dem Ziel zu verstehen, das Zielunternehmen von den Schulden seines Rechtsträgers durch Übertragung auf einen übernehmenden Rechtsträger zu trennen und so zu sanieren. Per definitionem ist die Durchführung einer solchen übertragenden Sanierung bereits im Eröffnungsverfahren möglich.

II. Auch finden sich in tatsächlicher Hinsicht gute Gründe dafür, das Zielunternehmen bereits vor Verfahrenseröffnung im Eröffnungsverfahren zu veräußern. Es kann im wirtschaftlichen Interesse aller Beteiligten liegen, das werthaltige Unternehmen noch vor dem Eintritt des mit der Verfahrenseröffnung verbundenen negativen Außeneffekts auf einen gesunden Rechtsträger übertragen zu können.

III. Das Eröffnungsverfahren scheint auf den ersten Blick wegen seines vorläufigen Charakters als ergebnisoffenes Sicherungsverfahren jedoch keinen tauglichen Zeitraum für die Durchführung einer übertragenden Sanierung darzustellen. Um wirtschaftlichen Notwendigkeiten im Einzelfall gerecht werden zu können, darf der Sicherungszweck des Eröffnungsverfahrens allerdings nicht als starrer Selbstzweck verstanden werden. Maßnahmen, die über den grundsätzlichen Sicherungszweck hinausgehen, lassen sich dann rechtfertigen, wenn die Interessen aller davon Betroffenen effektiv gewahrt werden können.

IV. Wegen der Ergebnisoffenheit des Eröffnungsverfahrens ist insoweit zwingend die Zustimmung des Schuldners (des übertragenden Rechtsträgers) zu der Veräußerung einzuholen. Eine Befugnis des vorläufigen Insolvenzverwalters zur Veräußerung des schuldnerischen Unternehmens auch gegen den Willen des Schuldners analog § 22 Abs. 1 S. 2 Nr. 2 InsO ist spätestens seit Inkrafttreten des InsVerfVereinfG mangels Vorliegen einer planwidrigen Regelungslücke abzulehnen.

V. Aufgrund der gemäß §§ 21 Abs. 2 S. 1 Nr. 1a, 22a InsO nunmehr gegebenen Möglichkeit zur Einsetzung eines vorläufigen Gläubigerausschusses können die Gläubiger bereits im Eröffnungsverfahren in gleichem Maße an der Entscheidung über eine Unternehmensveräußerung beteiligt werden, wie § 158 Abs. 1 InsO es für den Zeitraum zwischen Verfahrenseröffnung und Berichtstermin vorsieht. Es ist daher gerechtfertigt, die zum Schutze der Gläubigerautonomie in § 158 Abs. 1 InsO aufgestellten

Zulässigkeitskriterien auch für eine Unternehmensveräußerung im Zeitraum des Eröffnungsverfahrens heranzuziehen. Der vorläufige Insolvenzverwalter hat demnach vor der Veräußerung die Zustimmung des vorläufigen Gläubigerausschusses einzuholen, soweit ein solcher bestellt ist. Bei der Veräußerungs- bzw. Zustimmungsentscheidung haben sich der vorläufige Insolvenzverwalter bzw. der vorläufige Gläubigerausschuss daran zu orientieren, ob der weiteren Fortführung des Unternehmens zwingende rechtliche oder wirtschaftliche Gründe entgegenstehen.

VI. Ist im Eröffnungsverfahren kein vorläufiger Gläubigerausschuss bestellt, darf der vorläufige Insolvenzverwalter das schuldnerische Unternehmen (vorbehaltlich der zwingenden Schuldnerzustimmung) auch in alleiniger Verantwortung veräußern, da nicht die tatsächliche Zustimmung eines vorläufigen Gläubigerausschusses, sondern die Möglichkeit zur Einholung derselben für die Wahrung der Gläubigerinteressen maßgeblich ist.

VII. Die Wirksamkeit der von einem vorläufigen Insolvenzverwalter vorgenommenen Unternehmensveräußerung ist ungeachtet der Beachtung von im Innenverhältnis geltenden Zustimmungsvorbehalten zu bejahen.

VIII. Die Anfechtbarkeit der vor Verfahrenseröffnung vorgenommenen Unternehmensveräußerung stellt ein nicht unerhebliches Risiko für den Erwerber dar. Als geklärt kann insoweit aber bezeichnet werden, dass Rechtshandlungen eines starken vorläufigen Insolvenzverwalters von der Anfechtung ausgeschlossen sind. Aber auch die unter Zustimmung eines schwachen vorläufigen Insolvenzverwalters vorgenommenen Verfügungen über die Unternehmensaktiva und der ihnen zugrunde liegende Unternehmenskaufvertrag sind nach Treu und Glauben der späteren Anfechtbarkeit entzogen.

IX. Wurde der Unternehmenskaufvertrag vor Verfahrenseröffnung von keiner Seite vollständig erfüllt, unterliegt er grundsätzlich dem Anwendungsbereich des § 103 InsO. In Bezug auf einen mit einem starken vorläufigen Insolvenzverwalter abgeschlossenen Unternehmenskaufvertrag steht dem Insolvenzverwalter jedoch kein Wahlrecht zu. Anderes gilt für einen Unternehmenskaufvertrag, der bei gleichzeitiger Bestellung eines schwachen vorläufigen Insolvenzverwalters abgeschlossen wurde. In diesem Fall fehlt es an einem Anknüpfungspunkt für ein Vertrauen des Erwerbers in die vorrangige Erfüllung seines Übertragungsanspruchs. Der Insolvenzverwalter kann dementsprechend nicht nach Treu und Glauben als verpflichtet angesehen werden, die Ansprüche des Erwerbers in den Rang von Masseverbindlichkeiten zu heben.

X. Für den Erwerber droht bei einer übertragenden Sanierung aus dem Eröffnungsverfahren die Haftung für Altverbindlichkeiten des übertragenden Rechtsträgers vor allem nach den §§ 75 Abs. 1 AO, 25 Abs. 1 HGB und 613a BGB. Wesentliche Argumente, mit denen eine Haftung nach diesen Vorschriften bei einem Erwerb aus dem eröffneten Verfahren abgelehnt wird, lassen sich auch im Falle des Erwerbs aus dem Eröffnungsverfahren fruchtbar machen. Insofern ist es nur konsequent, die Haftung eines Erwerbers für Altverbindlichkeiten des übertragenden Rechtsträgers auch bei einem Unternehmenserwerb im Eröffnungsverfahren auszuschließen.

XI. Wird die Erfüllung der genannten Haftungstatbestände bis nach der Verfahrenseröffnung hinausgezögert, greifen die für das eröffnete Verfahren anerkannten Haftungsmodifikationen auch dann, wenn der schuldrechtliche Unternehmenskaufvertrag bereits im Eröffnungsverfahren abgeschlossen wurde.

XII. In der Gesamtschau zeigt sich, dass die Durchführung einer übertragenden Sanierung im Eröffnungsverfahren mit der Konzeption der InsO im Einzelfall durchaus zu vereinbaren ist. Insbesondere die durch das ESUG geregelte Möglichkeit zur Einsetzung eines vorläufigen Gläubigerausschusses führt dazu, dass endgültige Maßnahmen bereits im Eröffnungsverfahren durch die Zustimmung eines Gläubigerorgans legitimiert werden können und mit der Entscheidung nicht um der Verfahrenskonzeption Willen bis zur ersten Gläubigerversammlung zugewartet werden muss.

Es bleibt abzuwarten, ob diese Gestaltungsmöglichkeit von der Praxis angenommen wird. Dies wiederum wird maßgeblich davon abhängen, ob die Gerichte bereit sind, die Ausgestaltung der Erwerberhaftung mit der hier befürworteten Veräußerungsmöglichkeit zu harmonisieren.

Literaturverzeichnis

Aleth, Franz/Böhle, Jens: Neue Transaktionsformen als Folge der Finanzmarkt-/Wirtschaftskrise – handels-, gesellschafts- und insolvenzrechtliche Aspekte, DStR 2010, S. 1186–1193.

Ampferl, Hubert: Der „starke" vorläufige Insolvenzverwalter in der Unternehmensinsolvenz, Köln 2002.

Andres, Dirk/Leithaus, Rolf/Dahl, Michael: Insolvenzordnung (InsO), Kommentar, 2. Auflage, München 2011 (zit.: *Bearbeiter*, in: Andres/Leithaus).

Arbeitskreis für Insolvenzwesen Köln e.V.: Kölner Schrift zur Insolvenzordnung, 3. Auflage, Münster 2009 (zit.: *Bearbeiter*, in: Kölner Schrift InsO).

Arends, Volker/Hofert-von Weiss, Sebastian: Distressed M&A – Unternehmenskauf aus der Insolvenz, BB 2009, S. 1538–1544.

Ascheid, Reiner/Preis, Ulrich/Schmidt, Ingrid: Kündigungsrecht, Großkommentar zum gesamten Recht der Beendigung von Arbeitsverhältnissen, 4. Auflage, München 2012 (zit.: *Bearbeiter*, in: Ascheid/Preis/Schmidt).

Bähr, Biner: Zahlungszusagen bei Betriebsfortführungen im Insolvenzeröffnungsverfahren, ZIP 1998, S. 1553–1563.

Balz, Manfred: Sanierung von Unternehmen oder von Unternehmensträgern?: Zur Stellung der Eigentümer in einem künftigen Reorganisationsverfahren, Köln 1986.

–/Landfermann, Hans-Georg: Die neuen Insolvenzgesetze, 2. Auflage, Düsseldorf 1999.

Baumbach, Adolf/Hueck, Alfred: GmbHG, 20. Auflage, München 2013 (zit.: *Bearbeiter*, in: Baumbach/Hueck).

Baumbach, Adolf/Hopt, Klaus J.: Handelsgesetzbuch, 36. Auflage, München 2014 (zit.: *Bearbeiter*, in: Baumbach/Hopt).

Beck, Siegfried: Du musst fortführen! – Darfst Du auch bezahlen? Zur Diskussion über die Erfüllung der mit Zustimmung des schwachen vorläufigen Insolvenzverwalters begründeten Verbindlichkeiten, in: Festschrift für Hans Peter Runkel, Köln 2009, S. 3–40 (zit.: *Beck*, FS Runkel).

Becker, Christoph: Insolvenzrecht, 3. Auflage, Köln 2010.

Beermann, Albert/Gosch, Dietmar: Abgabenordnung Finanzgerichtsordnung, Band 1, Loseblatt Stand: Dezember 2013, 106. Ergänzungslieferung, Bonn, Berlin 2013 (zit.: *Bearbeiter*, in: Beermann/Gosch).

Beisel, Wilhelm/Klumpp, Hans-Hermann: Der Unternehmenskauf, 6. Auflage, München 2009 (zit.: *Bearbeiter*, in: Beisel/Klumpp).

Bergwitz, Christoph: Betriebsübergang und Insolvenz nach der neuen EG-Richtlinie zur Änderung der Betriebsübergangsrichtlinie, DB 1999, S. 2005–2010.

Bernsau, Georg/Höpfner, Alexander/Rieger, Stefan/Wahl, Michael: Handbuch der übertragenden Sanierung, Neuwied u. a. 2002 (zit.: *Bearbeiter*, in: Bernsau/Höpfner/Rieger/Wahl).

Bernsau, Georg/Dreher, Daniel/Hauck, Friedrich: Betriebsübergang, Kommentar zu § 613a BGB unter Einschluss von betriebsverfassungsrechtlichen und insolvenzrechtlichen Vorschriften, 3. Auflage, Köln 2010 (zit.: *Bearbeiter*, in: Bernsau/Dreher/Hauck).

Berscheid, Ernst-Dieter: Ausgewählte arbeitsrechtliche Probleme im Insolvenzeröffnungsverfahren, NZI 2000, S. 1–10.

Besau, Heinz-Josef: Chancen und Risiken bei der Rettung von Unternehmen durch übertragende Sanierung: Gestaltungsaspekte vor und nach Stellung des Insolvenzantrags, KSI 2011, S. 202–206.

Binder, Jens-Hinrich: Zur Insolvenzbeständigkeit masseschädigender Rechtshandlungen unter Mitwirkung des vorläufigen Insolvenzverwalters, KTS 2006, S. 1–38.

Birkholz, Christian: Betriebsübergang nach § 613a BGB in der Insolvenz, Frankfurt am Main u. a. 1995, zugl. Diss. Berlin 1995.

Bitter, Georg/Laspeyres, Anne: Rechtsträgerspezifische Berechtigungen als Hindernis übertragender Sanierung, ZIP 2010, S. 1157–1165.

Bitter, Georg/Rauhut, Tilman: Insolvenzrechtliche Grundlagen der übertragenden Sanierung: Eine Einführung unter Berücksichtigung des Gesetzes zur Vereinfachung des Insolvenzverfahrens – Teil B: Verfahrensfragen, KSI 2007, 258–261.

–: Insolvenzrechtliche Grundlagen der übertragenden Sanierung: Eine Einführung unter Berücksichtigung des Gesetzes zur Vereinfachung des Insolvenzverfahrens – Teil A: Übernahmegestaltung und Haftungsvermeidung, KSI 2007, S. 197–202.

Blersch, Jürgen/Goetsch, Hans-Wilhelm/Haas, Ulrich: Berliner Kommentar Insolvenzrecht, Loseblatt Stand: Oktober 2013, 46. Ergänzungslieferung, Köln 2013 (zit.: *Bearbeiter*, in: BerlKo-InsO).

Borchardt, Peter-Alexander/Frind, Frank: Die Betriebsfortführung im Insolvenzverfahren: Von der Betriebserhaltung zur Transaktion, Münster 2011 (zit.: *Bearbeiter*, in: Borchardt/Frind).

Bork, Reinhard: § 55 Abs. 2 InsO, § 108 Abs. 2 InsO und der allgemeine Zustimmungsvorbehalt, ZIP 1999, S. 781–786.

Braun, Eberhard: Insolvenzordnung (InsO), Kommentar, 5. Auflage, München 2012 (zit.: *Bearbeiter*, in: Braun).

Breitenbücher, Bettina E./Ehricke, Ulrich: RWS-Forum 24, Insolvenzrecht 2003: Tagungsband zum RWS-Forum am 27. und 28. März 2003 in Berlin, Köln 2003 (zit.: *Bearbeiter*, in: Breitenbücher/Ehricke, Insolvenzrecht 2003).

Brete, Raik/Thomsen, Michael: Die Auffanggesellschaft, NJOZ 2008, S. 4159–4177.

Bundesministerium der Justiz: Erster Bericht der Kommission für Insolvenzrecht, Köln 1985 (zit.: BMJ, Erster Bericht).

–: Diskussionsentwurf zum InsVerfVereinfG, abrufbar unter http://www.insonetzwerk.de/inhalt/04_materialien/diskussionsentwurf_2003.pdf, zuletzt abgerufen am 19.08.2013 (zit.: BMJ, DiskE InsVerfVereinfG).

–: Entwurf eines Gesetzes zur Änderung der Insolvenzordn ung, des Kreditwesengesetzes und anderer Gesetze, abrufbar unter http://www.gesmat.bundesgerichtshof.de/gesetzesmaterialien/15_wp/InsReform/RefE_16_09_2004.pdf, zuletzt abgerufen am 09.09.2013 (zit.: BMJ, RefE InsVerfVereinfG).

Bund-Länder-Arbeitsgruppe „Insolvenzrecht“: Probleme der praktischen Anwendungen und Schwachstellen des Regelinsolvenzverfahrens – Analyse und Änderungsvorschläge, Abschlußbericht zur 73. Konferenz der Justizministerinnen und Justizminister vom 10. bis 12. Juni 2002 in Weimar.

Canaris, Claus-Wilhelm: Handelsrecht, 24. Auflage, München 2006 (zit.: *Canaris*, Handelsrecht).

–: Unternehmenskontinuität als Haftungs- und Enthaftungsgrund im Rahmen von § 25 HGB?, in: Festschrift Gerhard Frotz zum 65. Geburtstag, Wien 1993, S. 11–44 (zit.: *Canaris*, FS Frotz).

Classen, Dirk: Distressed M&A – Besonderheiten beim Unternehmenskauf aus der Insolvenz, BB 2010, S. 2898–2903.

Dauenheimer, Horst G.: Zur Anwendbarkeit von BGB § 613a, BB 1979, S. 989–990.

de Bra, Peter: Anfechtung von Rechtshandlungen des vorläufigen Insolvenzverwalters durch den Insolvenzverwalter, LMK 2003, S. 135.

Deneke, Katharina: Die betriebsbedingte Kündigung im Rahmen der übertragenden Sanierung, Hamburg 2009, zugl. Diss. Köln 2009.

Derleder, Peter: Ist der Übergang der Arbeitnehmerrechte bei einer Betriebsveräußerung im Konkurs ausgeschlossen?, ArbuR 1976, S. 129–136.

Dieterich, Thomas/Hanau, Peter/Schaub, Günter: Erfurter Kommentar zum Arbeitsrecht, 14. Auflage, München 2014 (zit.: *Bearbeiter*, in: ErfKo-ArbR).

Dimassi, Yassin: Haftung nach § 613a Abs. 1 S. 1 BGB bei Betriebsveräußerung im Insolvenzeröffnungsverfahren, Aachen 2006, zugl. Diss. Bonn 2006.

Ebenroth, Carsten Thomas/Boujong, Karlheinz/Joost, Detlev/Strohn, Lutz: Handelsgesetzbuch, Band 1, München 2008 (zit.: *Bearbeiter*, in: Ebenroth/Boujong/Joost/Strohn).

Ehlers, Harald: Sanierung mit oder ohne Insolvenz, ZInsO 2010, S. 257–265.

Ehricke, Ulrich: Die Änderungen im Unternehmensinsolvenzrecht nach dem RefE eines Gesetzes zur Änderung der InsO, des KWG und anderer Gesetze, ZIP 2004, S. 2262–2273.

Eilers, Stephan/Koffka, Nils Matthias/Mackensen, Marcus: Private Equity: Unternehmenskauf, Finanzierung, Restrukturierung, Exitstrategien, 2. Auflage, München 2012 (zit.: *Bearbeiter*, in: Eilers/Koffka/Mackensen).

Euler Hermes Deutschland AG: Wirtschaft Konkret Nr. 418, Rettung aus der Insolvenz – Chancen, Barrieren und die besondere Rolle von Private Equity, Stand: Dezember 2012, online abrufbar unter http://www.wirtschaft-konkret.de/de/dokumente/418-rettung-aus-der-insolvenz.pdf/418-rettung-aus-der-insolvenz.pdf (zit.: Euler Hermes, Rettung aus der Insolvenz).

Everhardt, Karl-Hans: Die Bedeutung des § 613a BGB für die Insolvenzsicherung der betrieblichen Altersversorgung, BB 1976, S. 1611–1614.

Feuerborn, Sabine: Rechtliche Probleme der Unternehmensfortführung durch den Sequester und den vorläufigen Insolvenzverwalter, KTS 1997, S. 171–210.

Fleischer, Holger/Goette, Wulf: Münchener Kommentar zum Gesetz betreffend die Gesellschaften mit beschränkter Haftung – GmbHG, Band 3, München 2011 (zit.: *Bearbeiter*, in: MüKo-GmbHG).

Foerste, Ulrich: Insolvenzrecht, 5. Auflage, München 2010.

Franke, Johannes/Böhme, Ralf: Die Tilgung von Altforderungen durch den „schwachen" vorläufigen Verwalter, DZWIR 2003, S. 494–496.

Franzen, Martin: Die Richtlinie 98/50/EG zur Änderung der Betriebsübergangsrichtlinie 77/187/EWG und ihre Auswirkungen auf das deutsche Arbeitsrecht, RdA 1999, S. 361–374.

Frege, Michael C.: Bestellung eines vorläufigen Gläubigerausschusses im Eröffnungsverfahren?, in: Festschrift für Martin Peltzer zum 70. Geburtstag, Köln 2001, S. 109–128 (zit.: *Frege*, FS Peltzer).

–/Keller, Ulrich/Riedel, Ernst: Insolvenzrecht, 7. Auflage, München 2008.

Frind, Frank: Der vorläufige Gläubigerausschuss – Rechte, Pflichten Haftungsgefahren, ZIP 2012, S. 1380–1387.

–: Probleme bei Bildung und Kompetenz des vorläufigen Gläubigerausschusses, BB 2013, S. 265–270.

Fritsche, Stefan: Entwicklungstendenzen der Zustimmungsverwaltung nach §§ 21 Abs. 2 Nr. 2 2. Alt, 22 Abs. 2 InsO im Insolvenzeröffnungsverfahren, DZWIR 2005, S. 265–277.

Fuhst, Christian: Das neue Insolvenzrecht – Ein Überblick, DStR 2012, S. 418–423.

Ganter, Hans Gerhard: Die Ausübung unzulässigen wirtschaftlichen Drucks auf den vorläufigen Insolvenzverwalter beim Abschluss zur Fortführung des Schuldner-Unternehmens notwendiger Geschäfte, in: Festschrift für Walter Gerhardt, Köln 2004, S. 237–258 (zit.: *Ganter*, FS Gerhardt).

–: Betriebsfortführung im Insolvenzeröffnungs- und Schutzschirmverfahren, NZI 2012, S. 433–440.

Gerhardt, Walter: Inhalt und Umfang der Sequestrationsanordnungen, ZIP 1982, S. 1–9.

–: Zur Anwendbarkeit von HGB § 25 und BGB § 419 beim Erwerb vom Sequester, JZ 1988, S. 976–977.

Goette, Wulf/Habersack, Mathias: Münchener Kommentar zum Aktiengesetz, Band 4, 3. Auflage, München 2011 (zit.: *Bearbeiter*, in: MüKo-AktG).

Gogger, Martin: Insolvenzgläubiger-Handbuch, 3. Auflage, München 2011.

Göpfert, Burkard: Betriebserwerb vom Sequester – Haftet der Unternehmer nach § 613a Abs. 1 BGB?, DB 1992, S. 1727–1729.

Gottwald, Peter: Rechtliche Möglichkeiten der Unternehmenssanierung im Insolvenzfall, KTS 1984, S. 1–26.

Graf-Schlicker, Marie Luise: InsO, Kommentar zur Insolvenzordnung, 3. Auflage, Köln 2012 (zit.: *Bearbeiter*, in: Graf-Schlicker).

–/*Remmert, Andreas*: Das Unternehmensinsolvenzrecht unter der Lupe – Änderungen und Zukunftsperspektiven, NZI 2001, S. 569–574.

Gravenbrucher Kreis: Stellungnahme zum Diskussionsentwurf zum InsVerfVereinfG, abrufbar unter http://www.inso-netzwerk.de/inhalt/04_materialien/2002_inso_ref_051.htm, zuletzt abgerufen am 19.08.2013 (zit.: Gravenbrucher Kreis, Stellungnahme DiskE InsVerfVereinfG).

Grobys, Marcel: Anmerkung zur Entscheidung des Gerichtshofs der Europäischen Gemeinschaften vom 12.02.2009, C-466/07, NJW 2009, 2029–2032, NJW 2009, S. 2032.

Grub, Volker: Der Regierungsentwurf der Insolvenzordnung ist sanierungsfeindlich!, ZIP 1993, S. 393–398.

Grunsky, Wolfgang: Sozialplan und Konkurs des Arbeitgebers, RdA 1978, S. 174–180.

Haarmeyer, Hans/Wutzke, Wolfgang/Förster, Karsten: Handbuch der vorläufigen Insolvenzverwaltung, München 2011 (*Bearbeiter*, in: Haarmeyer/Wutzke/Förster).

Hagebusch, Alfred/Oberle, Thomas: Gläubigerbefriedigung durch Unternehmenssanierung: die übertragende Sanierung Eine Bestandsaufnahme vor dem Hintergrund jüngster InsO-Reformen, NZI 2006, S. 618–622.

Hallermann, Nils Christoph: Die Risiken einer Insolvenzanfechtung für den Käufer eines Unternehmens, Aachen 2007, zugl. Diss. Münster (Westfalen) 2007.

Häsemeyer, Ludwig: Insolvenzrecht, 4. Auflage, Köln 2007 He, Wanxiang: Unternehmenserwerb im Insolvenzplanverfahren, München 2012, zugl. Diss. München 2012.

Heerma, Per Hendrik: Betriebsinhaberwechsel in der Insolvenz: Die Umsetzung von Art. 5 Richtlinie 2001/23/EG in England, Österreich und Deutschland, Konstanz 2002, zugl. Diss. Konstanz 2002.

Heidel, Thomas/Schall, Alexander: Handelsgesetzbuch, Handkommentar, Baden-Baden 2011 (zit.: *Bearbeiter*, in: Heidel/Schall).

Heine, Christian: Die Haftung des Betriebsübernehmers für Investitionszulagen im Insolvenzverfahren, ZInsO 2003, S. 828–833.

Heinze, Meinhard: Die Arbeitgeber-Nachfolge bei Betriebsübergang – die Regelungsstruktur des § 613a BGB und rechtliche Konsequenzen, insbesondere im Konkurs -, DB 1980, S. 205–213.

Henckel, Wolfram: Anfechtung im Insolvenzrecht, Kommentar, Berlin 2008 (*Bearbeiter*, in: Henckel).

–: Die Betriebsveräußerung im Konkurs, ZIP 1980, S. 2–9.

–/*Kreft, Gerhart*: RWS-Forum 14, Insolvenzrecht 1998: Tagungsband zum RWS-Forum am 11. und 12. Oktober 1998 in Berlin, Köln 1999 (zit.: *Bearbeiter*, in: Henckel/Kreft, Insolvenzrecht 1998).

Hennig, Thomas: Bietverfahren zur Veräußerung von Unternehmen im Insolvenzverfahren über das Vermögen des Unternehmensträgers, Hamburg 2012, zugl. Diss. Köln 2012.

Hess, Harald: Kommentar zur Konkursordnung, 5. Auflage, Neuwied u. a. 1995 (zit.: *Bearbeiter*, in: Hess).

–: Die Betriebsmittelveräußerung des Konkursverwalters als Veräußerung iS des § 613a BGB?, DB 1976, S. 1154–1156.

–: Die eingeschränkte Anwendbarkeit des § 613a BGB in der Insolvenz, in: Arbeitsrecht und Arbeitsgerichtsbarkeit: Bilanz und Perspektiven an der Schwelle zum Jahr 2000; Festschrift zum 50-jährigen Bestehen der Arbeitsgerichtsbarkeit in Rheinland-Pfalz, Neuwied u. a. 1999, S. 485–502 (zit.: *Hess*, FS Arbeitsgerichtsbarkeit).

Hoenig, Klaus Marinus/Meyer-Löwy, Bernd: Unternehmenskauf vom „starken" vorläufigen Insolvenzverwalter, ZIP 2002, S. 2162–2165.

Hölters, Wolfgang: Aktiengesetz, Kommentar, 2. Auflage, München 2014 (zit.: *Bearbeiter*, in: Hölters, AktG).

Holzapfel, Hans-Joachim/Pöllath, Reinhard: Unternehmenskauf in Recht und Praxis, 14. Auflage, Köln 2010.

Hölzle, Gerrit: Sanierende Übertragung – Besonderheiten des Unternehmenskaufs in Krise und Insolvenz, DStR 2004, S. 1433–1438.

Horstkotte, Martin/Martini, Torsten: Die Einzelermächtigung – Ein zusätzliches Haftungsrisiko?, ZInsO 2010, S. 750–754.

Huber, Michael: Gegenseitige Verträge und Teilbarkeit von Leistungen in der Insolvenz, NZI 2002, S. 467–471.

Hübschmann, Walter/Hepp, Ernst/Spitaler, Armin: Abgabenordnung – Finanzgerichtsordnung, Kommentar, Band 3, Loseblatt Stand: November 2013, 225.

Ergänzungslieferung, Köln 2013 (zit.: *Bearbeiter*, in: Hübschmann/Hepp/Spitaler).

Hülsmann, Matthias: Die Steuerklausel im Unternehmenskaufvertrag, DStR 2008, S. 2402–2407.

Icks, Annette/Kranzusch, Peter: Sanierung im Insolvenzverfahren: Übertragende Sanierungen und insolvenzbasierte Eigensanierungen in NRW, Bonn 2010.

Jacoby, Florian: Insolvenzrechtsreform ESUG, Meilenstein aber kein Ruhekissen, DB 2011, Heft 45, Seite M01-M01.

Jaeger, Ernst (Begr.)/*Henckel, Wolfram/Gerhardt, Walter*: Insolvenzordnung, Großkommentar, Band 1, Berlin 2004, Band 4, Berlin 2004 (*Bearbeiter*, in: Jaeger).

Johlke, Horst M.: Zur Haftung des Sequesters bei Veräußerung von Schuldnervermögen, EWiR 1992, S. 493–494.

–: Zulässige Erfüllungsverweigerung durch den Konkursverwalter auch bei zuvor erfolgter Zustimmung zum Vertragsschluß in Sequesterfunktion, EWiR 1988, S. 805–806.

Joost, Detlev: Keine Geltung des für den Unternehmenserwerb vom Konkursverwalter geltenden Haftungsprivilegs auf den Erwerb vom Sequester, EWiR 1988, S. 811–812.

–: Haftungsbeschränkung eines Betriebserwerbers im Konkurs – maßgeblicher Zeitpunkt für den Betriebsübergang, EWiR 1992, S. 153–154.

Junker, Abbo: Zum Betriebsteilübergang, EWiR 2009, S. 59–60.

Kammel, Volker: Ausgewählte Probleme des Unternehmenskaufs aus der Insolvenz, NZI 2000, S. 102–107.

Keller, Ulrich: Insolvenzrecht, München 2006.

Kesseler, Christian: Anfechtung von mit Zustimmung des vorläufigen Insolvenzverwalters vorgenommenen Rechtshandlungen, ZInsO 2006, S. 530–532.

Kilger, Joachim: Über die Möglichkeit der Geschäftsfortführung insolventer Unternehmen unter dem geltenden Recht und nach dem Diskussionsentwurf einer Insolvenzordnung, KTS 1989, S. 495–514.

Kirchhof, Hans-Peter: Masseverwertung durch den vorläufigen Insolvenzverwalter, ZInsO 1999, S. 436–439.

–: Anfechtbarkeit von Rechtshandlungen vorläufiger Insolvenzverwalter, ZInsO 2000, S. 297–300.

–/*Eidenmüller, Horst/Stürner, Rolf*: Münchener Kommentar zur Insolvenzordnung, Band 1, 2. Auflage, München 2007, 3. Auflage, München 2013, Band 2, 3. Auflage, München 2013, Band 3, 2. Auflage, München 2008 (zit.: *Bearbeiter*, in: MüKo-InsO).

Klein, Franz: Abgabenordnung, 11. Auflage, München 2012 (zit.: *Bearbeiter*, in: Klein).

Kleiner, Oswald: Bedeutung und Probleme der Sicherungsmaßnahmen während des Konkurseröffnungsverfahrens, Frankfurt am Main u. a. 1993, zugl. Diss. Hamburg 1993.

Kluth, Thomas: Die „übertragende Sanierung" – Risiken und Nebenwirkungen einer Packungsbeilage zur Unternehmensveräußerung in der Insolvenz, NZI 2002, S. 1–2.

Koblitz, Tanja: Betriebsübergang in der Insolvenz, Berlin 2008, zugl. Diss. Köln 2007.

Koller, Ingo/Roth, Wulf-Henning/Morck, Winfried: Handelsgesetzbuch, Kommentar, 7. Auflage, München 2011 (zit.: *Bearbeiter*, in: Koller/Roth/Morck).

Kreft, Gerhart: Heidelberger Kommentar zur Insolvenzordnung, 6. Auflage, Heidelberg u. a. 2011 (zit.: *Bearbeiter*, HK-InsO).

Kretschmer, Egon: Denksätze für Gesetzgebung und Rechtsprechung – aus der Praxis eines Konkursverwalters, KTS 1977, S. 137–146.

Kubis, Sebastian: Zur Anfechtung von Geschäften, die mit Zustimmung eines schwachen vorläufigen Insolvenzverwalters vorgenommen wurden, KTS 2007, S. 237–241.

Kübler, Bruno M./Prütting, Hanns/Bork, Reinhard: InsO, Kommentar zur Insolvenzordnung, Loseblatt Stand: November 2013, 56. Ergänzungslieferung, Köln 2013 (zit.: *Bearbeiter*, in: Kübler/Prütting/Bork).

Kuhn, Andreas: Masseverwertung und Unternehmensverkauf, ZNotP 2008, S. 308–317.

Kußmaul, Heinz/Palm, Tim: Die übertragende Sanierung als (außer-)gerichtliches Restrukturierungsinstrument – Rechtsfolgen der gerichtlichen wie außergerichtlichen Anwendung, StB 2012, S. 345–349.

Laroche, Peter: Einzelermächtigung zur Begründung von Masseverbindlichkeiten durch den „schwachen" vorläufigen Insolvenzverwalter, NZI 2010, S. 965–973.

Leonhardt, Peter/Smid, Stefan/Zeuner, Mark: Insolvenzordnung (InsO), Kommentar, 3. Auflage, Stuttgart 2010 (zit.: *Bearbeiter*, in: Leonhardt/Smid/Zeuner).

Linder, Petra: Vorleistungen in der Insolvenz, Köln u.a. 2006, zugl. Diss. Würzburg 2005.

Lohkemper, Wolfgang: Die Erwerberhaftung für Ruhegeldanwartschaften bei der übertragenden Sanierung, Berlin 1997, zugl. Diss. Giessen 1996.

–: Die Bedeutung des neuen Insolvenzrechts für das Arbeitsrecht, KTS 1996, S. 1–43.

–: Zur Haftung des Erwerbers beim Betriebsübergang im Insolvenzeröffnungsverfahren, ZIP 1999, S. 1251–1256.

Loritz, Karl-Georg: Aktuelle Rechtsprobleme des Betriebsübergangs nach § 613a BGB, RdA 1987, S. 65–89.

Louven, Christoph/Böckmann, Tobias: Ermächtigung des schwachen vorläufigen Insolvenzverwalters zur Begründung von Masseverbindlichkeiten beim Verkauf von Unternehmen, NZI 2004, S. 128–131.

Marotzke, Wolfgang: Das Unternehmen in der Insolvenz, Neuwied u.a. 2000 (zit.: *Marotzke*, Das Unternehmen).

–: Das insolvenzrechtliche Eröffnungsverfahren neuer Prägung (Teil 1), DB 2012, S. 560–567.

–: Gegenseitige Verträge im neuen Insolvenzrecht, 3. Auflage, Neuwied u.a. 2001 (zit.: *Marotzke*, Gegenseitige Verträge).

Marquardt, Cornelia: Betriebsübergang vor Eröffnung des Insolvenzverfahrens, ArbRB 2003, S. 77.

Martens, Eckehard Christian: Zur Haftung des Erwerbers bei Betriebsveräußerung durch den Konkursverwalter nach § 613a BGB, insbesondere für Versorgungsanwartschaften, DB 1977, S. 495–499.

Menke, Thomas: Der Erwerb eines Unternehmens aus der Insolvenz – das Beispiel der übertragenden Sanierung, BB 2003, S. 1133–1141.

–: Zum Betriebsübergang im Insolvenzeröffnungsverfahren und zum Verwertungsrecht des vorläufigen Insolvenzverwalters, NZI 2003, S. 522–527.

Meyer, Stefan: Die Haftung des vorläufigen Insolvenzverwalters, Köln u.a. 2003, zugl. Diss. Potsdam 2001/2002.

Michalski, Lutz: Kommentar zum Gesetz betreffend die Gesellschaften mit beschränkter Haftung (GmbH-Gesetz), Band II, 2. Auflage, München 2010 (zit.: *Bearbeiter*, in: Michalski).

Mohrbutter, Harro/Ringstmeier, Andreas: Handbuch der Insolvenzverwaltung, 8. Auflage, Köln u. a. 2007 (zit.: *Bearbeiter*, in: Mohrbutter/Ringstmeier).

Morshäuser, Ralf/Falkner, Tobias: Unternehmenskauf aus der Insolvenz, NZG 2010, S. 881–888.

Müller-Feldhammer, Ralf: Die übertragende Sanierung – ein ungelöstes Problem der Insolvenzrechtsreform, ZIP 2003, S. 2186–2193.

Nerlich, Jörg/Römermann, Volker: Insolvenzordnung (InsO), Kommentar, Loseblatt Stand: Juli 2013, 25. Ergänzungslieferung, München 2013 (zit.: *Bearbeiter*, in: Nerlich/Römermann).

Neumann-Duesberg, Horst: Gesetzliche Neuordnung des Übergangs von Arbeitsverhältnissen bei Betriebsinhaberwechsel, BB 1971, S. 969–971.

Noack, Ulrich: Unternehmensinsolvenz: Reorganisation des Rechtsträgers oder Vertragsnachfolge bei übertragender Sanierung, in: FS für Volker Röhricht zum 65. Geburtstag, Köln 2005, S. 455–466 (zit.: *Noack*, FS Röhricht).

–: Reorganisation der Schuldnergesellschaft nach neuem Insolvenzrecht, in: FS für Wolfgang Zöllner zum 70. Geburtstag, Köln u. a. 1999, Band I, S. 411–428 (zit.: *Noack*, FS Zöllner).

–: „Holzmüller“ in der Eigenverwaltung – Zur Stellung von Vorstand und Hauptversammlung im Insolvenzverfahren, ZIP 2002, S. 1873–1879.

–/Bunke, Caspar: Gläubigerbeteiligung an Sanierungserträgen und Vertragsüberleitung bei übertragender Sanierung in der Gesellschaftsinsolvenz, KTS 2005, S. 129–153.

Oetker, Hartmut: Kommentar zum Handelsgesetzbuch (HGB), 3. Auflage, München 2013 (zit.: *Bearbeiter*, in: Oetker).

Onusseit, Dietmar: Neuere Tendenzen im Umsatzsteuer-Konkursrecht, ZIP 1990, S. 345–358.

Ott, Wolfgang: Unternehmenskauf aus der Insolvenz: Ein Praxisleitfaden, 2. Auflage, Wiesbaden 2011.

Pahlke, Armin/Koenig, Ulrich: Abgabenordnung, Kommentar, 2. Auflage, München 2009 (zit.: *Bearbeiter*, in: Pahlke/Koenig).

Pape, Gerhard: Entwurf eines Gesetzes zur Änderung der Insolvenzordnung, ZInsO 2003, S. 389–396.

–: Änderungen im Eröffnungsverfahren durch das Gesetz zur Vereinfachung des Insolvenzverfahrens, NZI 2007, S. 425–432.

–: Zu den Schwierigkeiten des Sequesters ohne Verwaltungsmacht, ZIP 1994, S. 89–96.

–: Rechtliche Stellung, Aufgaben und Befugnisse des Gläubigerausschusses im Insolvenzverfahren, ZInsO 1999, S. 675–683.

–/*Uhlenbruck, Wilhelm/Voigt-Salus, Joachim*: Insolvenzrecht, 2. Auflage, München 2010.

Pape, Gerhard/Graeber, Thorsten: Handbuch der Insolvenzverwalterhaftung, Münster 2009 (zit.: *Bearbeiter*, in: Pape/Graeber).

Paulus, Roman: Durchbrechung der Grundsätze der eingeschränkten Erwerberhaftung beim Asset Deal für Insolvenzforderungen aufgrund von § 25 HGB, ZInsO 2011, S. 162–169.

Pohlmann, Ulrich: Befugnisse und Funktionen des vorläufigen Insolvenzverwalters, Köln 1998.

Preuß, Nicola: Missbrauch der Vertretungsmacht des Insolvenzverwalters, NZI 2003, S. 625–632.

Priester, Hans-Joachim/Mayer, Dieter/Wicke, Hartmut: Münchener Handbuch des Gesellschaftsrechts, Band 3, 4. Auflage, München 2012 (zit.: *Bearbeiter*, in: MüHdb-GesR).

Reichold, Hermann: Betriebsnachfolge vor Konkurs, SAE 1990, S. 41–45.

Reul, Adolf/Heckschen, Heribert/Wienberg, Rüdiger: Insolvenzrecht in der Gestaltungspraxis, München 2012 (zit.: *Bearbeiter*, in: Reul/Heckschen/Wienberg).

Richardi, Reinhard: Übergang von Arbeitsverhältnissen bei Zwangsvollstreckungsmaßnahmen im Rahmen einer Konkursabwicklung, RdA 1976, S. 56–61.

Riedel, Johannes: § 613a BGB und die Betriebsveräußerung durch den Konkursverwalter, NJW 1975, S. 765–767.

Röhricht, Volker/Graf von Westphalen, Friedrich/Haas, Ulrich: HGB, Kommentar zu Handelsstand, Handelsgesellschaften, Handelsgeschäften und besonderen Handelsverträgen (ohne Bilanz-, Transport- und Seerecht), 4. Auflage, Köln 2014 (zit.: *Bearbeiter*, in: Röhricht/Graf v. Westphalen/Haas).

Rolfs, Christian/Giesen, Richard/Kreikebohm, Ralf/Udsching, Peter: Beck'scher Online-Kommentar Arbeitsrecht, Stand: 1.12.2013, Edition 30 (zit.: *Bearbeiter*, in: BeckOK-ArbR).

Römermann, Volker: Neues Insolvenz- und Sanierungsrecht durch das ESUG, NJW 2012, S. 645–652.

Rotthege, Georg/Wassermann, Bernd: Unternehmenskauf bei der GmbH, Heidelberg u. a. 2011.

Runkel, Hans Peter: Anwalts-Handbuch Insolvenzrecht, 2. Auflage, Köln 2008 (zit.: *Bearbeiter*, in: Runkel).

Säcker, Franz Jürgen/Rixecker, Roland: Münchener Kommentar zum Bürgerlichen Gesetzbuch, Band 4, 6. Auflage, München 2012 (zit.: *Bearbeiter*, in: MüKo-BGB).

Sassenrath, Gerd: Der Eingriff in Anteilseignerrechte durch den Insolvenzplan, ZIP 2003, S. 1517–1530.

Schlitt, Michael: Die GmbH & Co KG in der Insolvenz nach neuem Recht (1 Teil), NZG 1998, S. 701–709.

Schmalenberg, Werner: Die Tatbestandsvoraussetzungen des Betriebsübergangs gemäß § 613a BGB, NZA Beil. 3/1989, S. 14–25.

Schmerbach, Ulrich: Übertragende Sanierung, InsBürO 2008, S. 170–178.

Schmerbach, Ulrich/Staufenbiel, Peter: Die übertragende Sanierung im Insolvenzverfahren, ZInsO 2009, S. 458–467.

Schmerbach, Ulrich/Wegener, Burghard: Insolvenzrechtsänderungsgesetz 2006, ZInsO 2006, S. 400–409.

Schmidt, Andreas: Hamburger Kommentar zum Insolvenzrecht, 3. Auflage, Münster 2009, 4. Auflage, Köln 2012 (zit.: *Bearbeiter*, in: HamKo-InsO).

Schmidt, Karsten: Organverantwortlichkeit und Sanierung im Insolvenzrecht der Unternehmen, ZIP 1980, S. 328–337.

–: Das Insolvenzverfahren neuer Art – Kernprobleme der Insolvenzrechtsreform nach dem Kommissionsbericht - , ZGR 1986, S. 178–210.

–: Wege zum Insolvenzrecht der Unternehmen: Befunde, Kritik, Perspektiven, Köln 1990 (zit.: *K. Schmidt*, Wege zum Insolvenzrecht).

–: Die übertragende Sanierung – Bestandsaufnahmen und Ausblicke an der Schwelle der Insolvenzrechtsreform, in: Leipold, Dieter (Hrsg.), Insolvenzrecht im Umbruch: Analysen und Alternativen, Köln u. a. 1991, S. 67–89 (zit.: *K. Schmidt*, Insolvenzrecht im Umbruch).

–: Das Unternehmen als Gegenstand eines Konkursanfechtungsanspruchs, BB 1988, S. 5–7.

–: Münchener Kommentar zum Handelsgesetzbuch, Band 1, 3. Auflage, München 2010 (zit.: *Bearbeiter*, in: MüKo-HGB) –: Insolvenzordnung, 18. Auflage, München 2013 (zit.: *Bearbeiter*, in: K. Schmidt, InsO).

–/*Uhlenbruck, Wilhelm*: Die GmbH in Krise, Sanierung und Insolvenz, 4. Auflage, Köln 2009 (zit.: *Bearbeiter*, in: Schmidt/Uhlenbruck).

Schmitt, Heidi: Übergang der Arbeitsverhältnisse und Haftung des Betriebserwerbers gemäß § 613a BGB bei Betriebsveräußerung durch einen Konkursverwalter, BB 1978, S. 1724–1727.

Schröder, Oliver/Hiort, Malte J.: Die übertragende Sanierung – Rettung für notleidende Unternehmen, CORPORATE FINANCE law 2010, S. 109–118.

Schwarz, Bernhard: Kommentar zur Abgabenordnung, Band 1, Loseblatt Stand: Dezember 2013, 156. Ergänzungslieferung, Freiburg 2013 (zit.: *Bearbeiter*, in: Schwarz).

Schwerdtner, Peter: Zur Anwendbarkeit von BGB § 613a auf Ruhestandsverhältnisse, SAE 1978, S. 60–66.

Seel, Henning-Alexander: Risiken und Gestaltungsmöglichkeiten beim Unternehmenskauf in der Krise, JA 2011, S. 369–372.

Smid, Stefan: Zum Recht der Planinitiative gem § 218 InsO, WM 1996, S. 1249–1254.

Soudry, Rouven/Schwenkel, Martin: Distressed M&A: Vertragsgestaltung der übertragenden Sanierung, GWR 2010, S. 366–369.

Spickhoff, Andreas: Insolvenzzweckwidrige Rechtshandlungen des Insolvenzverwalters, KTS 2000, S. 15–36.

Spieker, Oliver: Die Unternehmensveräußerung in der Insolvenz, Bonn 2001, zugl. Diss. Bonn 2001.

Spindler, Gerald/Stilz, Eberhard: Kommentar zum Aktiengesetz, Band 2, 2. Auflage, München 2010 (zit.: *Bearbeiter*, in: Spindler/Stilz).

Stapper, Florian/Jacobi, Alexander: Rechtliche Aspekte der Unternehmensfortführung in der Insolvenz, NJ 2009, S. 270–274.

Staub, Hermann: Handelsgesetzbuch, Großkommentar, Band 1, 5. Auflage, Berlin 2009 (zit.: *Bearbeiter*, in: Staub).

Staudinger, Julius von: Kommentar zum Bürgerlichen Gesetzbuch mit Einführungsgesetz und Nebengesetzen, Berlin 1993 ff. (zit.: *Bearbeiter*, in: Staudinger).

Stebut, Dietrich von: Die Rechtsstellung von Arbeitnehmer bei Betriebsveräußerungen im Konkurs oder Vergleich (§ 613a BGB), DB 1975, S. 2438–2443.

Strotmann, Gerrit: Das Wahlrecht des Insolvenzverwalters gem. § 103 Abs. 1 InsO bei bedingten Beteiligungskaufverträgen in der Verkäuferinsolvenz, ZInsO 2010, S. 1314–1322.

Strümpell, Philipp: Die übertragende Sanierung innerhalb und außerhalb der Insolvenz, München 2006, zugl. Diss. Berlin 2005.

Theiselmann, Rüdiger: M&A in Krisensituationen: Die übertragende Sanierung, GmbH-StB 2012, S. 309–313.

Tipke, Klaus/Kruse, Heinrich Wilhelm: Abgabenordnung, Finanzgerichtsordnung,

Kommentar zur AO und FGO, Band 1, Loseblatt Stand: Dezember 2013, 134. Ergänzungslieferung, Köln 2013 (zit.: *Bearbeiter*, in: Tipke/Kruse).

Uhlenbruck, Wilhelm: Insolvenzrecht, Bonn 1979 (zit.: *Uhlenbruck*, Insolvenzrecht).

–: Die Rechtsstellung des Sequesters le lege lata und des vorläufigen Insolvenzverwalters de lege ferenda, KTS 1990, S. 15–32.

–: Probleme des Eröffnungsverfahrens nach dem Insolvenzrechts-Reformgesetz 1994, KTS 1994, S. 169–183.

–: Zur Anwendbarkeit des § 613a BGB bei Betriebsveräußerung durch den Konkurs- oder Vergleichsverwalter, KTS 1974, S. 1–6.

–: Anmerkung zum Urteil des ArbG Rendsburg vom 28. Januar 1975–1 Ca 312/74 -, KTS 1975, S. 253–254.

–/*Hirte, Heribert/Vallender, Heinz*: Insolvenzordnung, Kommentar, 13. Auflage, München 2010 (zit.: *Bearbeiter*, in: Uhlenbruck).

Undritz, Sven-Holger: Restrukturierung in der Insolvenz, ZGR 2010, S. 201–217.

–: Der vorläufige schwache Insolvenzverwalter als Sanierungsbremse?, NZI 2003, S. 136–142.

Unfried, Tobias A.: Betriebsübergang und Sanierung in der Insolvenz, Bayreuth 2007, zugl. Diss. Bayreuth 2006.

Urban, Norbert: Nochmals: Haftungsbefreiung gem. § 75 AO auch bei Betriebsübernahme vom Sequester oder vom vorläufigen Insolvenzverwalter?, FR 1998, 647–650.

Vallender, Heinz: Unternehmenskauf in der Insolvenz (I), GmbHR 2004, S. 543–548.

Weber, Ramona: Arbeitnehmerschutz contra Sanierung?, EuZW 1998, S. 583–586.

Wellensiek, Jobst: Übertragende Sanierung, NZI 2002, S. 233–239.

Wessels, Peter: Unternehmenskauf im Vorfeld der Verkäuferinsolvenz, ZIP 2004, S. 1237–1247.

Wiedemann, Herbert/Willemsen, Heinz Josef: Die Anwendung des § 613a BGB im Konkurs unter besonderer Berücksichtigung der betrieblichen Altersversorgung, RdA 1979, S. 418–431.

Willemsen, Heinz Josef: Erneute Wende im Recht des Betriebsübergangs – ein „Christel Schmidt II"- Urteil des EuGH?, NZA 2009, S. 289–294.

Wimmer, Klaus: Frankfurter Kommentar zur Insolvenzordnung, 7. Auflage, Köln 2013 (zit.: *Bearbeiter*, in: FK-InsO).

–/Dauernheim, Jörg/Wagner, Martin/Gietl, Josef: Handbuch des Fachanwalts Insolvenzrecht, 5. Auflage, Köln 2012 (zit.: *Bearbeiter*, in: Wimmer/Dauern heim/Wagner/Gietl).

Windhöfel, Thomas/Ziegenhagen, Andreas/Denkhaus, Stefan: Unternehmenskauf in Krise und Insolvenz, 2. Auflage, Köln 2011.

Wißmann, Tim/Schneider, David: Europa hat gesprochen: Betriebsübergang ohne Erhalt der organisatorischen Einheit!, BB 2009, S. 1126–1129.

Wortmann, Florian: Neue Regeln beim Betriebsübergang, ArbRB 2010, S. 123–126.

Wrede, Alexander: Übertragende Sanierung bei insolventen Unternehmen, Oldenburg 2003.

Wroblewski, Andrej: Das „ESUG" aus Arbeitnehmersicht – erster Teil, ArbuR 2012, S. 188–194.

Zipperer, Helmut: Übertragende Sanierung – Sanierung ohne Grenzen oder erlaubtes Risiko?, NZI 2008, S. 206–210.

www.ingramcontent.com/pod-product-compliance
Ingram Content Group UK Ltd.
Pitfield, Milton Keynes, MK11 3LW, UK
UKHW021234031026
15588UKWH00001B/72

9 783631 659649